信息系统的低代码开发

郭星明　马荣飞　李金营 编著

浙江工商大学出版社
ZHEJIANG GONGSHANG UNIVERSITY PRESS
·杭州·

图书在版编目(CIP)数据

信息系统的低代码开发 / 郭星明,马荣飞,李金营
编著. —杭州:浙江工商大学出版社,2023.4
　　ISBN 978-7-5178-5448-7

　　Ⅰ.①信… Ⅱ.①郭… ②马… ③李… Ⅲ.①信息系
统—软件开发 Ⅳ.①G202

　　中国国家版本馆 CIP 数据核字(2023)第 068293 号

信息系统的低代码开发
XINXI XITONG DE DIDAIMA KAIFA

郭星明　马荣飞　李金营 编著

策划编辑	王黎明
责任编辑	张婷婷
责任校对	都青青
封面设计	朱嘉怡
责任印制	包建辉
出版发行	浙江工商大学出版社
	(杭州市教工路 198 号　邮政编码 310012)
	(E-mail:zjgsupress@163.com)
	(网址:http://www.zjgsupress.com)
	电话:0571-88904980,88831806(传真)
排　　版	杭州朝曦图文设计有限公司
印　　刷	浙江全能工艺美术印刷有限公司
开　　本	787mm×1092mm　1/16
印　　张	17
字　　数	380 千
版 印 次	2023 年 4 月第 1 版　2023 年 4 月第 1 次印刷
书　　号	ISBN 978-7-5178-5448-7
定　　价	59.00 元

内容简介

　　随着大数据、云计算、物联网、区块链、人工智能等新一代技术蓬勃发展，数字化时代正在向我们加速走来。为了帮助人们高效、快捷地挖掘利用海量数据，提升整个社会的信息化水平，以实际行动响应"中国制造2025"战略，本书引入基于工业互联网与大数据应用的若干项目，结合管理信息本体思想和工程理论，采用信息处理本体中间件"管理明星"平台，依据信息处理的典型职业岗位和工作过程，以CDIO（构思、设计、实现、运作）工程教育模式为构架，融入思想政治教育元素，就信息系统低代码开发实施的成功案例进行了详细的解析和本体化构造。本书可供从事信息系统教学研究和开发应用维护的技术人员及用户阅读，也可作为计算机信息技术类专业、经济管理类专业的本专科学生的研究案例、教材或参考书。

　　与本书配套的网站是 WWW. HZMINGXING. COM(202.91.244.41)，有关事宜请与浙江经济职业技术学院智能物流研究所郭星明联系，E-mail:guoxm30@sohu.com。

　　本书与《全通用管理信息处理系统设计理论》（郭星明著）、《全通用管理信息处理系统实战指南》（郭星明著）、《管理信息系统快速开发》（郭星明著）、《管理信息系统项目集锦》（郭星明、陈敏锋、陈开军著）配套形成关于信息本体中间件设计与实施的系列，可供比照阅读。

前　言

近年来,信息系统的低代码开发逐渐成为一个热门的话题。如果通过少量代码就可以快速完成应用程序开发,那么,对于普通的业务人员,甚至经管类的高职学生来说,便可将更多的精力用于管理本身的流程,而不必纠结如何实现程序源代码。

另外,物联网、云计算等终端设备所产生的海量数据,在为人们创造新的数字资源的同时,又向人们提出了如何快捷开发利用的新课题。由于管理业务是在不断适应市场、适应社会、适应环境中向前发展的,新情况、新需求层出不穷,所以难以对信息处理的需求进行规范,需要研究信息系统开发效率、生命周期、管理特征、制导机理、维护模式、系统架构等一系列问题。

本书作者及其团队长期致力于低代码开发信息系统的研究,其最重要的成果就是开发了一个基于管理信息本体的原型平台中间件。利用这一成果,可以将复杂的信息处理需求归纳成表格、表间关系以及业务词汇库所组成的一个三元组模型。这个原型中间件平台包含大约二十个功能组件(构件),这些组件(构件)是可以在线调用和动态组装的 API 接口,它们能够满足管理信息处理流程中百分之八十以上的需求。这种低代码开发的方法不同于目前常见的模型驱动途径,而是组件(构件)驱动途径,这些组件又和信息加工的逻辑存在高度的映射关联,完全满足用户需求制导,因此,十分易学,也十分容易掌握。结合本体—结构—原型的开发方法,可以解决绝大多数管理类信息系统的开发实施问题。这一理论和平台自推出以来,经过三十多年实际系统的检验,实践证明是非常有效的。特别是近年来,这一平台成功实现与物联网、SCADA 系统、MES 系统、OPC Server、ERP 系统以及各种关系数据库间的无缝连接,使工业互联网大数据的迁移、清洗和挖掘利用成为用户需求制导下的个性化成功案例。根据这些成果和案例,2008 年至 2015 年,本书作者及其团队先后出版了《全通用管理信息处理系统设计理论》《全通用管理信息处理系统实战指南》《管理信息系统快速开发》《管理信息系统项目集锦》四册专著,取得了很好的效果。

为了响应"中国制造 2025"战略,持续跟进工业互联网的推广应用,本书将近年来的工业新应用再次整理成四个应用案例予以出版。随着信息技术发展和产业升级,本书案例由团队进行了细致的收集和再开发,以适应"互联网＋职业教育"发展需求,配合推进虚拟工厂等网络学习空间建设和普遍应用。本书案例以项目任务为单位进行组织,以活页的形式贯穿任务,强调在知识理解与基础掌握上的实践和应用,以敬业、精益、专注、创新的工匠精神,培养本书读者较强的实践能力,适用于以学生为主体的高职教学模式。各个案例之间既有关联又相互独立,具备结构化、形式化、模块化、灵活性、重组性等诸多符合自主学习、个性化学习的特征,配套有完整的低代码开发平台资源可用于教学,包括网站、课件、视频等,形成专业化的资源池。

本书四个案例分别是基本级信息系统的开发、企业考勤消费服务信息系统、供应链服务信息系统和制造执行系统分析与实施,每个案例按照 CDIO 模式[CDIO 模式,指构思(conceive)、设计(design)、实现(implement)和运作(operate)四个单词的第一个字母],即构思—设计—实现—运作的顺序进行任务编排,旨在引导学习者由浅入深地把握信息系统开发问题的本质需求和实现途径,结合本体中间件这一强大的工具,将学习者在思考中形成的线索,借助平台直接地、低代码地、可映射地描述出来,形成需求制导的机制,然后由系统在线调用和动态组装相关的功能构件,最终响应并实现信息处理的用户需求。从这个意义上讲,本书与其说是介绍低代码开发技术,不如说是通过这一技术帮助学习者在尽量短的时间内体验完成信息系统的软件生命周期。

本书第 1 章至第 3 章由郭星明完成,第 4 章由马荣飞完成,郭星明负责全书统稿。本书撰写过程中立足于寓思想政治教育于教学案例设计之中,引入了大学生党建、企业劳动保障、新冠疫情防控等时政案例,旨在坚持和弘扬中国特色社会主义核心价值观。本书所介绍的信息本体中间件采用 Visual C++(For API)开发语言,支持 SQL、ORACLE等大型数据库,前述四书是本书所依据的设计理论和实战指南,欢迎读者比照阅读。

本书所引入的信息本体中间件由国家水平(资格)认定的系统分析员、高级程序员、浙江经济职业技术学院教授、高级工程师郭星明主持设计和开发,马荣飞、计美丽、李金营以及浙江经济职业技术学院物流与供应链管理学院的部分师生在此系统的开发和著作编写、案例实施过程中给予了无私的帮助,在此谨表诚挚的谢意。

另外,浙江大桥油漆有限公司、浙江永盛科技股份有限公司、杭州云稻信息技术有限公司、杭州名流企业管理咨询有限公司、杭州明星计算机技术开发有限公司等企业的有关业务部门和业务员为本书提供了许多宝贵的意见,为信息处理本体中间件系统及其案例的运行调试给予了极大帮助,在此也向他们表示感谢!为避免法律纠纷,多数案例在采编收录时做了虚化处理。

本书作为浙江经济职业技术学院立项"中国特色高水平高职学校和专业建设计划"的一个重要组成部分,充分展现了学院产教融合方面取得的最新成就,得到了学院领导和有关部门的高度重视与大力支持,同时本书有幸成为高职院校与行业联合推广的重要课题项目,在此谨向各兄弟院校的领导、专家和同仁表示诚挚的谢意!

数字化时代已经到来,大数据、云计算、物联网、区块链、人工智能等等,正在引领我们自豪地迈向制造强国。本书作者才疏学浅,加之时间仓促,疏漏、谬误之处在所难免,敬请学界同仁及读者们、用户们一一指正,以求进一步完善。

本书作者
2022 年 5 月于杭州

目　录

1 基本级信息系统的开发

信息系统离不开数字资源,数字资源是将计算机技术、通信技术及多媒体技术相互融合而形成的以数字形式发布、存取、利用的信息资源总和。数据和信息是数字资源的两个极其重要的概念,代码是一类密集反映信息特征的特殊信息形式。在管理领域,数字信息处理系统中的表是数据和信息的载体,而信息处理则是对数据、信息及其载体——表的加工,这种加工,一定程度上反映了人们对数字资源的广泛利用。因此,掌握数据、信息、表及与其相应的一些基本概念,有助于我们更广泛地、更本质地去认识各类数字资源处理信息系统,从而找到数字资源信息处理系统的通用性本体实质。

本章就信息处理本体中间件系统的入门应用,通过一个项目案例做简单介绍,以便读者对信息处理本体中间件系统的低代码开发有一个初步的了解。

1.1 任务(Task)

1.1.1 业务需求

随着现代社会越来越发达,人们之间的交际延伸也越来越广阔了,通讯录几乎是所有当代人都会运用的一项交际工具,机关公务员、商务伙伴、企业职员、在校学生等社会群体的交往都离不开各种各样的通讯录,人们借助通讯录可以畅通地与友人、亲戚保持密切的联系。

我们对这一众人熟悉的工具的开发任务做出如下业务需求描述:

(1)建立一张《党章学习小组通讯录》,该表属于供应链管理学院,2020级,按年修订;

(2)作为入门级系统,该通讯录仅限一张表,没有其他的业务需求;

(3)表的样式见表1-1。

表 1-1 供应链管理学院 2020 级党章学习小组通讯录

(2021 年)

学号	姓名	年龄	政治面貌	所在地市(县)	家庭地址	电话

此表信息截至 2021 年 12 月 31 日。

制表者:王小刚

1.1.2 功能需求

信息处理本体中间件系统的一个显著特点就是实现了业务和功能的分离,因此,我们在描述需求时,将其分开描述,以便初学者能够更好地掌握。

党章学习小组通讯录的功能需求如下:

(1)进入系统后有登录窗口,以识别和排除非法用户;

(2)合法用户进入系统后,有菜单界面可以选择所需的《党章学习小组通讯录》报表;

(3)选中《党章学习小组通讯录》后,能够进一步选定是哪一年的通讯录,再对其进行录入操作;

(4)录入时,可以横向录入,也可以纵向录入。横向录入指第一行从左至右录完后,另起一行再从左至右继续录入;纵向录入指第一列从上至下录完后,可以追加新行继续录入;

(5)录入完毕的通讯录可以选定存盘或不存盘;

(6)录入完毕退出时可以选定退出或不退出;

(7)在录入的过程中,为预防突然故障,可保存文件;

(8)录入完毕的通讯录可以打印和预览,并能进行简单的打印格式设计;

(9)录入时能够进行地市(县)代码转换。

从上述需求中,我们可以看到,不仅通讯录有上述功能需求,其他各种表都会有上述功能需求。如果我们将业务需求和功能需求分别描述后,只要在业务需求中换成另外一张表,那么功能需求中原来针对通讯录的功能,都可以迁移到新的表中。这就是信息处理本体中间件系统低代码开发的魅力所在。

1.2 构思(Conceive)

1.2.1 数据

什么是数据？通常我们认为如 32,19023,−2343.34 这种表达形式的数字是数据，但其实数据的表达形式远不止这些。从最一般意义上讲，数据是指客观实体的属性的值，是客观事物的反映。例如，"金华的基本工资是 105 元"，这里所描述的客观实体是"金华"(一个人)，所指的属性是"基本工资"，而"105 元"则是该属性的值，这"105"就是一个数据；"这位职工的姓名叫金华"，这里客观实体"这位职工"的"姓名"这一属性的值是"金华"，"金华"同样也是一个数据。再如，"浙江某市的地名叫金华"，这里客观实体是"浙江某市"，属性是"地名"，其值是"金华"，因此"金华"在这里也是一个数据。

从上面所举的三个例子来看，我们可以对数据的一些特征加以概述。

第一，数据的类型。从上面可以看出，数据是可以分类型的。数据的类型表达形式可以有很多种，上面所举的"105"属于数值类型，而如"金华"一类的数据则被称为文字类型，除了数值和文字两种数据表达类型外，还有日期类型、逻辑类型、备注类型，甚至枚举类型、结构类型、图像视频类型等等。其中，日期类型是用来表示日期类数据的，比如"05/24/2005"表示 2005 年 5 月 24 日；逻辑类型是用来表示逻辑类数据的，如正反、是否等判断，通常用.T.,.Y.表示是的、要的、正的等等之类正面判断，而用.F.,.N.表示不是的、不要的、负的等等之类的反面判断；图像视频类型则是用来指向可播放文件的指针值。

尽管数据的类型可以有很多种，但是在实际应用中一般将其分为两大类型：一类为数值型数据；一类为字符型数据，即非数值型数据。数值型数据是指该数据能够被直接用来进行加减统计运算的数据，而在数据处理过程中，不涉及加减统计运算的数据通常被定义为字符型，包括文字型、日期型、逻辑型、图像型数据等都可以被归入字符型数据。比如，工资 105 元中的"105"是一个数值型数据，因为这个"105"能够直接用来与其他人的工资进行加减运算(如工资合计)，而"金华"这个数据则应被定义为字符型数据，因为"金华"无法与其他数据进行加减处理。同样，如"05/24/2005""已婚"之类的数据均可被定义为字符型数据。另外，有时会遇到如序号"105"这样的数据，这里的"105"虽然看上去是数值型数据，但其实作为序号的"105"与其他数据是无法进行加减统计运算的，因此在定义序号"105"这样的数据类型时，也应将其定义为字符型数据。

第二，数据的格式、频数和流向。数据除了有类型特征之外，还有格式的特征。就数值型数据来说，数据的格式需要表明小数点的位数，有时还需要表明数据的最大位数，比如工资的数据值，一般保留小数点后两位(以元为单位)，其整数部分至少需要四位，那么，连小数点本身在内，工资的最大位数则需要七位，这就是数值型数据格式的表示方法。而对字符型数据来说，则需要表明其字符的最多位数（称为长度或宽度）。比如，姓名一般是按照复姓来考虑的，因此其长度一般需要四个汉字的宽度（通常为 8 个字符宽），若是企业中有外籍员工或少数民族员工，那么工资册上的姓名一栏所取的宽度就需要根据实际情况取一个更为合理的数了。

数据的频数是指一定时间内数据发生的次数，或者称为数据采集的频率，它的倒数就是数据采集的周期，通常所说的月报、日报，其实就是分别以月或日为数据采集周期而得到的数据。

数据的流向分为来源和去向，分别表明数据采集的出处和数据提供的去处。作为来源的数据通常是由别处提供给本地处理的数据，而作为去向的数据则是由本地提供给别处供别处进一步处理的数据，数据的流向反映了数据从发生到不断被人们所加工利用的过程。

第三，数据具有抽象性与代表性相统一的特征。例如，"105"作为一个数据，具体到底代表什么意义是不明确的，它可以作为任意的客观实体的属性值，但在确切赋予它具体意义之前，"105"又是什么都没有代表、什么都不能代表的，"105"就是"105"，是一个数据，这就是数据的抽象性。

当我们赋予"105"为金华的工资时，"105"便有了具体的意义，即代表工资的一个值；当我们赋予"105"为一段路的长度时，"105"便代表了路程的长短……同样，我们可以赋予"105"无限多样的意义，使得"105"具有无穷的代表性，当然一次只能赋予一个意义，这就是数据的代表性。

不仅数值型数据具有抽象性和代表性的统一，字符型数据同样也存在抽象性与代表性的统一。比如"金华"，既可以代表人的姓名，也可以代表地区的名称，还可以代表商店的名称、产品品牌的名称等等，这些都说明"金华"这个数据在没有被赋予意义时是抽象的，而当被赋予意义时又具有明确的代表性，是抽象性和代表性的有机统一。

第四，数据具有可加工性的特征。我们有时为了某种分析需要，要对一大批数据进行处理，从而得到诸如合计数、平均数、其中数等等的资料。也就是说，数据可以被用来按照人们的需要进行一系列的加工处理，以提供更有用的信息，这就是数据的可加工性。

具体的数据加工方法将在后面有关章节中详细介绍，需要指出的是所谓的加工未必只是对数值型数据进行加加减减，对字符型数据也可以进行加工。以上所说的"赋予意义"也可以视作一种加工方法，即将抽象的数据加工为有意义的信息，如将"105"加工为"金华工资 105 元"这样一个有意义的信息，将"金华"加工为"这位职工姓名叫金华"这样一个信息。在这里，我们不妨将"金华""工资""105""元""这位""职工""姓名""叫"都看成数据，那么"赋予意义"的加工算法其实就是通过一系列数据连接来实现的。我们将四个数据"金华""工资""105""元"按先后顺序连接在一起，加工成"金华工资 105元"这样一个信息；将五个数据"这位""职工""姓名""叫""金华"连接在一起，加工成"这个职工姓名叫金华"这样一个信息。

1.2.2　信息

信息就是有用的数据。可以简单地将信息解释为对数据进行加工后得到的结果，这个结果就是按照人们的需要经过加工并已经赋予意义的数据。我们前面已经讲过，"105"本身是一个数据，不具有任何意义，但当表明"105"是"金华工资105元"时，"105"就是一个信息。掌握信息的概念，必须把握两点：一是信息的加工应该是按照人们的需要进行的，否则只会得到一些杂乱无章的所谓的新数据，而无法得到符合人们要求的信息，我们要计算产品的工业总产值，就应该用产品产量去乘以该产品的计划价格，如果在计算过程中，没有遵循计算公式，或者没有使用正确的计算单位，那么就无法得到正确的产品工业总产值；二是得到的数据应赋予其意义，如果不赋予意义，人们也难以从信息的角度去利用所得到的数据结果，比如300吨表示某厂的某产品产量，5万元/吨表示该产品的计划价格，那么1500万元就是该产品的工业总产值，如果只是列出式子300×5＝1500，得到的1500这个数据就无法正确地利用，我们应该赋予其意义：1500万元工业总产值。

信息既然是有用的数据，那么显然它就具有数据的所有特征，除了这些特征之外，信息还具有五大属性。

第一，信息具有真伪性。信息的真伪性是指与客观事实的接近程度。由于人们认识客观事物的能力受到限制，这种限制有时就会在信息反映客观事实的真实度和准确度方面体现出来，或者体现信息欠真实，或者体现信息欠准确。为了防止这种偏差给工作带来不必要的影响，人们除了以精确的数值表示信息之外，有时还会采用一些其他方法来表示信息，如采用模糊的字眼来表示信息，叫作模糊级信息，如"差不多""大概""还可以""好些了"等等；或者采用一种数学上的概率方法来加以表示，叫作概率级信息，如根据历史资料统计或环境分析，某工程队的中标可能性为0.7，根据人口出生率的统计，生男生女的可能性各为0.5，等等；另外，还可采用范围级信息表示方法，即对事物发生的范围取值做一说明，如某厂的产品销售量在3万吨至4万吨之间。

模糊级、概率级和范围级三种信息表示方法虽然不如精确级的信息表示方法更与客观事实相吻合，但它们也是特定条件下的信息的真实性反映。我们说明这一点，并不是说在任何场合下，都可以滥用模糊级、概率级和范围级的信息表达方法，比如在统计、财务等一些发生在事后的信息处理工作中，就要求我们采取一丝不苟、严谨认真的态度，一个数据一个数据地、一个环节一个环节地认真做好信息的收集、辨别与处理工作，坚决反对凑合、捏造甚至伪造数据的行为，以保证信息的真实与准确。

第二，信息具有层次性。信息是有层次的，低层信息是高层信息的数据。例如，生产班组的生产统计表是数据，统计结果则是信息，可供班组长决策用。对于生产车间，各班组的生产统计结果又是数据（是班组加工后的信息），车间统计结果值是车间主任需要的信息，又成为供厂长使用的数据……由此层层加工，前级信息总是后级信息的数据。

信息的层次性表现在信息加工方面，就是数据的加工和再加工，信息是数据加工的结果，那么这个结果（信息）还可以被当作数据用来进行再加工，从而产生新的结果，获得更新的更有用的信息。我们前面举的例子中，"金华工资 105 元"是一条信息，那么，"王厂长同意金华工资 105 元"这一条新的信息中，"金华工资 105 元"就是被当作一个数据来进行加工处理的，它是王厂长（客观事物）态度（属性）的一个值。在实际工作中，类似的例子有很多，财务和统计报表中通常有原始表、一次生成表、二次生成表、行业汇总表、地区汇总表等，这些其实就是信息的不断加工与再加工的结果，它们分别作为不同层次的信息提供给不同层次的领导做决策之用。

第三，信息具有动态性。信息的动态性表现在四个方面。

一则表现在时间性方面，即信息通常只有在特定时刻才体现它的有用价值。信息对时间有着很高的要求，如"西北地区现在微波炉供不应求，应马上到那里开展销会，打开销售渠道"。如果半年之后才知道这个信息，可能那里的供应已经好转。

二则表现在信息的多变性方面。社会每时每刻都在产生着大量新的信息，这些新的信息中，一部分信息可能是对已有信息的扩充、更新和修改；另一部分信息则可能是对于信息接收者来说，属于以前不知道的、全新的信息，这两部分信息中无论哪一部分信息的产生，都可能会导致整个信息体系的各外在表现发生变化。比如，1994 年国家财税制度改革，就导致全国整个财会信息处理方法与制度发生了较大的变动，同时还影响到国家统计报表体系中各统计指标发生了较大的变化。

三则表现在信息为人们所认识的渐进性和不完全性方面。由于事物发展本身的规律和人们的认识能力限制，客观事物的全部信息不可能一下子就被人们所掌握和利用，人们总是在接触客观事物的过程中，不断地对现有的信息进行加工处理，并在实际的工作中加以利用，从而获得新的信息，产生新的认识，再周而复始地对信息进行新的加工处理和利用，直至永远。财务和统计工作中，每年都要对有关指标做若干预测与调整，就说明了这一点。

四则表现在信息的滞后性方面。数据是客观事物的属性值，信息是数据加工的结果。信息随着数据的运动而变化，因此信息总是落后于数据，信息的取得总是在事物发生之后，而且加工、处理、传输都需要时间，因此信息具有滞后性，滞后的时间可以是天，也可以是秒，只有改进信息加工处理和传输的手段才能缩短信息的滞后时间，从而满足信息对时间的要求，保持信息的价值。

第四，信息具有多样性。信息是被赋予了意义的数据，因此信息在表示数据所采取的具体形式上就具有极其丰富的多样性，这种多样性表现在时期性方面，即同一数据在不同时期，其信息的表达方式可能有所不同，如今天我们所说的"工资"，在古代可能被称为"俸禄"，同样是表示企业经营情况的重要报表，在财税制度改革前，我们使用"利润表"和"资金平衡表"这样的名称，但在财税制度改革后，则使用"损益表"和"资产负债表"这样的名称，这就是信息多样性在时期性方面的表现。

除了时期性之外，信息的多样性还体现出地区性、部门性的特点，即同样的信息在不同地区或业务部门，其信息表达方法可能也有所不同，甚至，因为业务信息的处理都是由业务员操作进行的，不同的业务员之间也会或多或少地存在信息表示习惯上的差异。这些都说明信息的多样性是普遍存在的，试图以一个模式、一个标准囊括所有的信息处理和信息表示是行不通的。举个例子来说，对于工农业产品的代码，就无法做到全国使用唯一的产品代码，财政部门有财政部门对产品代码的信息处理要求，统计部门又有统计部门对产品代码的信息处理要求，还有其他各主管部门都有对其所管辖的产品进行处理的特殊要求，那么作为一个信息系统来说，就难以做到只用一个代码体系，而只能充分地适应信息的多样性。

信息的多样性还表现在缺省性方面，即在某一特定的信息处理环境中，某一数据所表示的属性有着约定俗成的概念。比如，在工资核算中，数据"金华"一般表示的是人员的名字，而在浙江省物价指数处理系统中，"金华"则很可能是表示地区的名称，等等。这种约定俗成的缺省性，表明我们有时在提供数据的时候，其信息的含义具有不言自明的特点，而不必做更多的累赘说明。

第五，信息具有重要性。信息的重要性是反映信息的重要程度的，重要程度不同的信息可以采取不同的信息处理方式。重要信息除了应通过验证的手段保证其输入真实和准确外，还需采用相应的安全保密措施，如保留后援副本，采用密码、密纹，确立权限等等。

分清信息的重要性，对于在管理信息系统的开发中区别轻重缓急具有十分重要的指导意义，重要的信息加工处理子系统通常被称为关键成功因素，它总是比不重要的信息加工处理子系统先行开发完成。但有时重要的信息往往具有较高的层次，需要更多的基础信息加工子系统支撑，这时科学界定和合理安排各类信息系统项目开发的进程、分工、相互衔接等，就成为整个项目成败的关键。

1.2.3　信息与数据的运动关系

信息是经过加工的有意义的数据，因此，信息来源于数据。而数据则是未经加工的原始材料，是记录下来的客观事实。就本质而言，数据是客观对象的表现，是概念的、抽象的，而信息则是数据的含义，是生动的、具体的。

从信息的层次性来看，一条信息是经过加工得到的，具有信息的一切属性，而同样是这条信息，在被用作更高一层信息处理时，则被当作数据，具有数据的一切属性，上面我们所举的"金华工资 105 元"和"王厂长同意金华工资 105 元"就是这样一种相互关系。所以，从这个概念上讲，信息同时是数据，而数据也同时是信息，两者的区别在于，信息存在于各级管理活动中，它们往往处于直接被利用、被引用的地位，而数据则是存在于所有的加工处理过程中，它们往往处于被加工、被处理的地位。也就是说，在管理活动中，我们视一切的信息或数据均为信息，而在加工处理过程中，我们则应视一切的信息或数据均为数据。正因为如此，在实际使用中，信息和数据二者常常是很难决然分开的。

信息是管理活动中的一项重要资源，它对管理活动中的人、财、物、技术、设备五大资源进行控制以达到管理的目的。所以，在管理活动中，上述六项资源构成了两种流：物流和信息流。

物流是指物质资源的投入，经过时间、地域、形态、性质的变化，转化为另一物质资源而输出的运动过程。具体地,资金流和人流是一种反映资金运动与人员运动状况的特殊物流。

信息流则是对记录在图纸、票据、统计表上的数据,以及记录在各类物联网、传感器、控制设备上的数据,进行收集、加工变换和传递的过程。

信息流一方面伴随物流而产生,另一方面又起着引导物流做有规律运动的重要作用,物流的畅通与否,在很大程度上依赖于信息流是否畅通,二者相辅相成。

随着物流的运动过程,不断产生各种运行信息,而管理者又针对客观信息做出决策,再以决策信息控制物流的运动,使物流畅通,并沿着预计的目标发展。环境信息、运行信息和决策信息构成了管理的信息流。例如在企业中,企业根据市场需求信息、上级指导信息和资源信息确定企业经营目标与规划;根据规划和销售合同制订生产计划与作业计划,充分利用资源,均衡安排生产;在生产过程中,不断生成产量、质量和消耗方面的统计信息,管理者不断根据这些信息协调和控制各个环节,最后制成产品;这时又会出现产量、品种、成品率、产值、税收、利润、劳动生产率和增长速度方面的信息,以及市场销售情况、返修率、用户意见等商品销售方面的信息,管理者针对这些信息再确定下一步的产品开发方向、生产规模、技术改造和投资大小等决策信息,如此周而复始,形成循环。在这个循环过程中,信息流始终伴随着物流而存在,并对物流起着引导作用。

在实际中,物流的运动过程通常是单向的,而信息流是有反馈的,是双向的,即有关的输出信息要反馈给输入端,这样输入端就可以根据得到的反馈信息改变再次输入的内容和状态。信息的运动过程如图 1-1 所示。

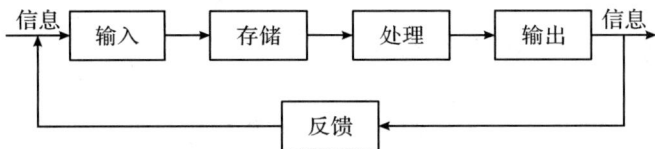

图 1-1　信息的运动过程

显然,数据和信息都已成为各类运动的重要资源表征,而这些资源,追根究底,是存在于计算机设备、通信设备、物联传感设备、控制设备及多媒体文件之中的,这些存储设备的共同特征是都以 0 和 1 的数字形态记录存储海量数据和信息,它们都可以称为数字资源。因此,我们说数据和信息是数字资源两个极其重要的概念。

1.2.4　代码及其作用

代码是用预先规定的方法来代替信息对象正式名称的编号或字母。代码是一种特殊的信息,它用符号的方式密集地反映大量的信息特征,可以说是集约化的信息。例如,表示每一位职工的职工号就是一种代码,这个代码可以代替职工的正式姓名在有关管理信息处理中的使用。身份证号码也是一个代码,虽然代码只有 18 位,但它密集地反映了持证者所在省区市和出生年月日、性别等信息,可供国家有关部门使用。

在管理活动中,存在着大量的信息,而它们的表示形式却是各式各样的,这不仅使管理工作复杂化,而且不能适应计算机处理的要求。计算机的信息处理与一般的信息收集和处理有一个不同之处在于，计算机处理需将信息变为机器能识别的符号，如果同样的事物有了许许多多的名称，计算机就不能像人工一样自然而然地将其做同类处理。例如，"浙江省杭州市人民政府"可以同时有"杭州市人民政府""杭州市政府""市人民政府""杭州市府""人民政府""市政府""市府"等称呼，那么，在特定的场合，人们是可以理解上述称呼其实是指同一个事物，而计算机却无法直接理解，要使得计算机能够理解，必须同时告诉计算机上述的称呼是等价的，而这样显然就要增加许多的计算机存储空间和处理时间。因此，无论是在手工情况下，还是在计算机情况下，代码对于信息处理的作用都是极其重要的，概括起来，代码的作用有以下几个方面：

（1）使客观上存在的各式各样信息对象的名称都变为统一的数码，使得信息表达标准、简洁，方便书写，便于相互之间的业务交流和信息共享；

（2）能够以符号的方式密集地反映大量的信息特征，供处理时使用；

（3）便于计算机识别和处理，计算机将代码作为一组数据进行处理，可以简化程序设计，加快数据输入，减少出错率；

（4）节约存储单元，提高运算速度，节省计算费用；

（5）利于信息保密。

代码的种类很多，分类方法也各有不同，如果按代码的组成结构分，主要有以下几种：

（1）顺序码。对信息对象从头开始按自然数顺序进行连续编码。如我国各大城市名称，可用顺序码进行编码如下：

对象：北京　天津　上海　沈阳　长春　哈尔滨……
代码：01　　02　　03　　04　　05　　06　……

这种代码的优点是简单明了，短小精悍，代码唯一，易于处理。缺点是灵活性差，一旦编好码后，没有弹性，新加的单元只能加在最后，去除的单元变成空码；这种码缺乏分类组织，码本身无含义，不能反映信息特性，不易进行分类处理。一般用在对象个数固定或不需要经常进行插入和删除的情况下。

（2）分组码。代码的每一组（几位可根据需要决定）都含有若干字符，表示一定的含义，代码中的层次和类目的等级是一致的，从左到右，代码的第一组表示第一级类目，第二组表示第二级类目，等等。如表示省、地区、单位及有关属性的代码，可写成如下形式：

31	01	014	01
（浙江省）	（杭州市）	（化工公司）	（国有企业）

分组码的优点是信息对象分类基准明确，各组具有特定的分类意义，反映了类目的逻辑关系，容易记忆，追加、插入和删除都比较方便；缺点是占用位数较多。财务会计处理中多用这类分组码。

（3）助记码。把信息对象名或缩写符号作为代码的一部分,如:

TV－M－12 表示 12 英寸黑白电视机

TV－C－14 表示 14 英寸彩色电视机

助记码的优点是直观明了,缺点是处理不便。

（4）字母码。不用数字而全用字母组成代码,通常采用缩写字母,如:

对象:男　女　公斤　厘米　北京　上海　杭州　发票号　总额
代码:M　W　KG　CM　BJ　SH　HZ　INV　AMT

字母码的优点是容易理解和记忆,缺点是应用有局限性。

（5）区间码。对信息对象分区间进行编码。以下是物资代码系统的一个区间:

```
......
1000  金属材料
  1100  元钢
    1101  碳结元钢
    1102  纯铁元钢
    1103  合结元钢
    1104  弹簧元钢
    1105  轴承元钢
    1106  不锈元钢
    ......
  1200  钢板
    1201  镀锌薄板
    1202  碳结薄板
    1203  碳结钢板
    1204  弹簧薄板
    ......
  1300  钢带
    ......
  ......
2000  电讯器材
  ......
```

区间码的优点是位数不多,缺点是处理不便。

在实际应用中,往往是把上述几种类型的代码编制方法相结合而使用。在对各种类型的代码进行分析之后,我们可以得出结论:代码的结构是由码元依序组成的。所谓码元,是指代码中具有独立意义的最小单位,通常由数字或字母组成。码元和代码一样,也有其所反映的信息对象及其具体的代码值,并且还具有长度位数。如各省的代码通常被用作码元,它的信息对象就是各省、自治区和直辖市,长度为 2,北京为 01,浙江为 33……若干个码元按照某一代码规则依序组合,即组成某一信息对象的代码。例如,上面所举的分组码例子中,分别由省、市和单位序号等 4 个码元组成了一个具体企事业单位的代码。身份证上的号码也一样,是由 8 位码元组成的,如图 1-2 所示。

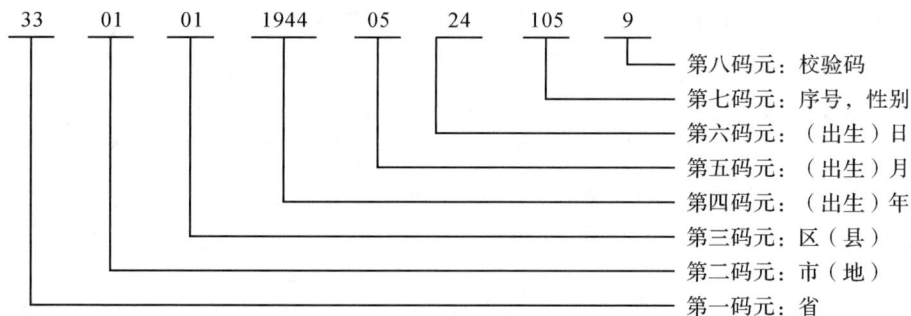

图 1-2　居民身份证代码的码元规则

代码设计的好坏,直接影响业务处理的质量、实用性与生命力。尤其是在计算机信息处理系统中,一个代码的小修改,将会引起多个文件,甚至整个程序的修改。而代码系统的大修改则可能会引起信息系统有关数据库的重新设计和建立。故代码设计一定要做全面的考虑和仔细的推敲,力争优化。在代码的设计和优化过程中,一般应遵循以下几项原则:

(1)唯一性。每个代码唯一表示一个信息对象的名称。

(2)扩展性。代码结构必须能够适应信息对象集合不断扩大的需要,留有足够的位置,当扩充和更新新的信息对象时,不致引起整个代码系统的重新设计。

(3)合理性。代码编制必须合理,要与信息分类体系相适应,既要使人工使用时易于识别和记忆,又要使计算机处理时易于识别和分类处理。

(4)简单性。在不影响代码系统的容量和扩充性的情况下,代码应尽量简单,码长尽量短一点,使之易记易用,方便输入,提高效率,减少输入操作中的错误。

(5)标准化。代码设计一定要向标准化靠拢,以减少今后系统更新和维护的工作量,方便信息的交换和共享。国家主管部门有标准的,一定不要另搞一套,如财务管理中的会计总账科目代码已有财政部统一的规定,应该直接采用统一的规定代码。国家与主管部门没有统一规定的,也应该按本企业标准化的要求进行设计。

(6)适用性。尽可能反映信息对象的特点,便于使用者了解和掌握,在使用时便于填写、检索,提高运行效率。

(7)规范性。代码格式、类型、组成规则要统一,代码内在逻辑性好,表意直观,便于信息处理。例如,有 16000 名职工,职工工号应有 5 位十进制数,当然可以将工号设计成顺序码,但如果我们为每个车间分配一个 2 位的车间号,而一个车间中给职工 999 个顺序编号(001~999),那么就可以使工号的前 2 位与车间代码一致,如某职工工号为

32147,则表示是 32 号车间的第 147 位职工,这样的代码很容易记,通常需要记的只是后 3 位,因为前 2 位车间号一般是记得很熟的。

(8)兼容性。在实际的工作中,有时往往需要使用既有的名称代码,或为了和其他组织、系统连接,要考虑使用其他组织或异构系统的代码和通用符号,这样就必须考虑代码的兼容性。比如,设计一个车间代码,最好是不改变车间的现行顺序或代码,一车间就设计成 01,二车间就设计成 02;设计一个成品代码,如果成品是按尺寸区分的,最好将尺寸也包含在成品代码中,这样就比较自然、易记。又如,某化工公司的信息系统中,由于其上级单位省石化协会要求该公司按石化协会给定的产品代码上报一部分产品,因此化工公司的产品代码体系应该能够兼容石化协会的代码,即要保证在不影响化工公司信息处理的前提下,系统能够运行石化协会的代码。

代码的设计应该和业务处理的需要相适应,是为业务处理工作服务的。代码设计的结果应形成代码文本,作为业务设计和业务处理的依据。

代码设计工作,可按以下步骤进行:

(1)明确代码目的。

(2)决定代码的信息对象,对所要处理的全部信息逐个地进行研究分析,决定哪些信息对象需要代码化。

(3)分析代码对象的特性,包括代码的使用范围和期限、使用频率、变更周期、追加删除情况、输出要求等。

(4)决定代码的组成规则,确定代码结构和码长,保证代码所含信息量丰富密集、表意直观、简单明了,并有足够的扩充余地,能够充分满足业务处理要求。

(5)如果代码规则中采用了码元,则应先对码元逐个进行代码编制,列出码元中的信息对象名称和代码值一览表。

(6)对代码的信息对象逐个进行编制,列出对象名称和代码值一览表。

(7)汇总代码一览表及其码元一览表,写明代码组成规则,形成代码文本,规定代码管理制度,便于代码的维护和使用。

1.2.5　表格

作为一个入门级的信息系统,首先我们遇到的就是表格。我们每天都在产生和传播大量的信息,传播信息就需要载体或者传播渠道。当今社会里,报纸、杂志、广播、电视、书籍,单位里的各种表格、单据、账簿、册页等,乃至街谈巷议、茶余饭后都可以作为信息的载体。根据这些载体的结构化程度可以把它们分成表格类载体和非表格类载体,一本小说描述人和事需要很大的篇幅,表明结构化程度低,而一张报表可以在有限的篇幅内包含大量的信息,表明结构化程度高。表格类载体通常是属于结构化程度比较高的一种载体。

表格就是按项目画成格子,分别填写文字或数字的书面材料。由于表格能够填写文字或数据,毫无疑问,表格是一种记录信息的载体。又因为表格是按项目画成格子的,因此,表格具有很高的结构化程度,是一种结构化的信息载体,其适合计算机的处理特点,有利于计算机进行信息的输入、存储、传输、加工、检索和打印。

表格区别于其他信息载体的一个最大特点,就在于它的结构化。它虽然不像小说、图像那样生动形象,但它在信息反映的条理性、结构性和集中性方面是其他非表格类信息载体所不能比拟的。表格看上去纵横有序,一目了然,非常利于管理者根据各种信息进行比较,从而做出正确的决策,因此表格被作为主要的数字化管理工具,广泛用于各级管理活动中。

《党章学习小组通讯录》便是一张表格,它有 7 列(也可称 7 个栏目)、6 行。当然,实际情况可能有多行,这不妨碍我们对这张表的描述和理解。在这些 7 列 6 行构成的 42 个格子中,我们填写的是关于供应链管理学院 2020 级党章学习小组成员信息的众多文字或数字。

表格是管理信息的载体,而管理信息的运动是与物流的运动相伴而存在的,所以我们可以按照管理活动中信息流与物流的标志对表格进行分类,从而科学地管理和合理地利用信息。按此分法可以有以下几种分类方法:

(1)按管理职能可分为产品表格、工艺表格、生产表格和经济表格。

(2)按管理阶段可分为计划表格、作业表格、统计表格和结算表格。

(3)按管理级别可分为地区表格、行业表格、企业表格、部门表格和车间表格。

(4)按管理对象可分为党务表格、人事表格、物资表格、技术表格和资金表格。

(5)按信息用途可分为指令表格、定额表格、查询表格和科技表格。

(6)按信息稳定性可分为固定表格和流动表格。

(7)按信息来源可分为内部表格和外部表格。

(8)按信息流向可分为输入表格、输出表格和反馈表格。

以上分类基本上是从管理的角度,按照业务的特点进行的,这种分类方法适应了业务员的业务特点,比较容易为业务员所接受,因而长期以来作为各类管理信息系统开发中的一种表格乃至系统的分类方法。但是作为一个信息处理系统,特别是作为一个信息处理本体中间件系统来说,这样的分类方法还不能充分反映表格的本质规律,不利于对信息系统进行本体化、通用化的处理。

以上所举的各种表格,如果我们忽略掉各类管理业务的特征,仅从信息处理的角度对表格进行分类,可以把表格分为两种,即规整型表格和非规整型表格。规整型表格的样式如图 1-3 所示。

从图 1-3 可以看出,一张规整型表格的基本要素包含了标题、表肩、表体、注释和表尾诸部分,因此对规整型表格我们可以做如下的定义,即规整型表格是指明确包含了标题、表肩、表体、注释和表尾诸部分,并且表体部分能够横成行、竖成列,每列均在表栏名称的下方依次填写文字或数据信息的这样一种表格。而不能以规整表方式表示的,一律被称为非规整型表格。在实际应用中,绝大多数的报表包括相当一些账本册页,都可以归为规整型表格,如各种计划报表、会计报表、统计报表、明细账页、分类账页等,而一些单据凭证则通常是属于非规整型表格的,如我们常见的各种发票就是属于非规整型表格,图 1-4 和图 1-5 分别列出了两类表格的典型例子——某厂政治学习材料增订计划表和某企业的财务凭证。

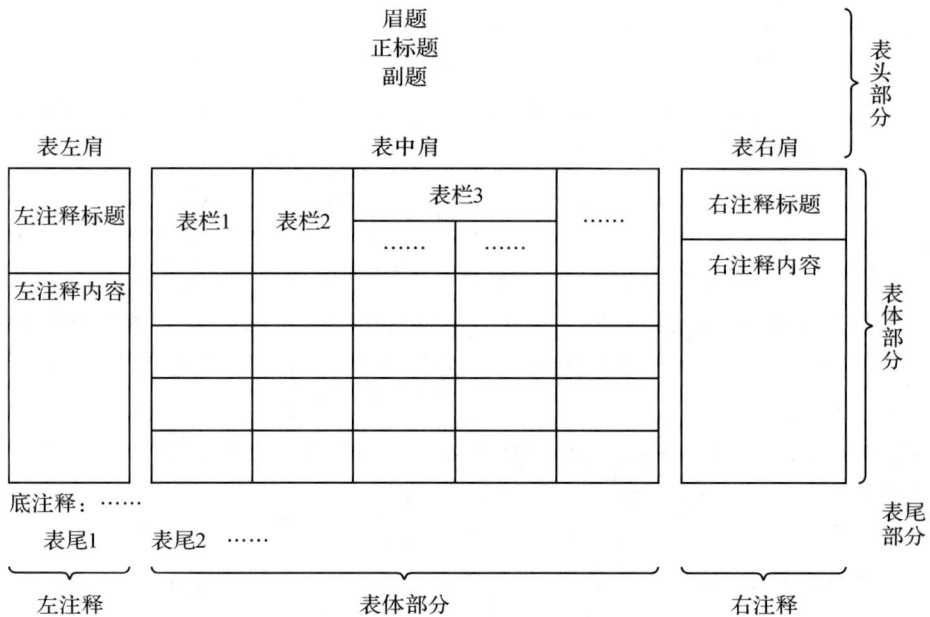

图 1-3　规整表样式

政治学习材料增订计划表

2022 年 1 月

单位:册

名称	改革开放简史	中华人民共和国简史	社会主义发展简史	中国共产党简史
办公室	12	12	12	12
组宣部	10	10	5	5
供销部	6	6	6	6
人事部	20	20	25	25
生产部	30	30	50	50
合计	78	78	98	98

图 1-4　规整表样式——某厂增订计划表

月 日		区号	借方科目	贷方科目	借方金额	贷方金额
NO. 仕尺票簿		监察	查印	查印	系	

图 1-5　非规整表样式——某日资企业财务凭证(空白)

　　表格的这种分类方法对于信息系统特别是信息处理本体中间件系统的开发产生了极其重要而深远的影响,它完全摆脱了具体业务对信息系统的影响,使得信息系统在朝着通用化方向发展和进一步延长系统的生命周期方面迈了一大步。

1.2.6　表格的本体表示法

　　(1)页、行、列

　　信息处理本体中间件基于两个最基本的事实,即:

　　①表格是各类信息处理最基本、最广泛的载体,它具有唯一标识的表代码,任何其他形式的载体都可以转化到表格;

　　②表格应该是三维的,但不排斥二维表作为一个简化了的三维格式在实际中大量存在并得到普遍和广泛的使用。

　　从这两个最基本的事实出发,本体中间件系统所有处理均以表格为对象,即以表格变量(简称表变量)为其低代码处理的基本单位。

　　既然是表格,而且是三维表格,就存在页、行、列的表示方法,在中间件系统中,页、行、列的排列顺序一般情况下依次为页、行、列,相互之间以",”分开。如"1,2,3"表示第1页第2行第3列,二维表省略页维,如"1,2"表示第1行第2列,这里讲的三维表就是前面所说的非规整表,而二维表就是前面所说的规整表,这里讲的列有时也被称为栏或栏目。

　　如果某一维不能以一个常数确定下来,比如二维表中的第6列,那么到底是第几行呢? 其实是所有行,因此需要进一步规定三个维的泛指符号,我们规定以"!"表示所有页,以"?"表示所有行,以":"表示所有列。这样一来,三维表的第5页就可以表示成"5,?,:",而二维表中的第6列就可以表示成"?,6",更进一步,三维表的全部页、行、列(全部表格)表示为"!,?,:",而二维表中的全部行列(整个一张表格)可表示成"?,:"。

　　在另外一些场合中,比如录入自动计算的时候,需要确定是某页某行某列,但又无法用常数表示,而是指当前页、当前行、当前列,这时,我们就用在页行列的泛指符号前加一个小数点的方法表示,即以".!"表示当前页,以".?"表示当前行,以".:"表示当前列,于是三维表的当前页就可以表示成".!,?,:",二维表中的当前列就可以表示成"?,.:",三维表的当前页、当前行、当前列就可以表示成".!,.?,.:",而二维表中的当前行、当前列就可以表示成".?,.:"。

　　同样在一些场合中需要确定的是最后页、最后行、最后列,我们就用在页、行、列的泛指符号前加一个"E"的方法来表示,即"E!"表示最后页,"E?"表示最后行,"E:"表示最后列,于是三维表的最后页就可以表示成"E!,?,:",二维表的最后行就可以表示成"E?,:"。

　　如果我们需要将表栏题目作为条件,比如"栏目名称为合计的"之类的条件就要用到一个特殊的行变量:第0行,表示为"0,:"。

　　!,?,:,.!,.?,.:,E!,E?,E:九个符号单独使用时分别表示它们的页号、行号和列号,比如? ＜E?,表示行小于最后一行,也就是"最后一行除外"的意思。

另外,在一些计算命令中,页、行、列的表示还会有其他的特殊含义,我们将结合具体的命令予以介绍。

(2)本表和别表

本表是指在中间件系统主界面的报表菜单下选择进入的那张表,即当前进入的表格。本表一律以花括号({})将页、行、列括起来表示。如{1,2,3}为本表第1页第2行第3列,{0,:}为本表第0行,即屏幕显示中的栏目名称一行。

别表是指非当前进入的表,这既包括了其他业务报表,也包括了与本表同一代码的其他周期的表。比如本表是这个月的工资表,那么上个月的、去年当月的工资报表都应称为别表。别表的表示法有许多种,基本上是由表代码＋表时期＋"["＋页行列＋"]"(方括号)组成。具体有以下几种方法:

①相对表示法

格式: × × × × × × ［页,行,列］

　　　　　表代码　　相对时期

此表示法可根据该表的周期计算出此前若干周期的表,如月报SCYB01[1,2,3]表示代码为SCYB的上月表,如SCYB为年报,则为上年表,半年报则为上一个半年的表,余类推。如果SCYB是永恒表,则任何相对时期量都是等效的。

如果在时期后面带点(.),则表示该时期的表格不存在时,允许向前追溯。比如日报处理,一般情况下,当月的累计数是上一天的累计数加上本日数,但当该日为星期一时,其上一天的日报因是休息日而不存在,那么定义成SCYB01.[1,2,3]时,系统会自动从前一天的表格中去取所需的数。这样定义后,前面即使是春节或是假期,系统也会自动追溯,追溯的时期量是100个周期(如100日、100月、100年等),在此范围内不会影响数据的正确计算。

②绝对表示法

格式: × × × × (× × × × × ×) ［页,行,列］

　　　　表代码　　　年　　月　　日

　　　　　　　　　　绝对时期

此表示法直接定义该表为某一周期(如某年某月某日)的表,同时必须将年月日的阿拉伯数字按1234567890对应替换成ABCDEFGHIO,如日报SCYB(IDOBOA)[1,2,3]表示代码为SCYB的1994(ID)年2(OB)月1(OA)日表,如是年报,则为1994年年报,其后的OBOA不起作用,半年报则为1994年下半年的表格,其后的OA不起作用,余类推。如果SCYB是永恒表,则任何绝对时期量都是等效的。

上述变换中,21世纪等奇数世纪中的年的绝对表示要将1234567890对应替换成RSTUVWXYZQ,月、日仍不变,如日报SCYB(QUOBOA)[1,2,3]表示代码为SCYB的2004(QU)年2(OB)月1(OA)日表。这种表示方法,可以将信息处理本体中间件的处理时间跨度追溯到两个世纪,即200年。

③绝对相对混合表示法

格式： × × × × （ × × × × × ）［页，行，列］

表代码　　　年　　月　　日

绝对相对混合时期

此表示法将绝对法和相对法结合，在年、月、日中，以阿拉伯数字表示相对时期，以1234567890对应替换成ABCDEFGHIO（偶数世纪的年或月、日）或RSTUVWXYZQ（奇数世纪的年）表示绝对时期，如日报SCYB(01AB01)[1,2,3]表示代码为SCYB的上一年12(AB)月的上一日表。如是年报，则其后的AB01不起作用，余类推。

④动态表示法

格式： × × × × （ × × × × × ）［页，行，列］

表代码　　　年　　月　　日

绝对相对混合时期

动态表示法是在混合表示法基础上加以改进的，因此格式和混合表示法完全一样，区别在于年、月、日的表示上可能要使用以下动态变量：

_CTY：表示操作日期中指定的年

_CTM：表示操作日期中指定的月

_CTD：表示操作日期中指定的日

这种表示法通常在进度台账一类报表的计算公式中要用到。比如，某销售进度台账是一月一张的，即月报，但它上面的内容却是逐日登记的，因此进入该月的台账后，需要登记哪一天的销售数据，要由操作日期决定（当然也可定义报表周期类型为月报日做，即MD，这时可由报告期决定），操作日期一定，要从哪一天的销售发票中取数据才能确定，所以在台账计算中确定从哪一天的发票（日报）中取数是一个动态时间，这就要用到动态表示法。如日报XSRB(00_CTM_CTD)[1,2,3]表示代码为XSRB的当年操作日期所指定月、日的那一天的表。

⑤区间表示法

格式： × × × × （ × × × × × — × × × × × ）［页，行，列］

表代码　　　年　月　日　　　　年　月　日

起始时期　　　　　终止时期

此表示法分别以混合表示法或动态表示法定义起始、终止时期（起始时期一般早于终止时期），表示在这一时期区间内的一系列表。如日报SCYB(01ABOA-01ABAE)[1,2,3]表示代码为SCYB的从去年12月1日至15日的所有日报表。请注意，这种表示法不能用于计算公式的左边被赋值，只能在公式右边用于获取值。

对于在时期后加(.)的追溯情况，终止时期应当早于起始时期，表示当起始时期表示的表不存在时，一直向前追溯到终止时期为止。如日报SCYB(01ABOA-01AAOA).

[1,2,3]表示代码为 SCYB 的去年 12 月 1 日表不存在时,就一直向前追溯,直至去年 11 月 1 日为止。

1.2.7　表格的再认识

在我们的各类数字资源中,通常有文件、表格和图像三种。当人们在协同工作中,需要就一些情况上传下达、互通信息的时候,通常用文件的形式作为信息载体,这种信息载体通行于各机关、团体、企事业单位中,如命令、指示、决定、通知、请示、报告等,它的使用范围较为广泛。当反映的信息量比较大,难以用文件逐项表达清楚,并且信息相互之间具有明显的结构性和条理性时,则用表格作为信息载体,这种信息载体通常通行于一些政府综合管理部门、行业主管部门及企事业单位中,而在一些党派团体中较为少见,如各类统计报表、财务报表、票据、凭证、账册等。当对信息的表示需要形象化的时候,通常采用图形、图像的方式作为信息载体,以达到较好的宣传效果,这种信息载体通常通行于单位内部,或为了宣传的需要而通行其他有关部门,比如工程项目进度曲线图、不同时期不同群体相关数据的对比图、各种成分分析的圆饼图,等等。

我们前面已经说过,管理活动中的文件、表格和图像这三种信息载体,表格是结构化程度最高的,有利于计算机进行各种信息处理,而其他两种信息载体的计算机处理则要受到很大的制约。比如对于文件和图像来说,要进行数据的汇总统计是十分困难的,远没有表格那样容易地进行数据的汇总统计。因此,对于一些需要遵照进行信息处理的政策性、法规性文件或图形曲线,人们往往要通过各种预处理,将其转化为表格来进行处理。当然,有时人们也需要将表格转化为其他形式的信息载体。

在文件、表格和图像三种信息载体的相互转化中,常见的是文件与表格之间、图像与表格之间的相互转化。在转化过程中,表格是中心一环,凡是需要进行信息处理的,一般来说,都须转化为表格,经过处理后,再按管理的需要转化为其他形式的信息载体。下面有关养老保险计算的文件就属于文件转化为表格的例子:

···········

缴费年限是指职工实际缴纳基本养老保险费的年限。职工在 2002 年 4 月我市实行个人缴费前的连续工龄可视作缴费年限。"视作缴费年限"须经过省、市劳动部门批准才有效。

···········

基础养老金的计算:职工退休时上一年"全省社会平均工资"乘以"比例"。"比例"的确定:缴费满 10 年不满 15 年的按 15%,满 15 年不满 20 年的按 20%,满 20 年以上的按 25%,;退职人员按 15%。

···········

在文件中,对于基础养老金计算中"比例"的确定,有着详细的规定。如果我们要根据该比例进行每位离退休职工基础养老金的计算,那么就有必要将"比例"的确定以表格的形式表达出来,经过整理后的《基础养老金"比例"确定表》如表 1-2 所示。在转化中,我们增加了文件中隐含的缺省信息,即当缴费年限不满 10 年时,比例应确定为 0,使得计算时所采用的数据更加全面和准确。

表 1-2　基础养老金"比例"确定表

退休退职情况	缴费年限	比例（%）
退休	年限＜10	0
退休	10≤年限＜15	15
退休	15≤年限＜20	20
退休	年限≥20	25
退职	不论	15

图形、图像也可以转化为表格,例如某机电集团的入党积极分子人数曲线(图 1-6)就可以转化为一张表格,将曲线上某一年度的人数值依次列出,即可转化为《某机电集团入党积极分子历年人数表》(表 1-3)。

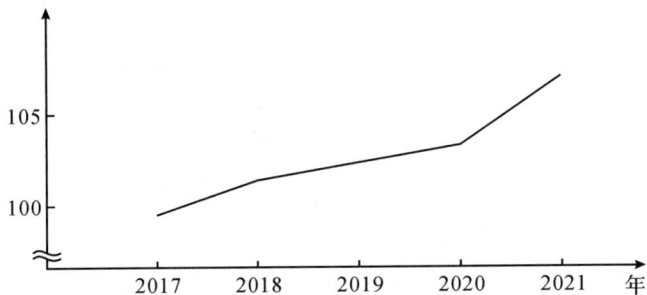

图 1-6　某机电集团的入党积极分子人数曲线

表 1-3　某机电集团入党积极分子历年人数表

年份	人数（人）
2017	100
2018	102
2019	103
2020	104
2021	107

此外,也有将表格转化为文件或图形的情况,例如每到年末、月末,各种统计分析报告、财务分析报告就是根据统计报表和财务报表分别转化而来的;企业中各月产值增长趋势图就是根据每月的产值统计报表描绘出来的,类似的例子不胜枚举。

从上面可以看出,表格是最重要、使用最广泛的信息载体之一,是绝大多数信息处理的核心对象,任何其他信息载体都可以根据需要转化为表格进行信息处理。所以,表格在实际应用中已被广大从事信息加工处理的业务员所熟识和利用,同时表格也由于结构化程度高的特点而被作为计算机信息处理的基本对象。

我们以图 1-3 的规整型表格为例,逐项解剖表格的各个基本要素。

第一,表格都必须有题目,题目一般是用大一号的字体居中印刷或打印的,通常题目只有一行,但有时题目也会出现两行甚至三行,我们分别称其为眉题、正标题和副题。例如,以下案例就用了三行作为表的题目。

某市某公司

2015 年 3 月财务指标

汇总报表

第二,表格可能含有表肩,也可能不含有表肩,在含有表肩的情况下,又分为左表肩、中表肩和右表肩。左、中、右表肩分别以左、中、右的次序排列在表的题目下方,每一块表肩又可以分为若干层。这些表肩通常是用来标明表的填写单位、表的报告期以及表格的统一代号等信息的。例如,某能源统计报表的表肩形式如下所示:

企业法人代码:		表　　号:B105—2 表
企业详细名称:		205—2 表
工业行业大类名称:	(年、月报表通用)	制表机关:国家统计局
工业行业大类代码:	2017年4月	文　　号:国统字〔2016〕234号

表　　　　体

第三,表格也可能含有注释。在含有注释的情况下,又分为左注释、底注释和右注释。左、右注释分别排列在表的两旁,比较少见。而底注释则排列在表的下方。注释通常是用较长的一段文字对表格中的信息做进一步的附加说明。例如,某党员发展对象统计表的注释如下所示:

表　　　　体

注:1.“工人”含营业员、服务员;“农牧渔民”含乡镇企业劳动者、民办教师、乡村医生;“各类专业技术人员”“事企业单位管理人员”包括集体所有制单位上述人员。

2.本表(1)栏各项数字,若与上年底党内统计年报表同项数字有太大的出入,请说明原因。

3.表中(2)栏至(10)栏[除(8)栏]相加之和,应与表中(1)栏相等。

4.请各单位务必于 4 月 30 日前报省委组织部基层组织处。

第四,表格可能含有表尾。表尾通常是用来表示与表格制作责任有关的一些信息,如“单位负责人签名”“制表部门”“制表人签名”“统计负责人签名”“报出日期”等。这些表尾的信息通常在表格的底部等距离一字排开。例如,某能源统计报表的表尾如下所示：

单位负责人： 　统计负责人： 　填表人： 　电话： 　报出日期： 　年 　月 　日

第五，表格的主体部分必须含有表栏。表栏是表格的栏目名称，有时表格的栏目会出现层次，呈倒树形结构，上一层次的栏目可以统领下一层次栏目的有关内容。栏目的名称一般要居中打印，打印不下时，要做折行处理并居中打印，保持美观。

表栏的下方有时还可能会出现栏次。栏次是用来标明相应表栏的记号，通常用天干或数字的方式来表示，比如"甲""乙""丙""丁"……"1""2""3""4"……，也可能会用其他方式表示，如"4≤1+2+3"，等等。

某能源统计表的表栏及栏次（局部）如下所示：

……	折标准煤系数	年初库存量	年（月）末库存	年初至本月止终端消费					……
				合计	工业生产用	用作原材料	建筑施工用	运输邮电用	
……	丁	1	2	3	4	5	6	7	……

……

第六，表格有大小尺寸。大小尺寸通常可以用宽度和高度两个参数来表示，通用的尺寸计量单位可以用厘米，有时也可以用字符数和行数来表示。比如，某能源统计表的宽度为 33 厘米，而高度为 21 行。请注意这种尺寸和纸张尺寸是不一样的两个概念，有时需要在一张大纸上分次打印若干个小表。

第七，表格一般都是由若干行和若干列组成，因此一张表格含有许多的格子，每一个格子都是用来存放文字和数据信息的。那么显然，表格中文字与数据信息的位置是以行和列来确定的，行和列是作为两个极其重要的表变量在表格处理中存在的。表格信息处理的每一步工作都离不开对表格中行和列的定位，比如，第 1 行等于第 2 行加第 14 行再加第 21 行，第 12 列等于第 4 列一直加到第 11 列，有时我们还可能用其他一种方法来对行与列进行定位。比如，"全公司合计"这一行等于"国有合计"这一行加上"民营合计"这一行再加上"其他三资"这一行，"实发合计"这一列等于"应发合计"减去"扣发合计"这一列，等等。

第八，表格行与行之间存在行间隔和行间距。行间隔是指表格隔几行打印一条横表格线，当然也可能只打印竖表格线而不打印横表格线。行间距是指表格的行与行之间的距离，距离小，则表格看上去排得紧凑些，而距离大则表格看上去排得疏松些。

第九，表格两端存在开口还是封口两种情况，在开口情况下，表格的两端没有竖表格线，而在封口的情况下，表格的两端是有竖表格线的。

作为规整型表格，我们暂时列出以上一些基本要素，其他要素以及非规整型表格的一些要素将在后面的有关章节中结合项目逐步加以介绍。但可以指出，通过以上的剖析和再认识,我们对表格必然有了进一步的了解,这对帮助业务员充分认识表格格式的内在规律有着十分重要的意义。同时,对于从事信息系统低代码开发的程序员来说,认真研究和认识表格的内在规律,对于系统的通用化和延长软件生命周期是十分有益的。

1.3 设计(Design)

1.3.1 系统设置

信息处理本体中间件系统初次使用时,需要设置数据库支撑环境,这个过程可以由专业开发人员在数据库后台设置完成,也可以由操作人员在系统前台设置完成。

为帮助不同的初学者更好地运用该系统,我们为各位初学者规定了学号,不同的初学者以学号命名建立自己的数据库支撑环境,可防止相互之间的干扰。

图1-7是系统设置界面,这个界面既可作为将来系统登录用的界面,也可作为系统初始化时设置数据库支撑环境的界面。点击图1-7中的"设置"按钮后,出现图1-8所示的系统数据库环境设置界面。

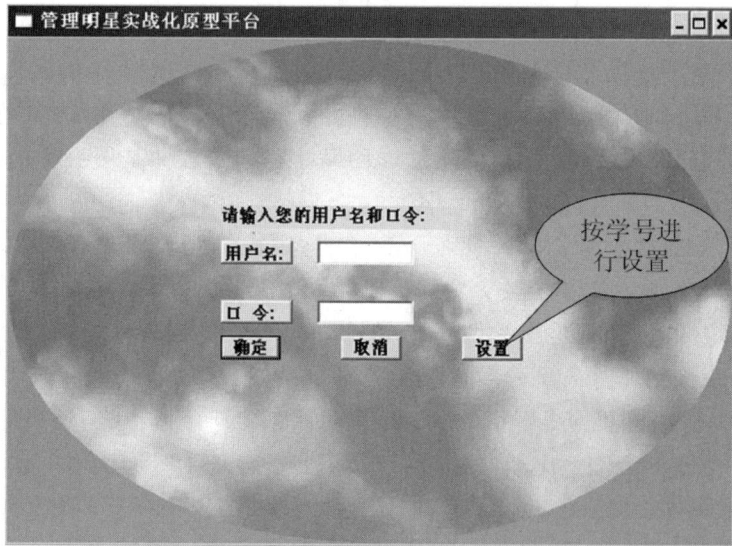

图 1-7 系统设置界面

图1-8中的数据库服务器名为指定的数据库所在服务器的计算机名或IP地址,这个地址可以是广域网的服务器地址。数据库名可以任意规定(教学时为了防止串错,要求按学号设置),系统的用户名和密码也可以任意规定。

数据库环境设置完成后,可点击"确定"按钮返回上级菜单,此时就完成了数据库支持环境的设置。如果此时从后台数据库中去观察,会发现已为新的用户建立了一个可以使用的数据库名(以B开头),在这个库中同时形成了系统运行所需的基本表,如图

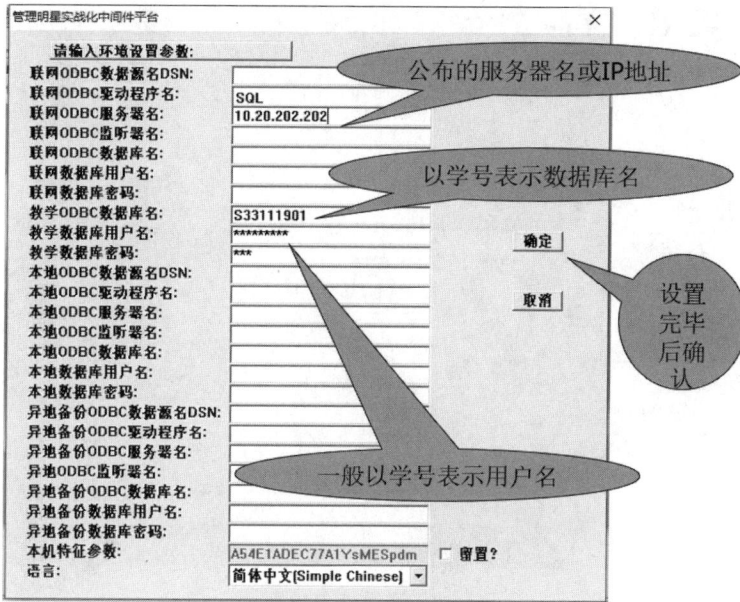

图1-8 系统数据库环境设置界面

1-9所示。

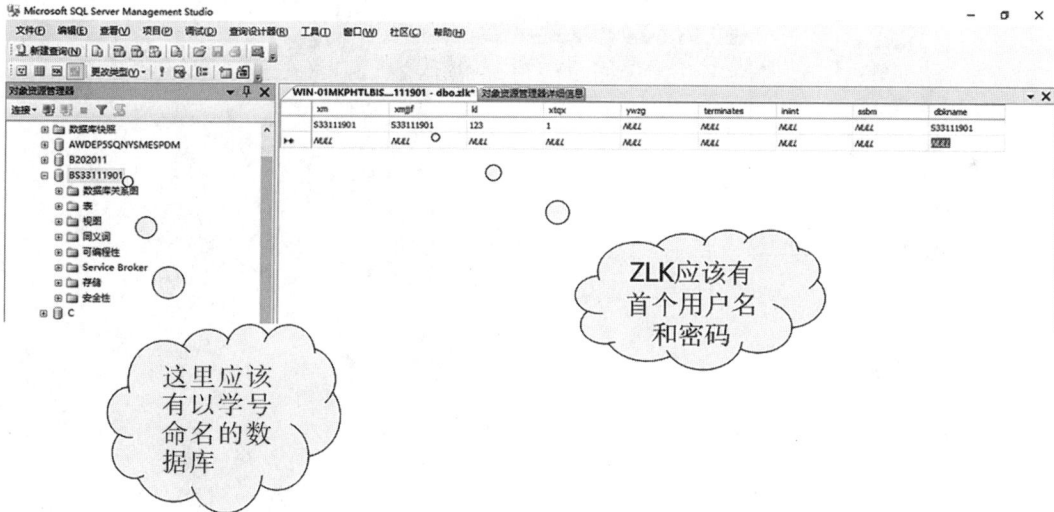

图1-9 设置成功后的数据库支持环境

1.3.2 业务登录

业务登录是实现业务需求的首要环节和重要环节,信息处理本体中间件系统正是通过业务登录实现对各行各业的业务信息进行管理的。当我们以刚刚设置好的用户名和密码登录时(图1-10),所见的是完全空白的界面(图1-11),只有经业务登录后才能形成首个业务系统的菜单界面。

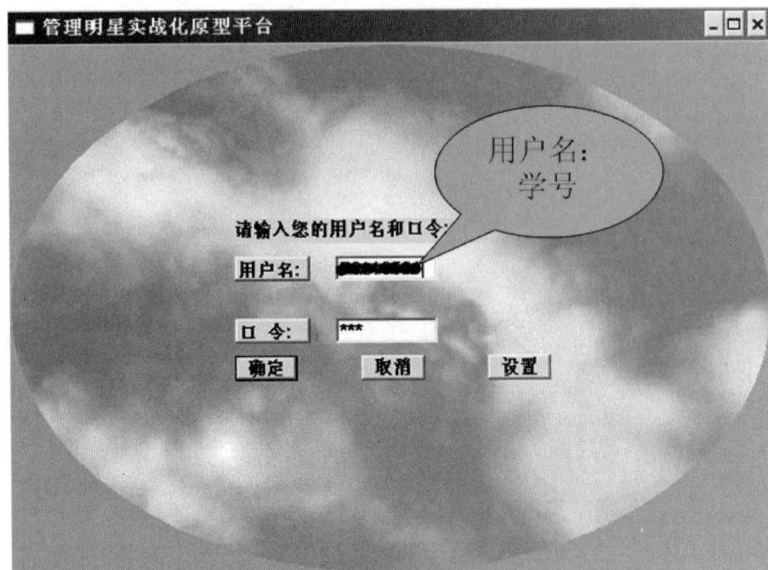

图 1-10　系统登录界面

图 1-11　业务登录前的菜单界面

点击图 1-11 中下拉菜单中的"业务登录"（首次使用时，可点击一次"函数建立"，以便后续开发应用），可进入业务登录界面（图 1-12）。

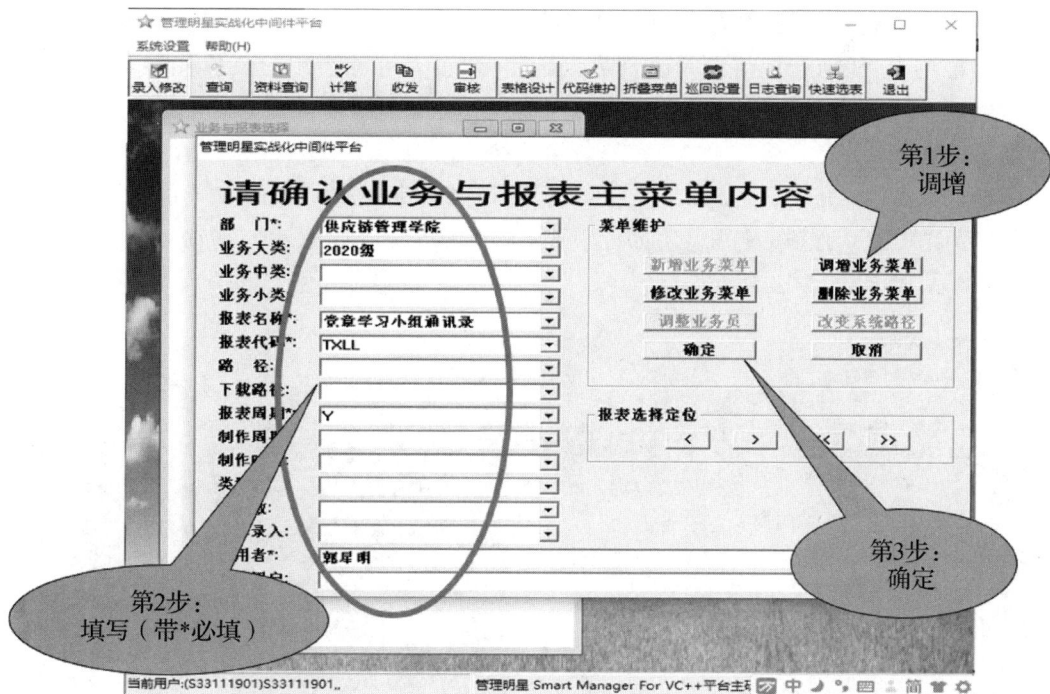

图 1-12 业务登录界面

进入图 1-12 所示的业务登录界面后,首先点击"调增业务菜单"按钮,此时左边会许可进行部门业务及报表属性的定义,然后在这些属性文本框内完成对业务的定义,最后可点击"确定"保存设置的信息。

业务登录界面中的业务定义信息包括以下管理信息系统的基本内容和要求:

(1)部门:它是管理信息系统面向管理、面向组织机构的基本特征。在此例中,应设置为"供应链管理学院"。

(2)大业务(中业务、小业务):管理信息系统的结构通常按业务特点进行划分,较大的业务还需细分为较小的业务,当然一些本身就不大的业务就没有必要再细分了,直接定义一个或两个业务层次即可。此例中定义大业务为"2020级",中、小业务缺省。

(3)报表名称:按照信息处理本体中间件系统的设计理论,管理信息系统的基本单元是表格及其相互关系,因此报表名称在这里是不可缺少的。此例中定义为"党章学习小组通讯录"。

(4)报表代码:任何管理信息系统中的表格都需要唯一标识,信息处理本体中间件系统也不例外,唯一与众不同的是,此处命名的报表代码是作为后台数据库中表的前缀使用的,要求大写英文半角字母开头,长度四位,后台数据库中表的命名还会加上时间的信息。此例命名报表代码为"TXLL"。

(5)报表周期:管理信息的产生、流转具有周期性,信息处理本体中间件系统规定了十种周期来表示该表是按此周期产生和处理数据的,系统分别用 D 表示日报,W 表示周报,T 表示旬报,N 表示半月,M 表示月报,S 表示季报,H 表示半年,Y 表示年报。如果该表不分周期地使用,则用 L 表示永恒;如果该表需要实时处理信息,则用 A 表示。

此例定义为 Y,表示年报,即按年修订通讯录。

(6)准用者:任何管理信息系统都为人所用,这个人可称为用户或操作员,他是信息(表)的管理者、处理者和使用者。此例定义为"郭星明",如果缺省,则认定任何人都可以用。

业务登录定义完成后,需退出系统再次进入,系统会根据刚才的设置重整菜单。重新进入界面就有了业务的特征,比如此例中,业务菜单主界面就让人感觉是一个通讯录管理信息系统,如图 1-13 所示。

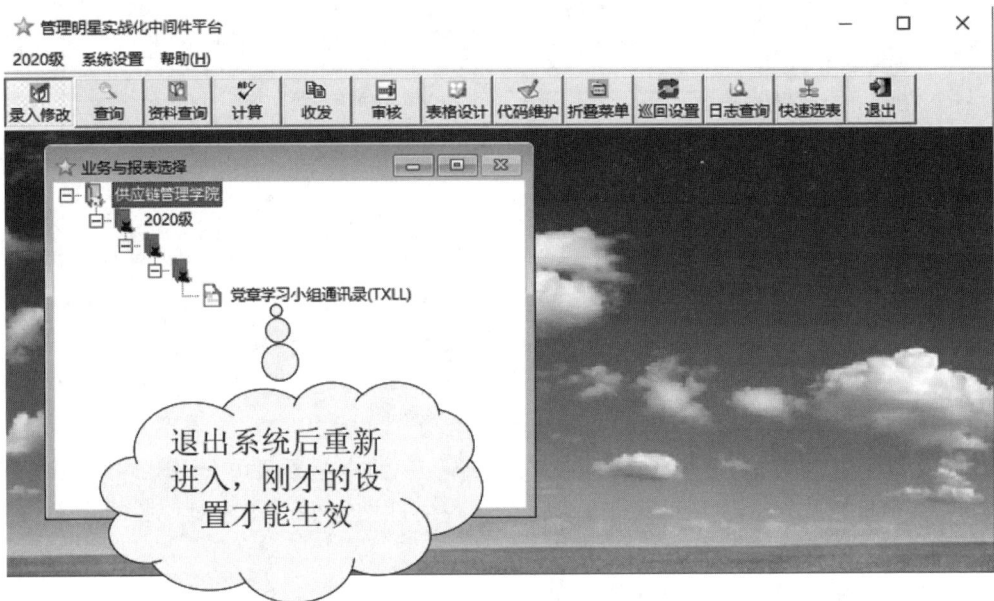

图 1-13 业务登录完成后的通讯录管理信息系统界面

1.3.3 表格设计

业务登录完成后,系统已经有了该表的选择菜单,只有完成了表格定义后才能最终实现表的使用。表格定义其实是一项数据字典的定义工作,在一般的信息系统开发中,它是单独作为数据库设计阶段的工作的。在信息处理本体中间件系统中,这一阶段被大大简化了,由后台定义移到前台进行定义,系统可以在不接触数据库的前提下,通过低代码开发,完成对表格的定义。表格一旦定义完成,前后台立即自动建立相关的连接,系统对表格的录入、查询等操作也就自动实现了。

我们在图 1-14 中选择通讯录及表格设计,进入图 1-15 所示的表格设计界面。

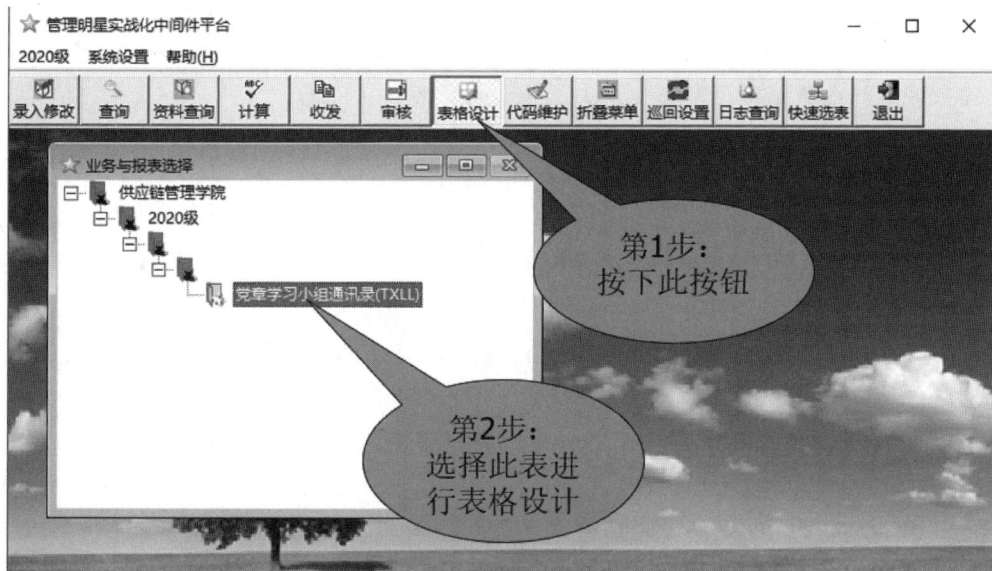

图 1-14   选择对通讯录进行表格设计的操作

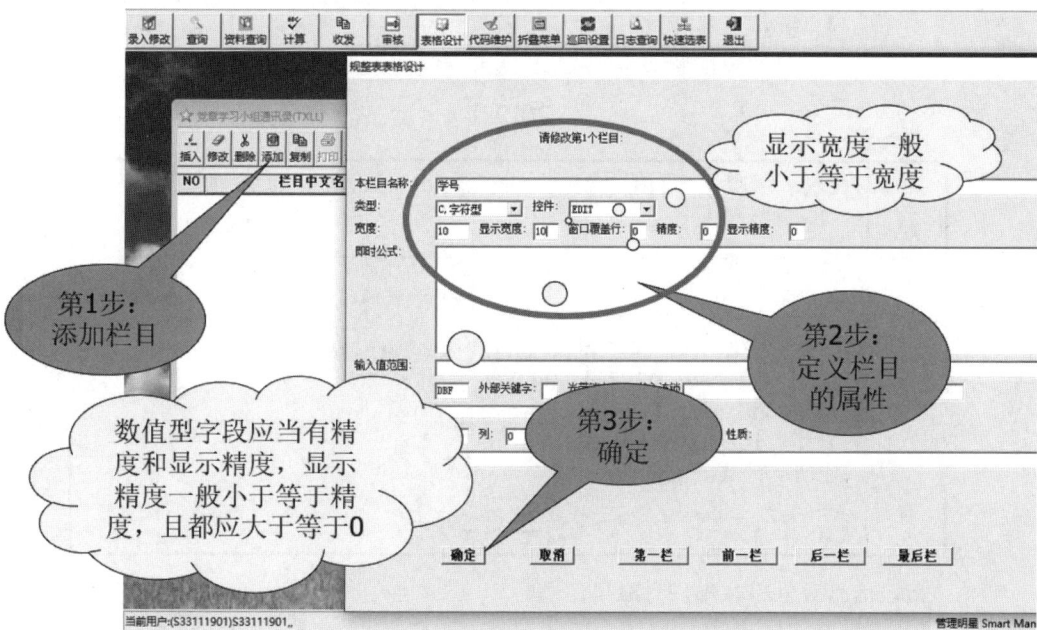

图 1-15   规整表表格设计界面

在图 1-15 中,点击"添加"可弹出一窗口用于定义通讯录新表栏的属性。

(1)栏目名称

栏目名称是指在屏幕显示时用的根层栏名,由于屏幕显示时只有一层,因此所填的栏名应该是表栏根层的栏名。由于这里输入的栏名仅供显示用,真正打印的格式要求还需重新设计,因此这里的栏名以表达简洁清楚、操作人员能够明白意思而不至于误解为原则。

（2）类型

类型是指该栏目的类型，系统仅提供数值和字符两种类型。可用光标键选择。

（3）总宽与小数精度

如果是字符型栏目，系统询问栏目所需的内容总宽度，如果是数值型栏目，系统则自动预先给定总宽度为 16，一般不做修改而仅询问小数精度。

小数精度可以自由定义，值的范围在 0 到 10 之间，由于总宽中包含了小数精度，所以必须满足"总宽≥小数精度＋1"的不等式条件。

（4）即时计算公式

即时计算专指在录入时录入一个数据，自动立即计算相关的数据，比如录入数量和单价后，自动立即计算出金额。

如图 1-16 所示，我们希望所在地市（县）能够通过代码实现快速转换：

01 杭州，02 宁波，03 湖州，04 嘉兴
05 温州，06 丽水，07 台州，08 衢州
09 金华，10 绍兴，11 舟山

供应链管理学院2020级党章学习小组通讯录
2021年

学号	姓名	年龄	政治面貌	所在地市（县）	家庭地址	电话

我们希望所在地市（县）能够通过代码实现快速转换：
01杭州，02宁波，03湖州，04嘉兴
05温州，06丽水，07台州，08衢州
09金华，10绍兴，11舟山
其他情况按实际录入处理

此表信息截至2021年12月31日。

制作者：郭星明

图 1-16　地市（县）的录入需求

其他情况则按实际录入处理，那么即时公式可以定义，如图 1-17 所示。

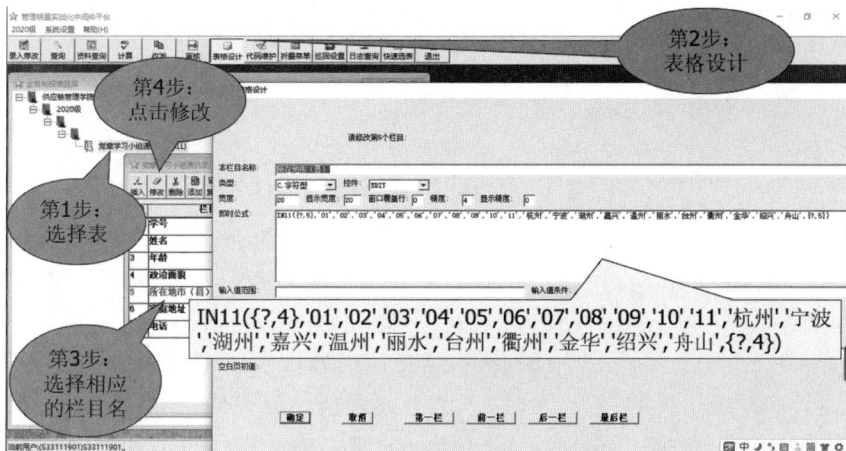

图 1-17　地市(县)的即时公式定义

(5)输入值范围

输入值范围是指该栏目的所有数据在录入时的范围限制,一旦定义之后,在实际录入操作过程中,如果录入数据超出了此界限,系统会在屏幕右上角发出警告,并要求重录。

(6)输入值条件

输入值条件和输入值范围有类似的地方,两者都是控制每一个输入值的正确性的,但输入值范围只能以上下限的方式来加以控制,一些比较复杂的控制关系无法用范围来表达,比如输入的月份中不能出现阿拉伯数字以外的字符,就得用输入值条件的方式来表达。

对于已经定义好的表格栏目还可以在"表格设计"中进行修改,如图 1-18 所示,将红色光带移到需修改的那一行,点击"修改"可对其属性进行修改,如需删除,则可直接点击"删除"按钮。

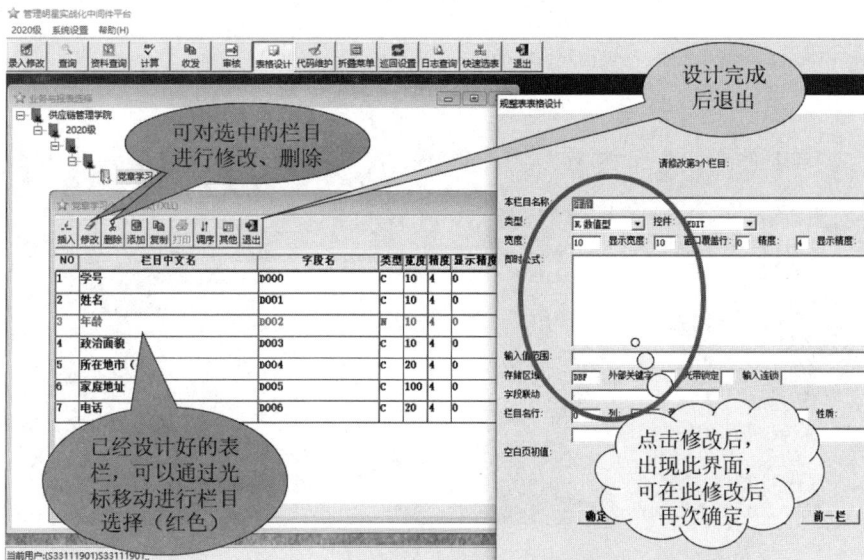

图 1-18　表格设计中的数据字典修改操作

逐个完成 7 个栏目的属性设计,便完成了通讯录的设计工作,接下来可以实现录入操作了。

1.4 实现(Implement)

1.4.1 表格的简单使用

表格设计一旦完成,即可使用该表格,这是信息处理本体中间件系统最突出的特征,它把系统设计和系统运行的平台二合一了。上述表格设计完成后,在图 1-19 所示的主界面选择通讯录和录入修改,会出现图 1-20 所示的要求确认操作日期和报表的报告日期。

图 1-19 主菜单选择报表进行录入修改操作

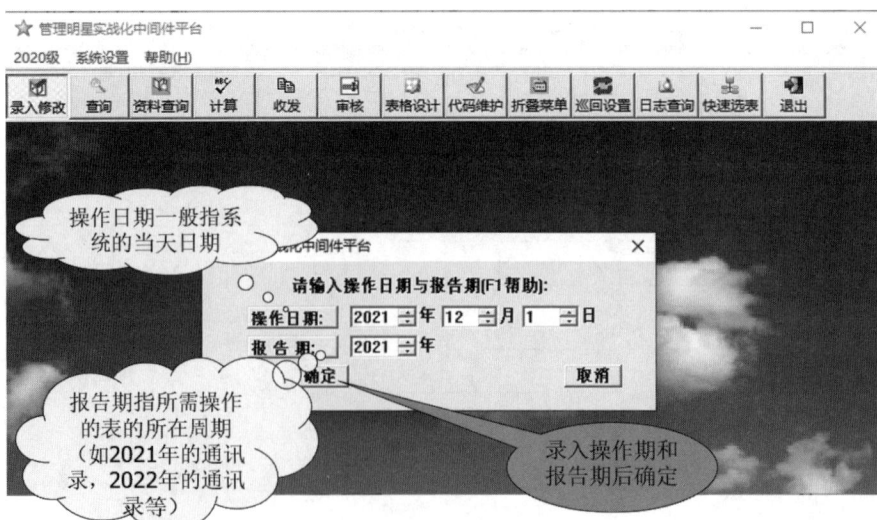

图 1-20 报表操作日期和报告期的确认

操作日期指的是你正在操作的这一天的年、月、日,报告期指的是你所要做的报表的报告周期,它根据当前日期及实际的报表周期情况,向你提示,请求回答。比如,年报请求回答是哪一年的报表,半年报则需回答是哪一年的上半年或下半年报表,季报、月报、旬报、周报、日报等以此类推。

如图 1-21 所示,进入报表以后,可点击第二个状态按钮或按 F10 键调整状态到"录入"。这是一个控制浏览和录入、修改状态的键,它相当于一个四开关键,连续按下此键后,会依次出现"浏览""录入""修改"和"快录"四个状态中的一个。

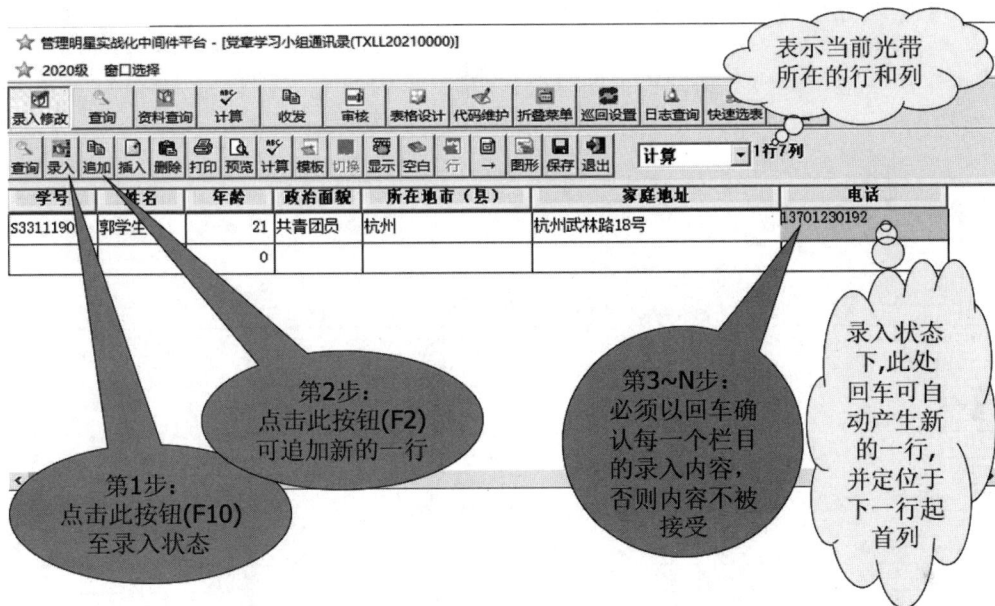

图 1-21　规整表报表录入界面

四个状态中,除"浏览"状态外,其他三个状态下都可以进行数据的录入、修改操作,它们之间的区别在于到表格最右栏时,光带是否会自动转到下一行的首栏位置;光带到表格底行时,是否会自动追加新行;有关即时计算填列数据的公式是否屏蔽掉;等等。表 1-4 列出了相互之间的对照关系。

表 1-4　录入修改状态比较

状态	自动转下行首栏	自动追加新行	即时计算填列
修改	不能	不能	取决于数据是否改动,改动数据则即时自动计算填列,否则不计算
录入	能	能	任何情况下都能
快录	能	能	不能

完成报表录入、修改操作后可按 ESC 键或点击"退出"按钮退出,系统询问是否需要保存信息,一般选择"是"保存结果,如需要作废修改的内容可选择"否","取消"操作表示不退出,如图 1-22 所示。

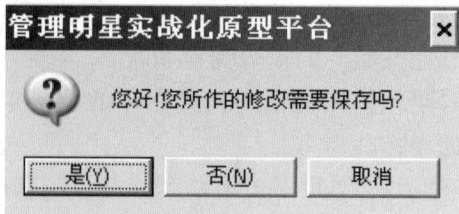

图 1-22 录入界面退出时的选项

1.4.2 即时公式的录入实现

由于所在地市（县）已经设置了即时公式，那么在录入状态进行录入时，只需录入编码，系统会自动转换成名称，如图 1-23 所示。

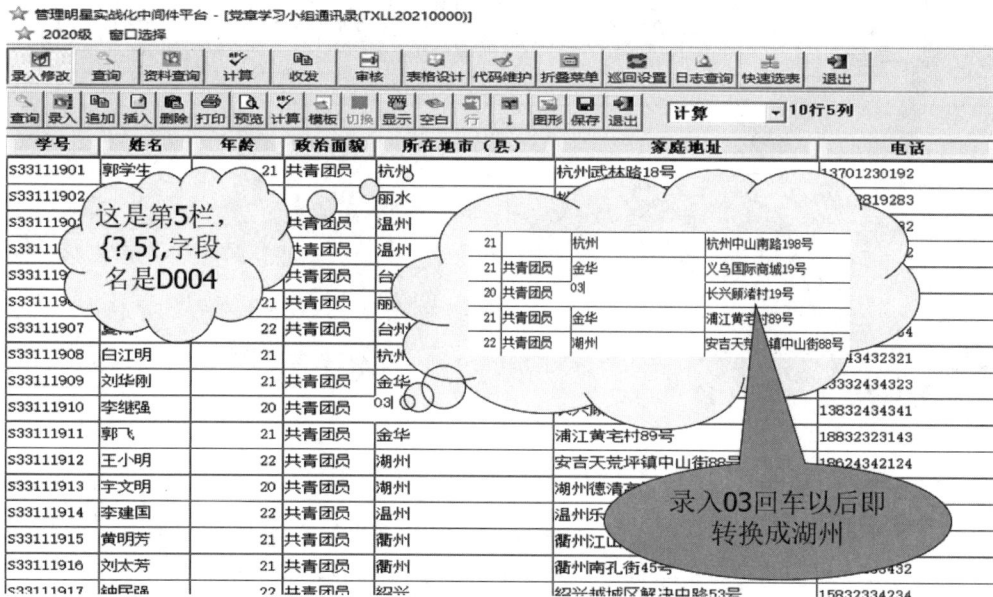

图 1-23 地市（县）即时公式设置后的录入效果

1.4.3 规整表的打印

如图 1-24 所示，完成录入后，在浏览检索界面或录入修改界面时按住 CTRL 不放再按 P 键，或点击工具栏中的"打印"按钮，屏幕中间立即出现打印菜单，如图 1-25 所示。

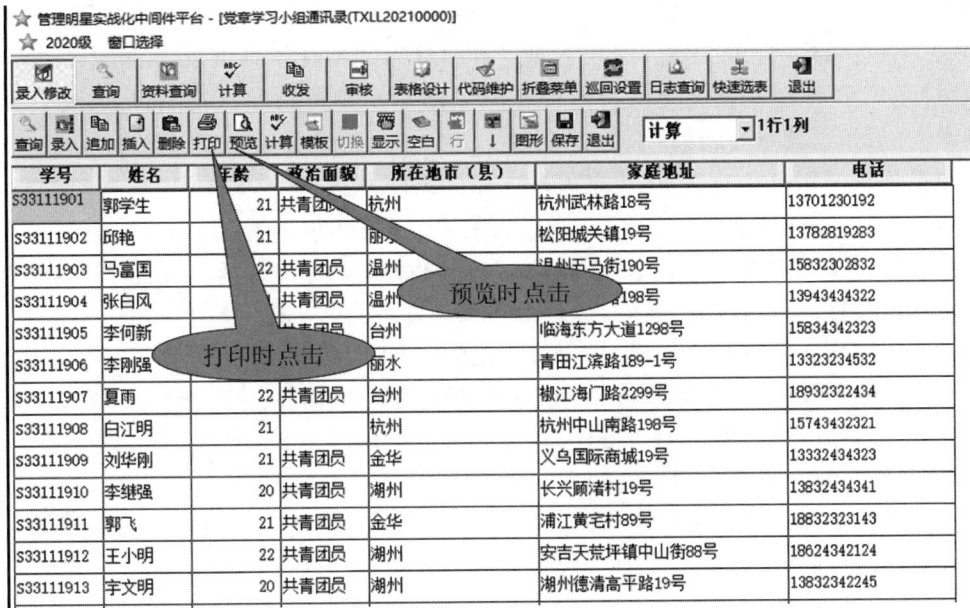

图 1-24 预览打印操作

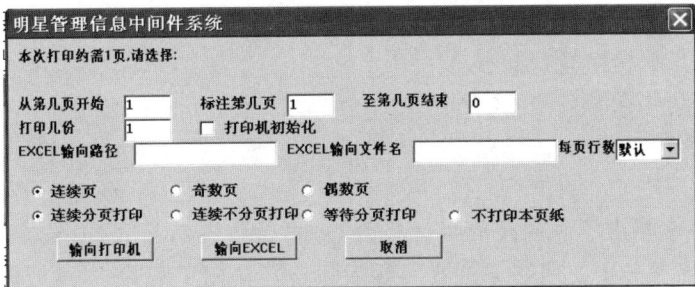

图 1-25 打印菜单对话框

该对话框中涉及的内容有打印与输出两种选项及一些打印设置参数,其中"输向打印机"表示输出到打印机,"输向 EXCEL"表示输出到 EXCEL 文档。

(1)输向打印机

屏幕要求确定的打印参数有:

从第几页开始? _1　标注第几页? _1　至第几页结束? _0
打印几份? _1　□打印机初始化
⊙连续页?　　○奇数页?　　○偶数页?
⊙连续分页打印　○连续不分页打印　○等待分页打印　○不打印本页纸

其中,从"第几页开始"和"至第几页结束"比较好理解。"标注第几页"是指起始的一页在打印的时候所应标注的页码,缺省情况下和起始页页码相同。"连续页"是指通常的连续打印,"奇数页"及"偶数页"打印主要为了分两次完成打印纸的正反面奇偶打印,以便装订成册。"连续分页打印"表示打印的时候按照打印纸的折线进行自动分页,

"连续不分页打印"表示打印的时候页与页之间互相连着不分开。"等待分页打印"表示打印完这一页后，等待人工分页继续下面一页的打印，"不打印本页纸"是指不打印本页纸。"打印机初始化"是指在上次打印非正常中断后要不要初始化，让打印机走掉剩余的纸张，一般情况均不必初始化。

如果是分类别打印的话，在此之前系统还会询问本次打印"某某"内容，问你是否需要连续分页打印、连续不分页打印、等待分页打印、不打印本页纸或退出。

按需要选择有关项目之后，系统将测试打印机状态，如果打印机没有准备好，屏幕会有所提示，请准备好打印机后，再进行上述操作即可。

这些问题均有相应的缺省设置。回答完这些问题后，点击"输向打印机"，这时，打印机立即开始工作，进度条显示打印过程，稍候片刻即可得到一张美观的报表。

如果在打印的过程中想中断打印，可按 ESC 键，屏幕出现"中断打印否"，回答"Y"即可中断打印，打印机在打印完其缓冲区的剩余内容后会自动停机。

如果从浏览检索或录入修改界面进入打印菜单，并且在此之前已经带有检索条件，或者有成块标记时，打印的内容就是检索结果或者成块部分的内容。

（2）输向 EXCEL

输向 EXCEL 文档也有一些参数需要设置，图 1-25 所示的打印菜单对话框有：

EXCEL 输向路径（以\结尾）：＿＿＿＿＿＿＿
EXCEL 输向文件名：＿＿＿＿＿＿＿
每页行数：＿＿＿＿＿＿＿

路径和文件名指出了欲输向的目标文件，每页行数表示 EXCEL 输出时的页面排版，为 0 时，表示不需要分页。回答完这些问题后，点击"输向 EXCEL"，这时屏幕开始输出工作，稍后片刻即可得到一张 EXCEL 报表，这个过程视内容多寡而有长短，请勿随意中断。

（3）浏览输出效果

输出的 EXCEL 文件可利用 WINDOW 应用文件打开预览。

1.4.4 预览与打印参数设置

录入完毕的报表也可通过预览观察输出效果，在表格浏览和录入界面中，点击工具栏中的"预览"按钮，便可见图 1-26，点击上方"刷新"按钮便能观察输出效果。

如果对预览效果不甚满意，可以修改相关的打印参数。

（1）表格宽度、高度与字体

信息处理本体中间件系统提供两种表宽、表高设计的计量单位，一种是以"厘米"为单位，适合绝大部分业务部门和业务人员的习惯，另一种是以"列"或"行"为单位，其中"列"指的是字符列而不是表格的栏目列，一般常用"厘米"进行定义，定义时请点击"其他参数"按钮，如图 1-27 所示。

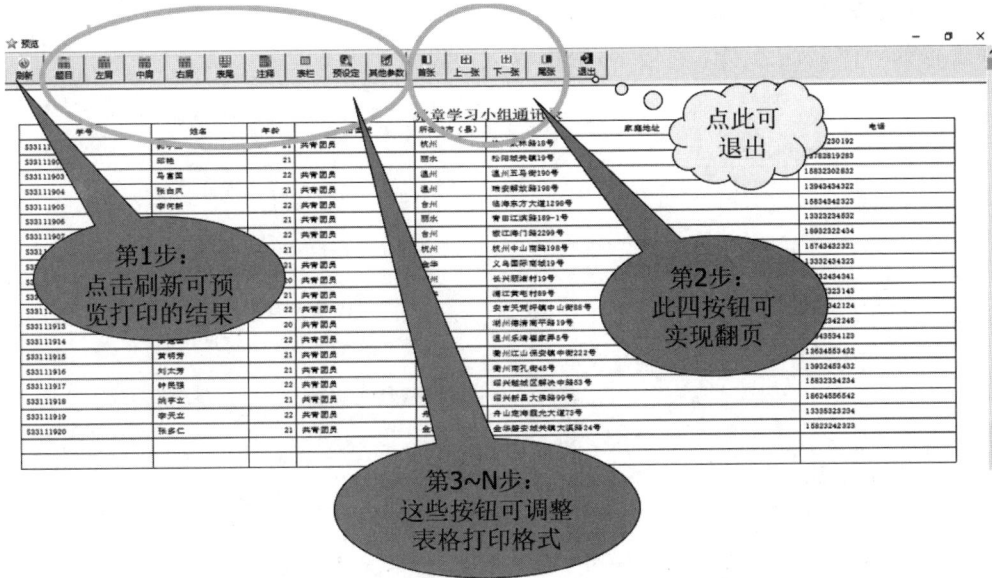

图 1-26 报表输入预览

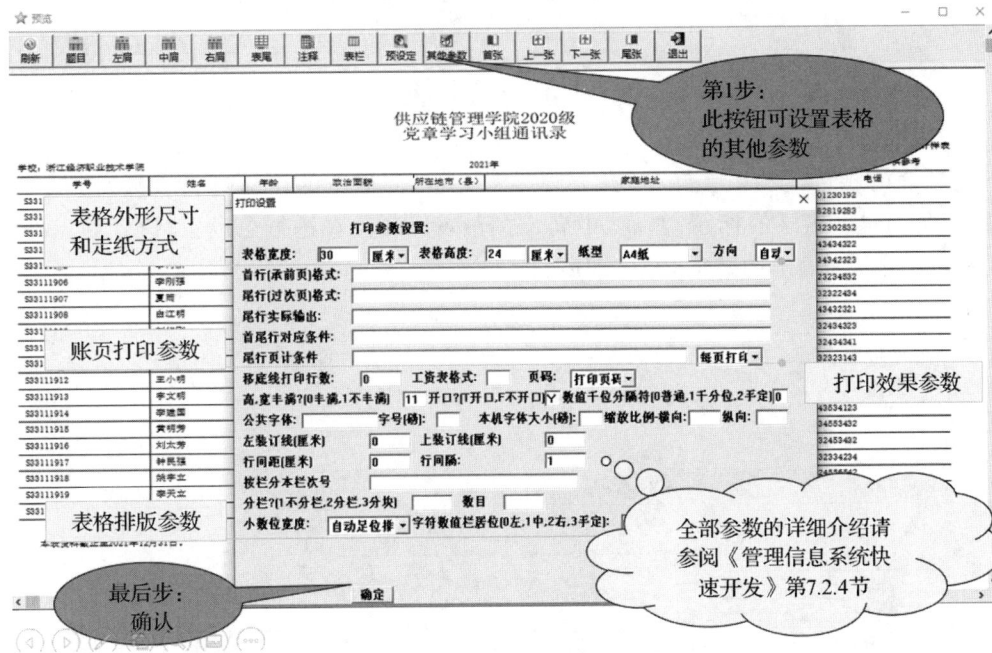

图 1-27 表格其他参数的定义

如果使用"厘米"计量单位,表宽需要从表格的左边缘到右边缘(不包括表格的左右注释部分)量得表宽实际尺寸后输入数字,表高需要从表格标题的上缘到表格底部表尾(含底注释)的下缘量得表高实际尺寸后输入数字,实际得到的尺寸与定义的尺寸误差将在 1 厘米以内,例见图 1-28。

表格的宽度、高度与打印机纸张的宽度没有必然的联系,表宽的缺省值是 33 厘米,表高的缺省值是 24 厘米,某些打印机宽度太小而表宽定义太大时,系统会出现警示信息,遵其要求调整即可。

表格的字体默认为宋体五号字,但可以进行设置。

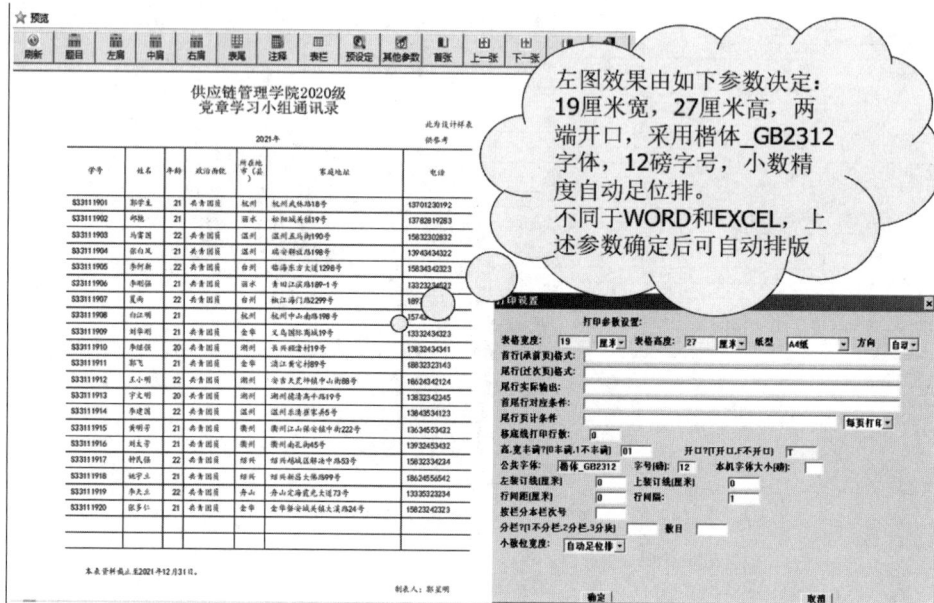

图1-28 表格尺寸的定义

(2)题目、表肩、注释和表尾

规整表的题目、表肩、注释和表尾定义可分别点击相应的按钮进行设置,图1-29至图1-34分别对通讯录的标题、左肩、中肩、右肩、表尾和注释进行了设置,设置后点击"刷新"立即可观察到输出的效果,所见即所得。

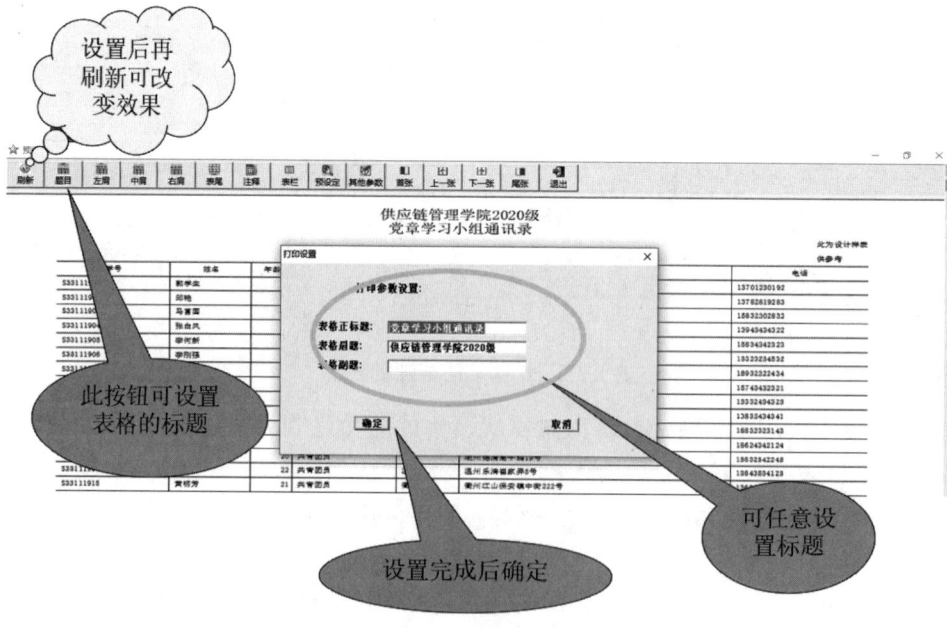

图1-29 表格标题的设置

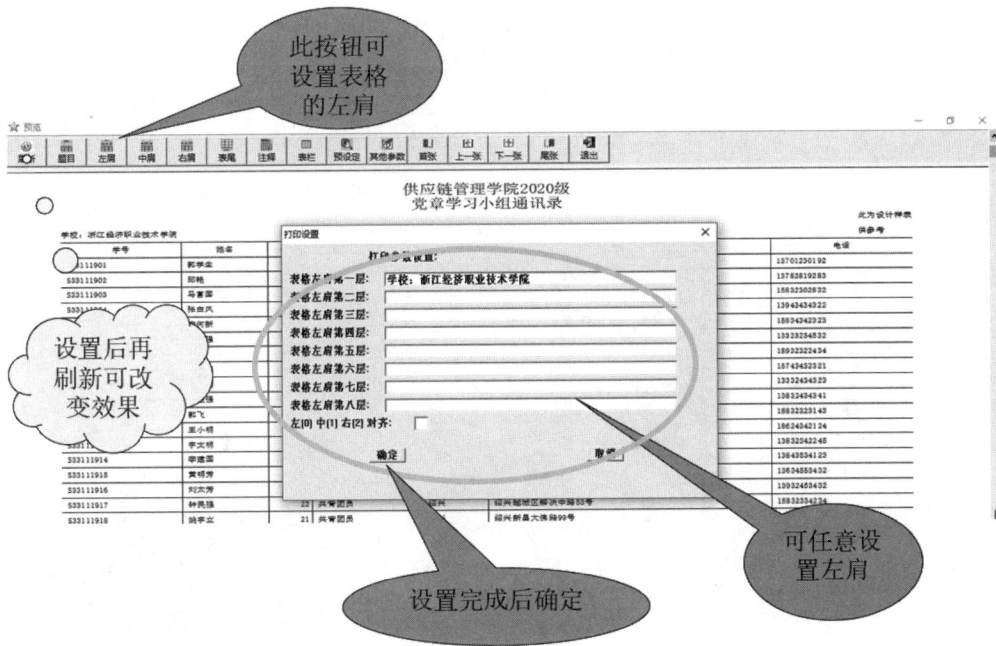

图 1-30 表格左肩的设置

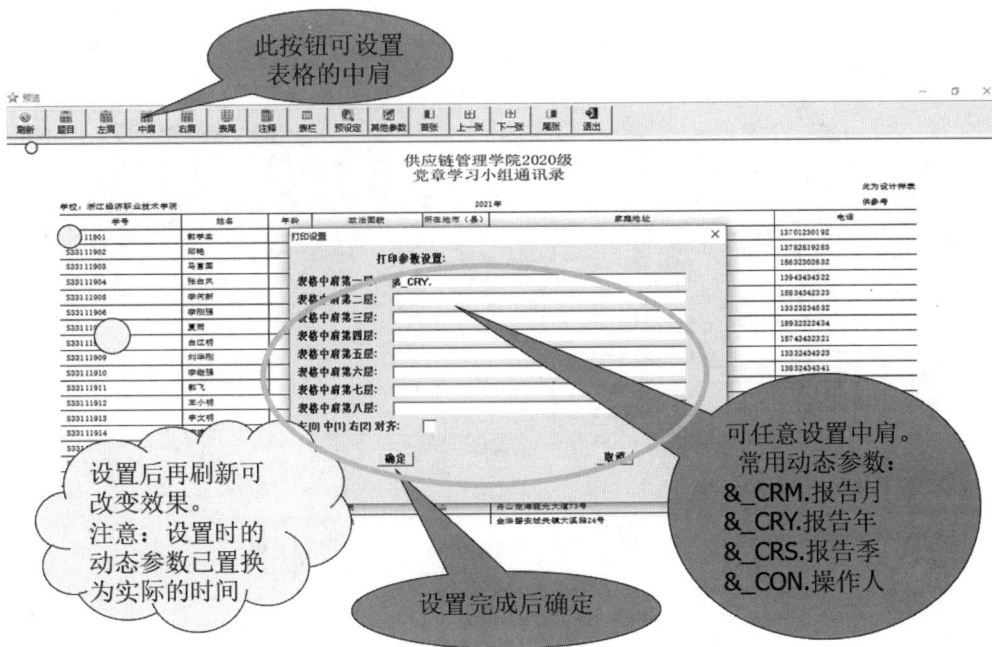

图 1-31 表格中肩的设置

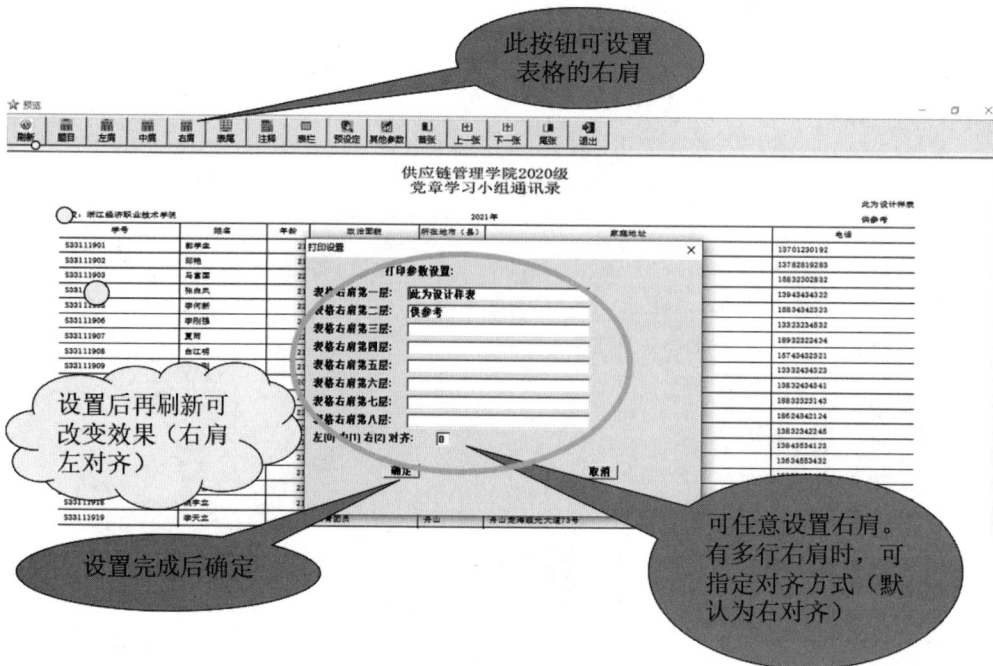

图 1-32　表格右肩的设置

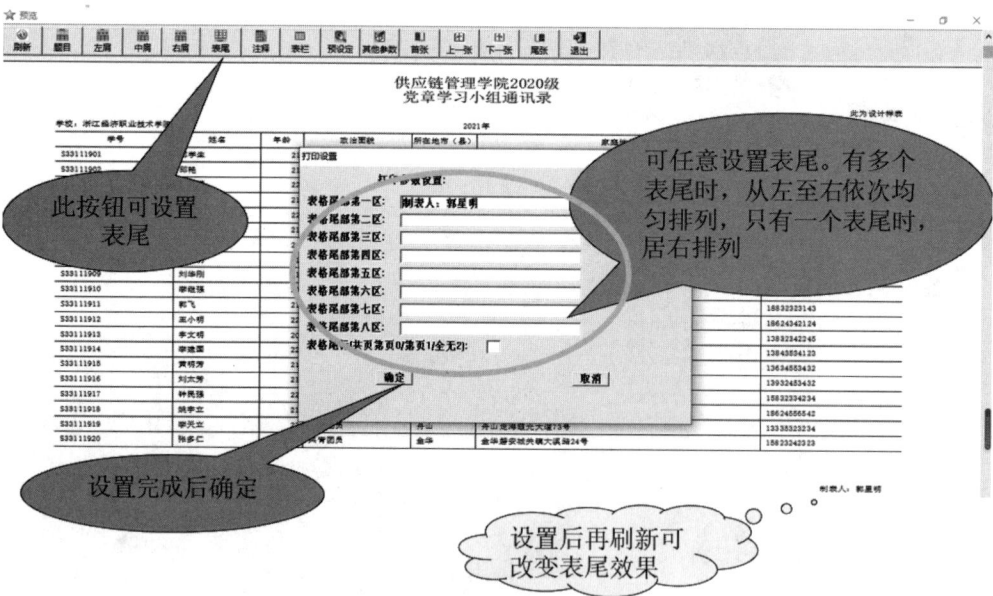

图 1-33　表尾的设置

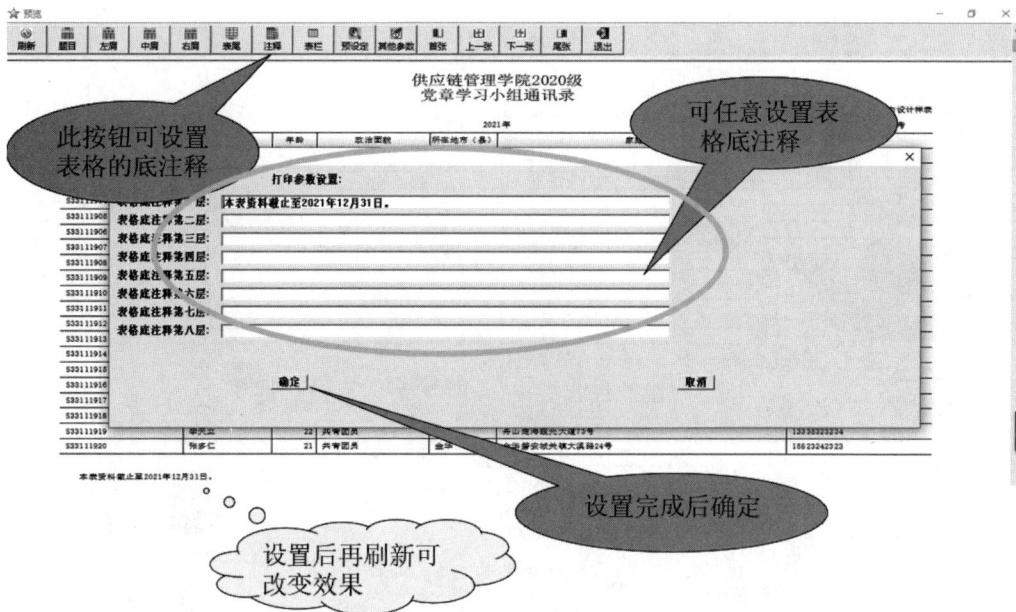

图 1-34　表格底注释的设置

（3）表栏

一些比较复杂的规整表，表栏通常有多层，以本章问题为例，如果表栏要求希望做图 1-35 所示的改进，那么需要对各个栏目编码做符合前序遍历的排列。前序遍历要求表栏编码从左到右为小到大，每右移一栏，编码或数字加上一个正数值，或字母按 A～Z 从小到大取一值；从上到下为短到长，通常为增一个字母符号 A，顶层的编码为三位数字编码，如"001""002"等，下一层的编码依次增长，如"005A""005AA"等。具体操作过程如图 1-35 至图 1-38 所示。

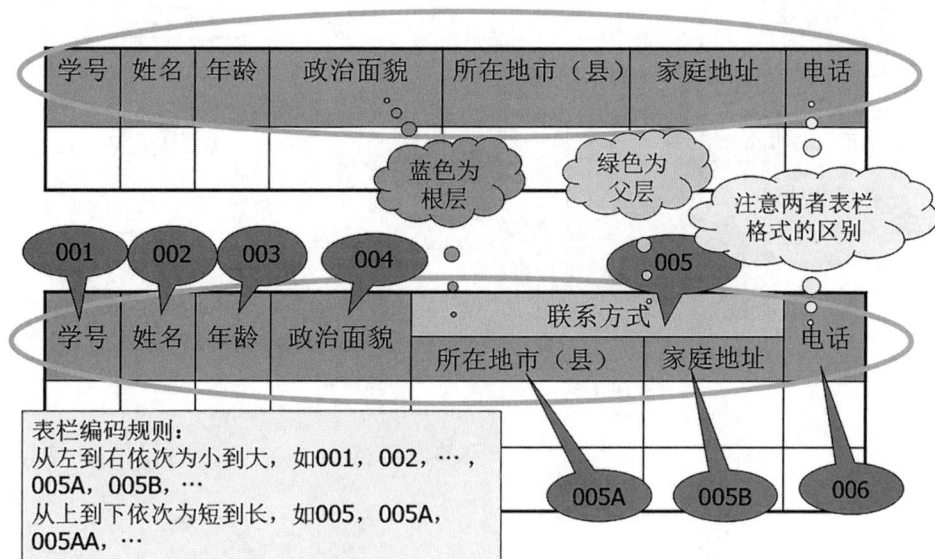

图 1-35　表栏由单层（上）改为双层（下）的参数设置

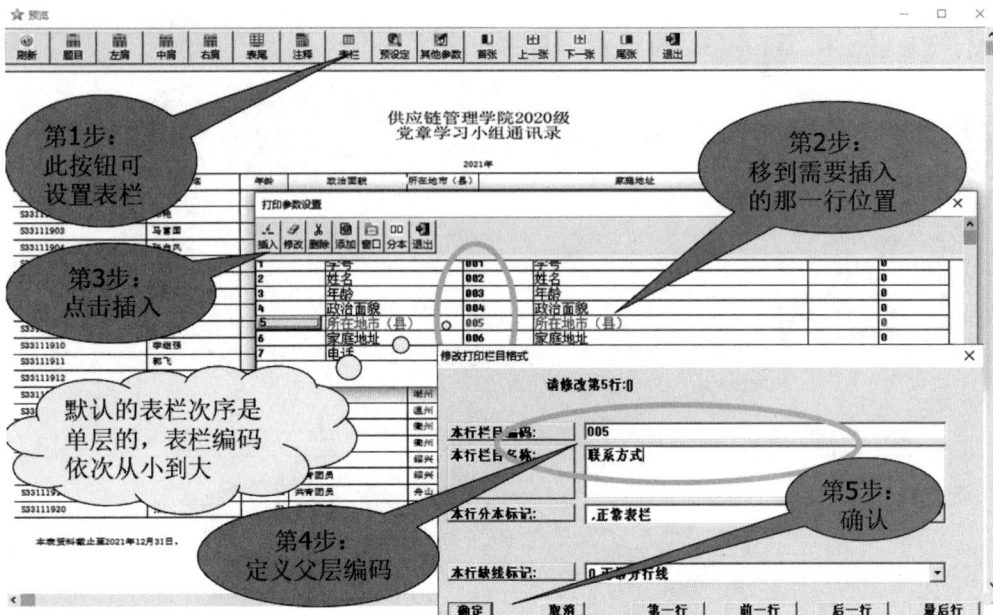

图 1-36　表栏层次设置操作前

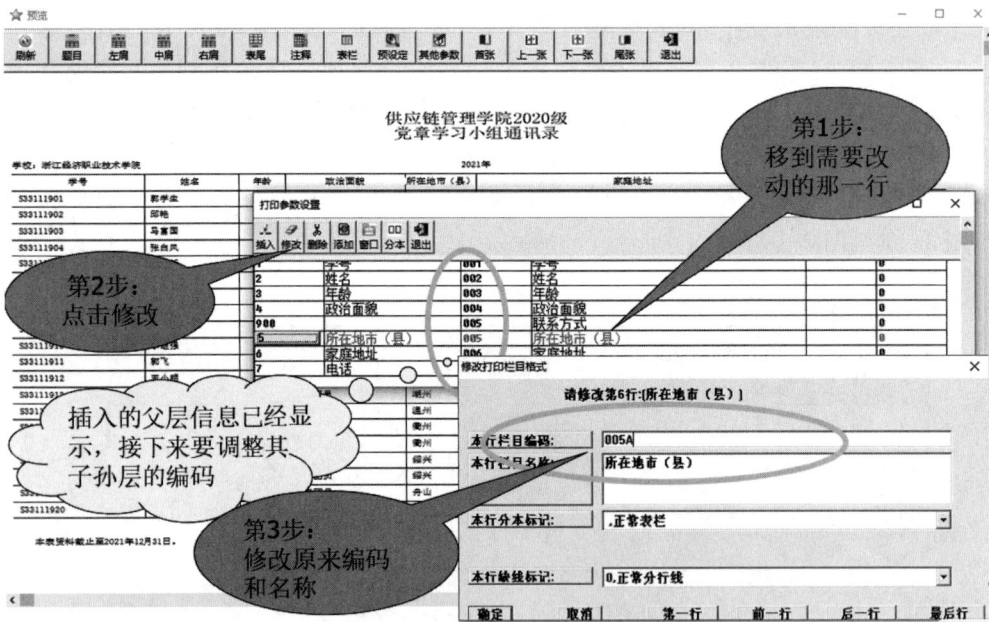

图 1-37　表栏层次设置操作中

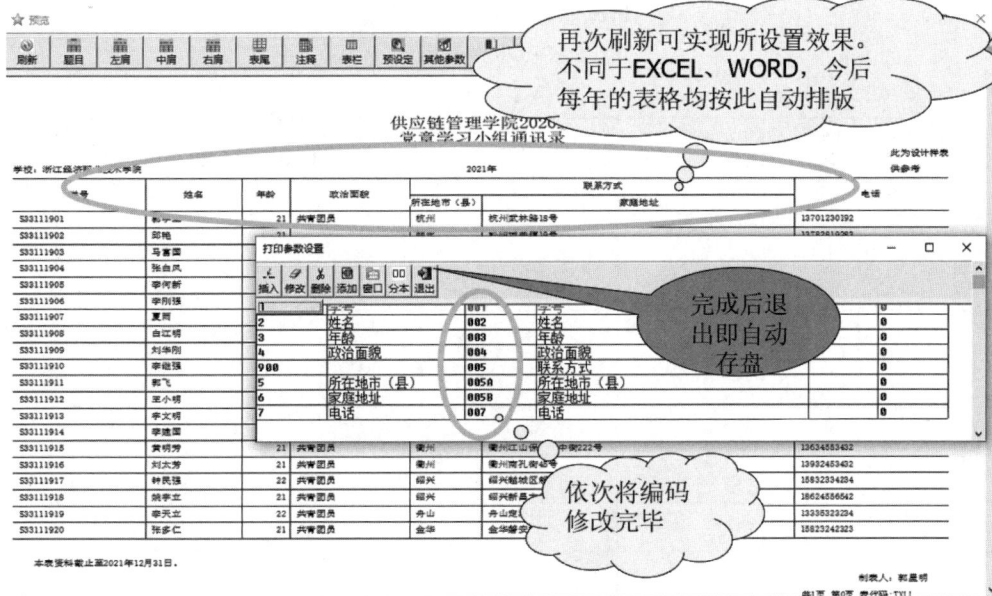

图 1-38　表栏层次设置操作后

1.5　运作（Operate）

1.5.1　实验一：入门级管理信息系统的开发应用

（1）实验目的与要求

①初步了解信息系统低代码开发应用的目的、任务、过程。

②了解数字资源与表格的特征。

③了解信息和信息流的特征。

（2）实验环境

①信息处理系统快速原型平台——"管理明星"。

②简单的表格。

③学生比较熟悉的表格——通讯录。

（3）实验课时

2 课时。

（4）实验内容

坚持中国共产党的领导，坚持中国特色社会主义道路，当代大学生尤其需要积极向党组织靠拢，认真学习党的方针政策，了解社会，奉献祖国。现以学生比较熟悉的党章学习小组花名册和通讯录（式样如下）为设计对象，进行最简单的信息系统设计，并了解它与 WORD、EXCEL 等表处理工具的不同之处。

供应链管理学院 2020 级

党章学习小组通讯录

2021 年

学号	姓名	年龄	政治面貌	所在地市(县)	家庭地址	电话	备注

制单员:赵小丹

(5)实验思考题

①要求学生运用信息处理本体中间件平台完成上述表格设计的低代码开发,表代码 TXLL,年报(如愿意采用其他开发工具也可以)。

②根据自己班的资料录入不少于 10 人的内容。

③写出此表的数据字典。

④根据初步的实践,认为管理信息系统和 WORD、EXCEL 等表处理工具有哪些不同?

1.5.2 实验二:基本管理信息系统(打印与即时计算)的开发应用

(1)实验目的与要求

①了解管理信息系统开发应用的目的、任务、过程。

②了解表格的输出及简单处理特征。

③掌握简单的表格处理及打印设置。

(2)实验环境

①信息处理本体中间件平台——"管理明星"。

②简单的表格。

③学生比较熟悉的表格——成绩单。

(3)实验课时

2 课时。

(4)实验内容

共产主义既是一种科学思想体系和社会制度,也是无产阶级为自身解放和全人类解放而正在进行的一种社会实践运动,当代大学生要树立"从我做起,从现在做起"的理想信念,刻苦学习,勇于实践。现以学生比较熟悉的考核成绩单(要求打印式样如下)为设计对象,进行最简单的信息系统打印和处理低代码设计。

党章学习小组考核成绩表

2020 级   2021 年   物流与供应链管理学院

学号	姓名	考核成绩				合计分	平均分
		政治理论学习	课程平均成绩	个人素质考评	校外社会实践		

表中各门课成绩均按百分制,保留 2 位小数,合计分=政治理论学习+课程平均成绩+个人素质考评+校外社会实践,平均分=合计分/4。

制单员:赵小丹

(5)实验思考题

①要求学生运用信息处理本体中间件平台完成上述表格设计的低代码开发,表代码 XSCJ,年报(如愿意采用其他开发工具也可以)。

②根据自己班的资料录入不少于 10 人的成绩资料,并自动计算合计分和平均分。

③写出此表的数据字典,其中要列明合计分与平均分的即时计算公式。

④打印格式除式样(标题、表肩、表栏、底注释、表尾)完全按照所提供的要求外,要求表尾制单员署上自己的姓名,表的宽度为 17 厘米,高度为 25 厘米,两端开口,其他为默认设置。

1.6 总结(Summary)

1.6.1 表格的特征总结

在管理信息系统中,表格被用来描述客观事物的各类属性及属性值,所以表格应当分成若干栏目("列")以表示客观事物的属性,并以"行"表示每一个实体的全部属性值,在管理信息系统中表格栏目和行次有一定的顺序要求,这一特征与数据库中的"字段顺序无关特征"是不同的。

在信息处理本体中间件系统中，为规范和简便起见，表格栏目属性分为数值型和字符型，且要指明其存储的最大宽度，数值型的栏目还应当指明小数精度。实际使用中为解决显示、打印和存储的矛盾，可分别定义存储宽度、存储精度、显示宽度、显示精度、打印宽度和打印精度，并应适当地考虑冗余。

表格栏目的属性需要事先加以规定，这一特征也和 WORD、EXCEL 中的表格不同，并且管理信息系统中的表格通常有许多张，相互间存在复杂的逻辑关系，与 EXCEL 的表处理是不同的。

1.6.2 数据字典

在信息处理本体中间件系统中，表格数据字典的定义不是在后台完成的，而是在前台定义的，这使得用户需求的描述可以在线进行，成为信息处理本体中间件系统需求制导的主要特征。经前台定义后，后台会自动形成数据字典，可整理成系统分析设计的文档。本章例中的通讯录数据字典经定义后，形成表 1-4 的数据字典。

表 1-4 通讯录数据字典（TXLL，通讯录，年报）

字段名	类型	宽度	精度	显示宽度	备注	即时计算公式
D000	C	10		10	学号	
D001	C	10		10	姓名	
D002	N	16	0	4	年龄	
D003	C	20		10	所在地市（县）	IN11(… …（参见图 1-17）
D004	C	200		50	家庭地址	
D005	C	6		6	邮编	
D006	C	20		11	电话	

1.6.3 高参数高缺省

一方面，为使管理信息系统中的表格具有强大的功能，总希望系统围绕表格有众多的参数可以灵活定义，使得系统更加通用化；另一方面，为使管理信息系统操作便捷，又希望"傻瓜化"，需要定义的参数越少越好，这就形成了"高参数高缺省"的信息处理本体中间件特点。在本体中间件中，每一个可供定义的参数，都会慎重选择一个初始的值，此参数值就称为缺省值。

有了缺省值之后，操作人员可以在不回答任何提问的情况下，系统为其提供一系列缺省值，保证系统能够正常得出运行结果。因为所有这些参数都是在系统通用化维护时逐渐增加的，因此，如果将参数缺省值定义为原有系统的相应值，那么系统运行时就可以不做任何定义而完全实现原有的系统功能了。

比如上面所讲的打印一例，在对打印方式进行通用化维护时，增加了一个打印方式参数,这个参数的缺省值不妨设定为"两端封口"打印,那么只要业务员不对其进行修改,系统就按照两端封口方式打印,除非业务员将打印方式参数改为"两端开口"打印。

有了缺省值之后,系统仍然应该提供让业务员进行参数修改的界面,这一条是不能省略的。

2　企业考勤消费服务信息系统

　　本章将运用信息处理本体中间件系统开发一个企业考勤消费服务信息系统,完整地展示信息处理本体中间件系统在各类信息系统开发中的应用。

2.1　任务(Task)

2.1.1　业务需求

　　马克思主义关于生产关系和生产力的学说告诉我们,劳动关系是生产关系的重要组成部分,是最基本、最重要的社会关系之一。劳动关系是否和谐,事关广大职工和企业的切身利益,事关经济发展与社会和谐。我们党和国家历来高度重视构建和谐劳动关系,制定了一系列法律法规和政策措施并做出工作部署,取得了积极成效,总体保持了全国劳动关系和谐稳定。在新的历史条件下,努力构建中国特色和谐劳动关系,是加强和创新社会管理、保障和改善民生的重要内容,是建设社会主义和谐社会的重要基础,是经济持续健康发展的重要保证,是增强党的执政基础、巩固党的执政地位的必然要求。

　　要正确构建和谐劳动关系,必须坚持以人为本的原则、坚持依法构建的原则、坚持共建共享的原则、坚持改革创新的原则。要把解决广大职工最关心、最直接、最现实的利益问题,作为构建和谐劳动关系的根本出发点和落脚点;健全劳动保障法律法规,把劳动关系的建立、运行、监督、调处的全过程纳入法治化轨道;统筹处理好促进企业发展和维护职工权益的关系,调动劳动关系主体双方协商共事、机制共建、效益共创、利益共享;引导职工树立正确的世界观、人生观、价值观,追求高尚的职业理想,培养良好的职业道德,增强对企业的责任感、认同感和归属感,爱岗敬业、遵守纪律、诚实守信,自觉履行劳动义务;积极稳妥推进具有中国特色的劳动关系工作理论、体制、制度、机制和方法创新。

　　因此,我们有必要借助新一代物联网传感器技术的运用,解剖一个企业考勤消费服务处理的过程,了解和把握企业与职工之间和谐共生的劳动关系,并开发相应的企业考勤消费服务信息系统,这个系统和商品化软件不同,它是一个开放的系统,可以随时添加、修改和维护,因此一旦将来考勤消费服务处理向人事管理、智慧工厂环节延伸,那么这个借助信息处理本体中间件系统而建立的企业考勤消费服务信息系统就会自如地面对新的需求,顺利地实现系统的扩充和升级。下面我们对企业考勤消费服务处理做出如下的业务需求描述:

(1)在"供应链管理学院"部门中建立"考勤消费服务"业务,分别有人员信息及充值卡片、考勤大数据、消费大数据、订餐汇总表、月度考勤表。

(2)人员信息及充值卡片为非规整表,月报,样式如图2-1所示。

卡片中,年、月、日是充值事项发生的时间,卡片单号(No.)是一日中卡片按流水编制的号码,人员卡号、姓名、工(学)号、电话、身份证号、部门是基本信息,需要逐一录入,或从档案中调入,卡类型分为早餐、中餐、晚餐、通勤等,补贴级别按工龄计算,工本费、有效期按实填写,充值类型分自行充值、补贴充值和奖励充值,各充值金额每次录入,充值方式有现金、刷卡、微信、支付宝等,合计为同一页中的充值金额合计,消费密码由员工自行定义录入,经办人是操作录入人员签字处,审核是审核人员签字处。

人员信息及充值卡片
年　月　日　　　　　　　　　　NO.

人员卡号		姓名			
工(学)号		电话			
身份证号		部门			
卡类型		补贴级别			
工本费(元)		有效期	至　　年　月　　日有效		
充值类型	充值金额(元)		充值方式		备注
自行充值					
补贴充值					
奖励充值					
合计			消费密码		

经办人:　　　　　　　　　　　　审核:

图 2-1　人员信息及充值卡片样式

(3)考勤大数据来自所购的考勤消费打卡机附带的后台数据库,考勤大数据的样式如图2-2所示,该数据是从考勤消费打卡机的运行后台数据库中实时获取。

考勤大数据

年　月

考勤卡内码	员工编码	设备码	卡类型	餐别	餐费补贴	预付款	预付总额	优惠类型	优惠金额	折扣数	考勤时间	卡状态	记录时间

图 2-2　考勤大数据样式

考勤大数据中的重要信息为员工编码、卡类型、餐别及考勤时间。根据企业相关管理规定,凡正常出勤的员工都可获得中、晚餐的补贴,定额为 12 元。

(4)消费大数据也来自所购的考勤消费打卡机附带的后台数据库,消费大数据的样式如图 2-3 所示,该数据是从考勤消费打卡机的运行后台数据库中实时获取。

消费大数据

年　月

考勤卡内码	员工编码	卡类型	员工编码2	设备码	支付次数	离线支付	支付方式	钱包	实际金额	优惠金额	结余	折扣	折扣率	交易时间	时间戳	描述

图 2-3　消费大数据样式

消费大数据中的重要信息为员工编码、卡类型、餐别、消费金额及消费时间。根据企业相关管理规定,只有正常出勤的员工才可获得中、晚餐的消费,定额为 12 元。

(5)根据企业管理规定,凡正常考勤者均自动根据排班补贴餐费;相反,未考勤打卡者不得享受用餐补贴,不得在餐厅实际消费。订餐汇总表样式如图 2-4 所示。

订餐汇总表

年　月　日

部门	姓名	员工编号	早餐补贴	中餐补贴	晚餐补贴	备注	中餐消费情况	晚餐消费情况
		合计						

图 2-4　订餐汇总表样式

订餐汇总表直接反映劳动关系中的员工按时出勤和企业给予福利的关系,一般可按日根据考勤大数据进行汇总,表中的中餐、晚餐按考勤情形予以配给,中、晚餐的实际消费从消费大数据中获取,并进行必要的汇总合计核算。

(6)月度考勤表样式如图 2-5 所示。

月度考勤表

年　月

部门	姓名	员工编码	日期	上班时间	下班时间	考勤状况	备注

图 2-5　月度考勤表样式

月度考勤表是企业人事管理的重要报表之一,借助考勤大数据及一定的约定原则,可以实现员工考勤情况的自动分析。

2.1.2　功能需求

企业考勤消费服务信息系统的功能需求仍然继承了前面基本级信息系统的大部分功能需求,由于这些功能需求和业务需求相分离,所以对于考勤消费服务的功能需求描述和前面的功能需求描述有似曾相识之处。

考勤消费服务信息系统的功能需求如下:

(1)进入系统后有登录窗口,以识别和排除非法用户;

（2）合法者进入系统后，有菜单界面可以选择所需的人员信息及充值卡片、考勤大数据、消费大数据、订餐汇总表、月度考勤表诸报表；

（3）选中人员信息及充值卡片后，能够进一步选定是哪一月哪一日的卡片，再对其进行录入操作；

（4）录入卡片时，可以横向录入，也可以纵向录入，横向录入指第一行从左至右录完后，另起一行再从左至右继续录入，纵向录入指第一列从上至下录完后，可追加新行继续录入；

（5）人员信息及充值卡片录入完毕后，可校验其正确与否；

（6）录入完毕的记账凭证可以选择存盘或不存盘；

（7）录入完毕退出时可以选择退出或不退出；

（8）在录入的过程中，为防突然故障，可保存文件；

（9）选中考勤大数据后，能够进一步选定是哪一月哪一日的考勤大数据，再对其进行下一步操作；

（10）进入考勤大数据后，可进行接收操作，从考勤消费打卡机系统获得该表；

（11）选中消费大数据后，能够进一步选定是哪一月哪一日的消费大数据，再对其进行下一步操作；

（12）进入消费大数据后，可进行接收操作，从考勤消费打卡机系统获得该表；

（13）选中订餐汇总表后，能够进一步选定是哪一月哪一日的订餐汇总表，再对其进行下一步操作；

（14）进入订餐汇总表后，可进行计算操作，计算生成该表；

（15）计算生成的订餐汇总表可以选择存盘或不存盘；

（16）订餐汇总表操作完毕退出时可以选择退出或不退出；

（17）选中月度考勤表后，能够进一步选定是哪一月哪一日的月度考勤表，再对其进行下一步操作；

（18）进入月度考勤表后，可进行计算操作，计算生成该表；

（19）计算生成的月度考勤表可以选择存盘或不存盘；

（20）月度考勤表操作完毕退出时可以选择退出或不退出；

（21）各类表单要打印存档。

2.2　构思（Conceive）

2.2.1　业务与数据流程

数字信息资源总是在不同岗位、不同部门、不同单位间流动的，上面所列举的诸表也是在流动的。其中，人员信息及充值卡片、考勤大数据、消费大数据诸表是基础录入和接收的数据载体。当人员信息及充值卡片录入后，根据接收到的考勤大数据和消费大数据，将分别映射绑定到员工姓名，按照考勤和消费的记录，分类生成每日的订餐汇总表,到月底时,需要将考勤的大数据进行汇总,进一步生成月度考勤表。这样一个企业考勤和消费服务业务的流程,可绘制成如图 2-6 所示的数据流程图。

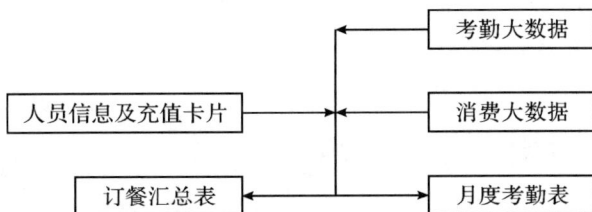

图 2-6　考勤消费服务处理数据流程图

这个流程图清楚地显示了考勤消费服务信息系统的流程走向,一个月的考勤和消费信息,结合员工卡片档案,可分别进行订餐汇总计算和月度考勤汇总。

2.2.2　功能模块图

复杂的信息系统必须分解成若干个子系统或子模块,这些子系统或子模块相互调用,便形成了功能模块图。正确梳理和分解功能模块,是保证顺利设计开发复杂信息系统的重要一步,经过系统分解和任务分工,不同的模块可以由不同的技术人员分担开发设计,能够大大提高系统的开发效率。

为将功能模块的作用介绍得更清晰些,前所列举的人员信息及充值卡片、考勤大数据、消费大数据、订餐汇总表、月度考勤表分别形成人员信息及充值卡片处理模块、收发处理模块、订餐汇总模块、月度考勤模块四大模块,其中收发处理模块又有子模块考勤大数据和消费大数据,按其调用关系形成了树形的功能模块图,如图 2-7 所示。

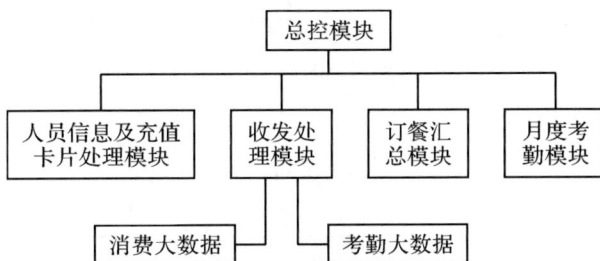

图 2-7　考勤消费服务信息系统功能模块图

2.2.3　数据字典

数据字典是描述管理信息系统中各个表格属性和处理流程的重要文件,在信息处理本体中间件系统中,它又直接嵌入数据系统,成为业务数据库的框架性元数据文件。在信息处理本体中间件系统中,数据字典可以按需求制导的方式在软件平台上直接定义和描述,客户端描述完成后,系统自动存储描述的内容,并自动按所描述的格式要求生成相应的业务数据文件,自动调用相关的功能构件进行管理流程的处理。

(1)人员信息及充值卡片数据字典构思

由于不能清楚地划分成行和列,所以人员信息及充值卡片属于非规整表。非规整表在表格设计前尤其需要事先规划好各栏的次序、类型、宽度、小数精度。与规整表从左到右栏目按自然序列排列不同,非规整表的排序需要事先规定,我们将人员信息及充值卡片各栏目的次序做如图 2-8 所示的排列,做好标记,顺便规定这些栏目的类型、存储宽度和小数精度,以方便后续的设计工作。

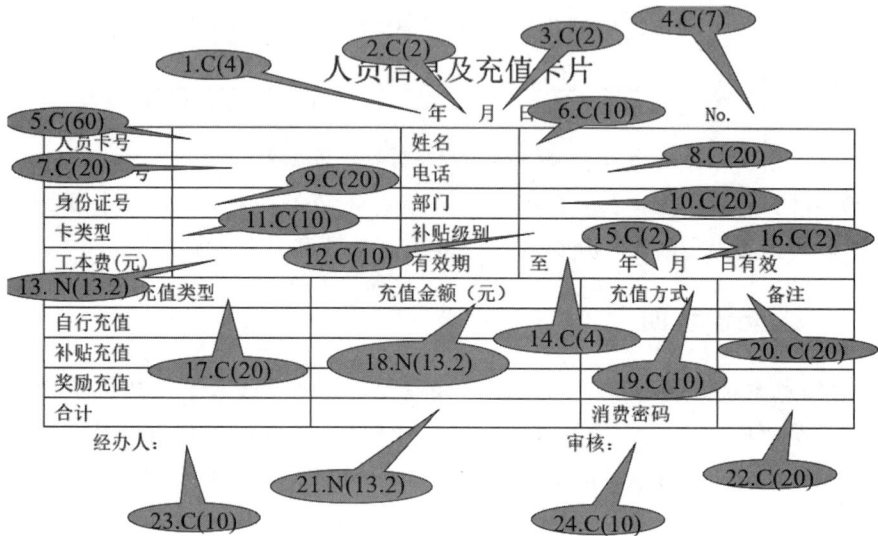

图 2-8　人员信息及充值卡片数据字典构思

在构思栏目的宽度与小数精度时,应当根据业务的特征考虑适当的冗余,以免经常出现不能存储的情况。

(2)考勤大数据数据字典构思

考勤大数据也是一张表格,我们可把它理解为规整表。它是从考勤消费打卡机后台异构数据库直接导入的,它的栏目顺序和类型、宽度、小数精度可在导入后加以筹划,如图 2-9 所示。

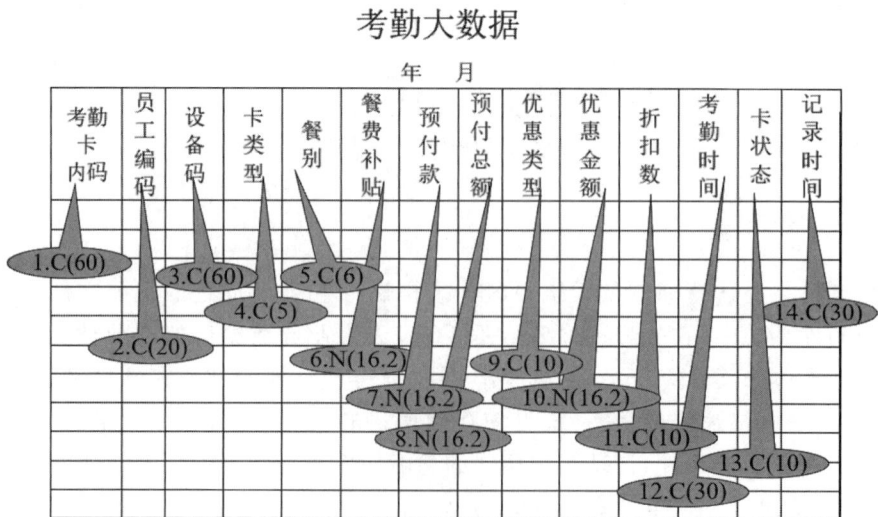

图 2-9　考勤大数据数据字典构思

由于考勤消费打卡机后台异构数据库设计的多样性和不确定性，上述构思可能会与原数据表不完全吻合，只要不影响数据接收，应该都是允许的。

（3）消费大数据数据字典构思

消费大数据和考勤大数据一样，也是从考勤消费打卡机后台异构数据库直接导入的，也可以理解为规整表，它的栏目顺序和类型、宽度、小数精度可在导入后加以筹划，如图 2-10 所示。

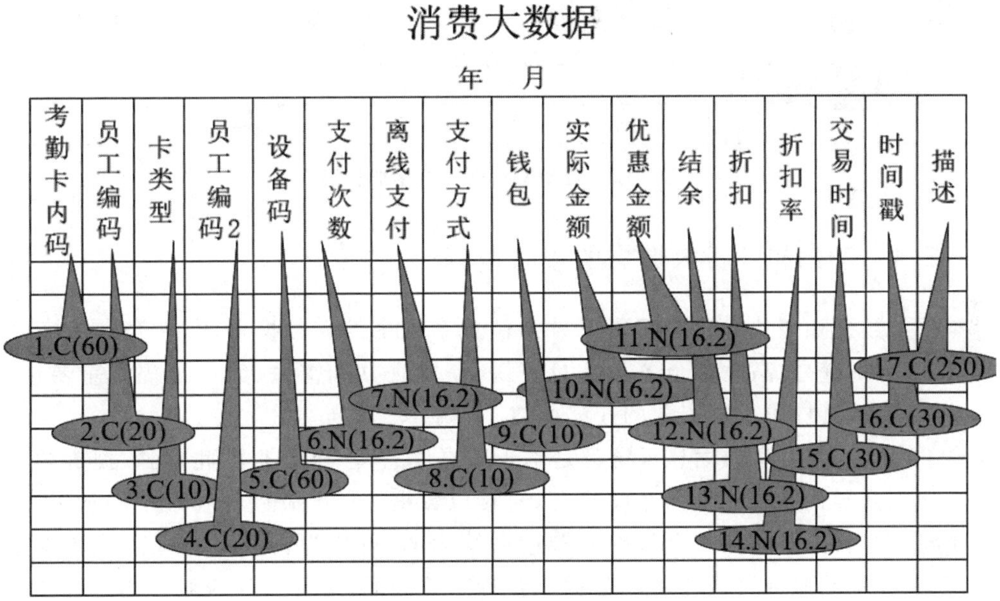

图 2-10　消费大数据数据字典构思

（4）订餐汇总表数据字典构思

订餐汇总表比较简单，可以直接进行数据字典的设计定义。底部的合计行设计为规整表的最后一行，不必另行设计栏目，如图 2-11 所示。

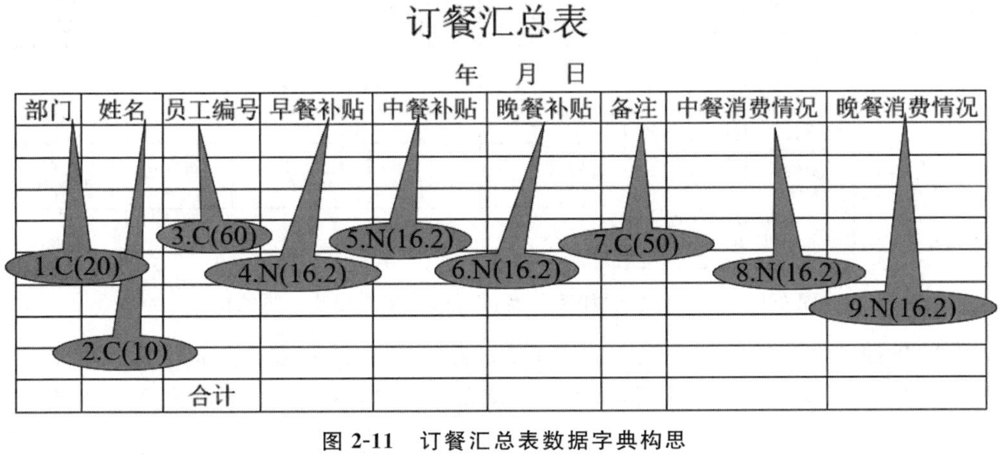

图 2-11　订餐汇总表数据字典构思

（5）月度考勤表数据字典构思

月度考勤表是一张规整表，可以直接进行数据字典的设计定义，构思如图 2-12 所示。

月度考勤表

年　月

部门	姓名	员工编码	日期	上班时间	下班时间	考勤状况	备注
1.C(20)		3.C(60)	4.C(30)	5.C(30)	6.C(30)	7.C(20)	8.N(10)
	2.C(10)						

图 2-12　月度考勤表数据字典构思

2.2.4　考勤和消费大数据的接收逻辑

考勤大数据和消费大数据都属于异构信息系统中的大数据资源,在当前数字经济时代,打破数字壁垒,高效整合各类信息资源,是实现共同富裕、为民造福的重要途径。因此,有必要认真构思数据资源的迁移接口。

由于当今的绝大多数信息系统都是基于数据库管理系统的,因此,在数据资源共享领域通常抛开异构系统的前台系统特征,直接以数据存储的软硬件物理空间加以区分,凡是在同一台服务器的同一个数据库管理系统内的,可称为自联型异构系统数据迁移关系,凡是在不同服务器或者不同数据库管理系统内的,可称为互联型异构系统数据迁移关系。为了示例需要,在本项目中我们以考勤大数据为自联型数据迁移关系,消费大数据为互联型数据迁移关系,两种数据迁移类型的迁移路径,也就是数据接收逻辑,如图 2-13 所示。

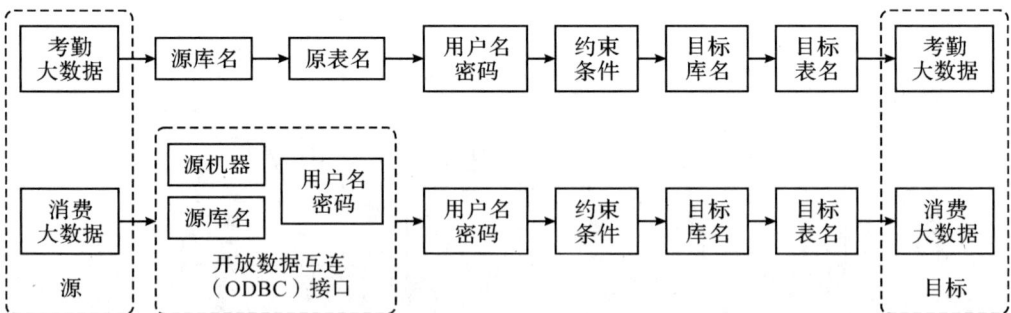

图 2-13　自联型(上)和互联型(下)两种数据接收逻辑的构思

借助各种开放数据互联的接口工具,理论上可以和任何数据资源实现双向的数据资源迁移共享,而且这种共享只需经过简单的访问参数定义,便可实现安全认证与互访。

2.2.5 订餐汇总表的数据加工逻辑

数据加工逻辑也属于数据字典,被称为加工数据字典(某种意义上,前述数据接收逻辑,也属于加工数据字典描述的范畴)。数据加工是体现数字资源信息业务流程流转的重要手段。运用计算机进行数据加工远不同于手工加工模式,以订餐为例,手工订餐是一笔笔登记核实员工的姓名和考勤情况,而后再进行汇总、分配补贴,过程繁杂易错,而在计算机环境下,考勤记录、姓名核实、补贴分配到订餐汇总,都属于数据迁移和复制,瞬间便可完成,汇总合计也可借助一些本体中间件命令批量完成,这就为提高管理效率提供了重要的保证。

那么,怎么样才能结合计算机的数据处理特点来构思订餐汇总的加工处理过程呢?我们结合信息处理本体中间件的理论和平台实际,采用结构化的语言进行映射性的描述,可使构思与未来的设计紧密结合,利于系统的开发。

(1)删除本表(每日处理的日报)原有的已登账内容(避免重复处理);

(2)将考勤大数据上的每日中午 12 时之前的全部白班卡记录按员工编码、中餐栏目格式对应关系一次性誊抄记录到本表姓名与中餐补贴两栏;

(3)将考勤大数据上每日的全部夜班卡记录按员工编码、晚餐栏目格式对应关系一次性誊抄记录到本表姓名与晚餐补贴两栏;

(4)将消费大数据上每日 13 时之前的全部记录按员工编码、中餐消费栏目格式对应关系一次性誊抄记录到本表姓名与中餐消费情况两栏;

(5)将消费大数据上每日 13 时之后的全部记录按员工编码、晚餐消费栏目格式对应关系一次性誊抄记录到本表姓名与晚餐消费情况两栏;

(6)消除重复大数据记录;

(7)按员工编码进行中、晚餐订餐和消费的分员工合并计算,消除"歪八字"(见图 2-14 第 3 步);

(8)根据员工信息卡片获得员工姓名和部门名称信息;

(9)重新按部门、姓名排序;

(10)在表后插入合计一行,并进行合计求和汇总。

上述 10 个步骤可以分成几个大的步骤,在这个加工过程中,第 7 个步骤是关键性的步骤,由于从各方获取的数据是多次进行的,而且又对应了不同的栏目,于是会形成类似"歪八字"的数据阵。此时,第 7 个公式可按关键栏目(员工编码)进行分类汇总统计,从而消除"歪八字",达到满意的结果,操作的图例效果如图 2-14 所示。

另外,由于订餐的信息往往在早上,而消费统计的信息往往在第二天,因此,此表的计算通常要执行两次,当天计算订餐情况,次日则对昨天的消费情况进行汇总计算。

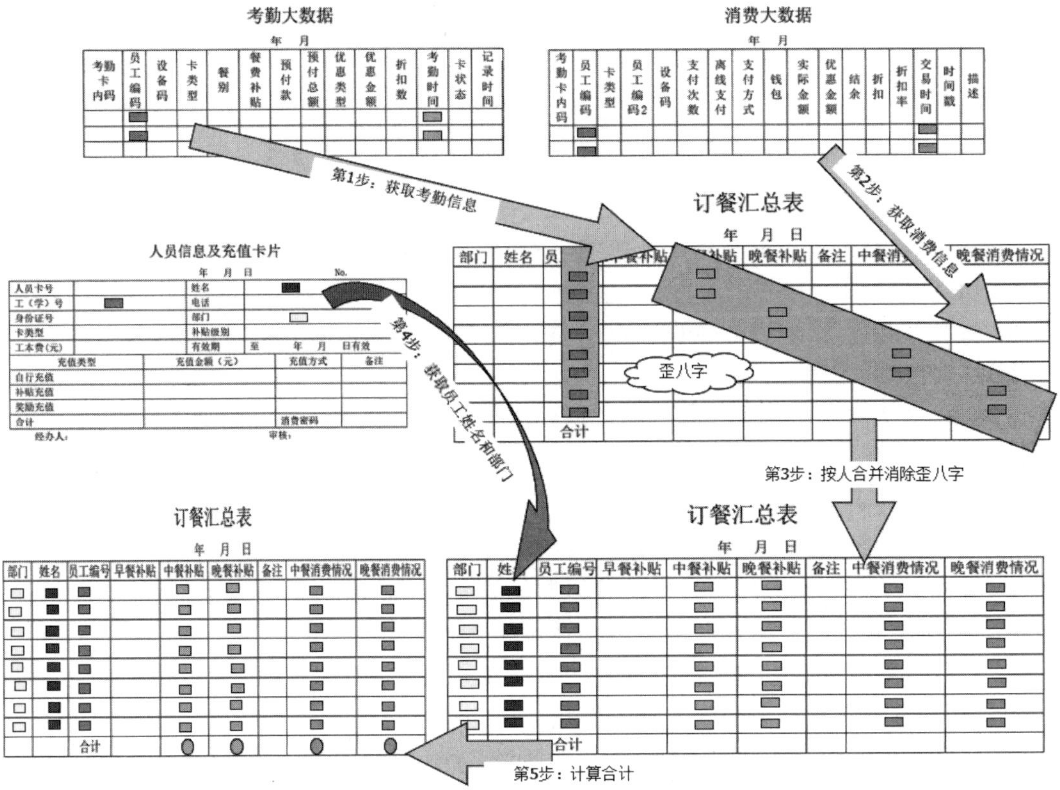

图 2-14　订餐汇总表加工逻辑处理的过程

2.2.6　月度考勤表的数据加工逻辑

月度考勤表是企业在月末时进行的汇总统计，用以核算员工的出勤工资。它以每天的考勤大数据为依据，根据考勤消费打卡机记录的卡号（员工编码）和考勤时间，经必要的换算进行测算。

根据信息处理本体中间件的映射性描述方法，月度考勤表的加工处理过程应当如下：

（1）删除本表原有的已登账内容（避免重复处理）；

（2）将考勤大数据上的全部记录按员工编码、考勤时间栏目格式对应关系一次性誊抄记录到本表姓名与日期两栏；

（3）按日期时间排序；

（4）分别析取上班时间和下班时间；

（5）根据员工信息卡片获得员工姓名和部门名称信息；

（6）根据上下班时间判定出勤情况；

（7）按中文习惯整理日期并重新按日期排序。

上述 7 个步骤可以分成几个大的步骤，如图 2-15 所示。

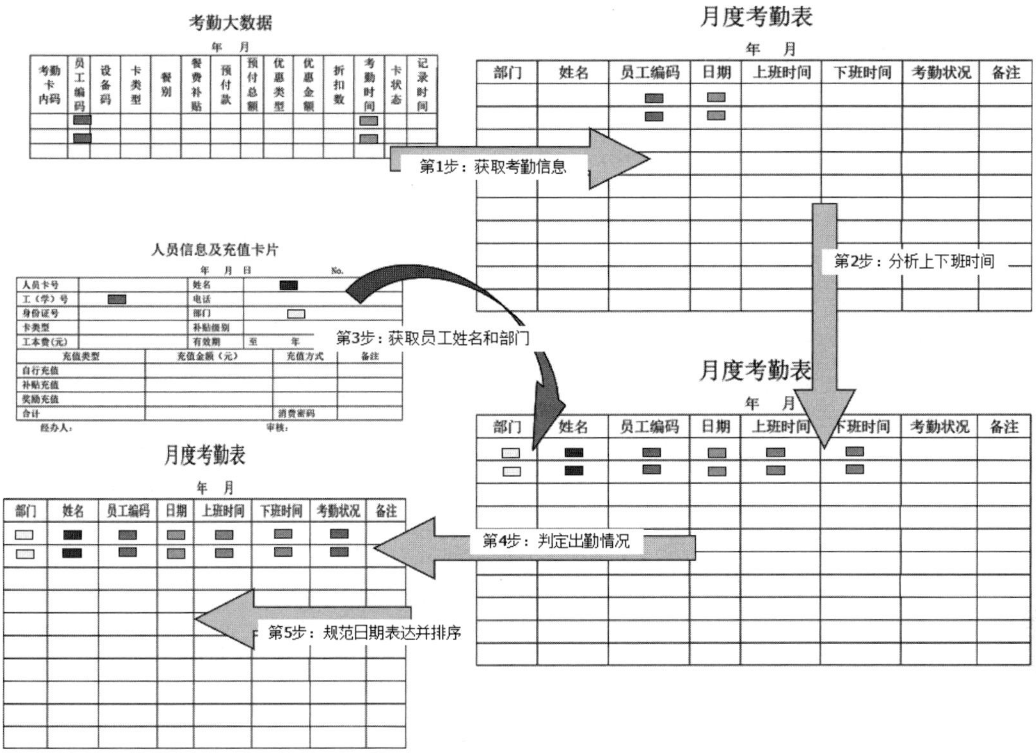

图 2-15　月度考勤表加工逻辑处理的过程

2.2.7　非规整表本体打印制导参数

人员信息及充值卡片属于非规整表,非规整表的打印存在一些共同的特征,这些共同特征经参数定义可以形成不同的基于本体的制导需求参数。结合一般非规整表打印的需求参数,这些打印需求制导本体参数分为栏目(字段)制导参数和整体制导参数,分别如表 2-1、表 2-2 所示。

表 2-1　非规整表打印的栏目需求制导本体参数(表中 n 为正整数)

参数名	意义	枚举值	默认值
页打印条件	决定某栏内容是否输出	查询逻辑条件	无
行打印条件	决定某栏内容是否输出	查询逻辑条件	无
列打印条件	决定某栏内容是否输出	查询逻辑条件	无
折行行间隔	打印不下需要折行时,是在一行内缩小并折行,还是留有多行供折行	一行内缩小并折行为 1,大于 1 为留有至少 2 行,不再将字缩小	1
折行行数	留有多行行数供打印不下时折行	大于 1 时,不再将字缩小	1
格式宽度	打印宽度按格式所留空白处自适应打印还是指定宽度打印	0 为根据格式所留空白自适应打印,若为大于 0,则按指定宽度打印	0
定位坐标	在横向或纵向指定位置打印,两者均为 0 时,表示不打印	横向、纵向均为大于等于 0 的数	实际指定

续表

参数名	意义	枚举值	默认值
打印字号	打印字号大小,按磅计	一般为大于等于 6 的自然数	9
所在打印页	对于不能在一页全部输出多行的情形,其"一"栏目安排在哪一页打印	0 为每页,−1 为最后页	0
行间隔	多行打印的间隔	整数 n,隔 n−1 行	1(即不隔行)
首栏记录数	多行打印的行数	整数 n	按需
0 打印方式	数值 0 的打印方式	0 为空白,1 为 0	0
币值符号	是否在币值前使用币种符号	0 不使用,1 使用￥,2 使用 $	0
打印位置	栏目的打印位置居左或中或右	左 0,中 1,右 2	字符居左(0),数值居右(2)
数值大写	将数值转换人民币大写,普通字或倍宽字	−W 普通字大写、!W 倍宽字大写、全部完整大写、常规大写、直译大写	无大写
数值分写	将数值转换人民币按位分写	万亿/仟亿/佰亿/拾亿/亿/仟万/佰万/拾万/万/仟/佰/拾/圆/角/分/千亿/百亿/十亿/千万/百万/十万/千/百/十/元	无
多联填写	在一页中多处填写相同的内容	第一联、第二联、第三联、第四联	无
多格式关键字段	多格式时,关键字段根据实际内容确定采用的格式	设计时指定	无

表 2-2　非规整表打印的整体需求制导本体参数

参数名	意义	枚举值	默认值
整页打印条件	决定某页是否需要输出	查询逻辑条件	无
单据分号打印方式	多行记录需要分页输出时涉及的单据分号打印方式	−PAGE,/PAGE 等	无
分页暂停	打印一张凭证后是否暂停	1 暂停,0 不暂停	不暂停
分页	是否按页长分页	1 分页,0 不分页	分页
页长	按厘米计算的页长,0 为无限页长	大于等于 0 的数	指定页长
打印页数	从当前页开始的打印页数,0 为全部打印	大于等于 0 的自然数	全部打印
套打	是否按格式套印	1 套打,0 不套打	不套打
满纸打印	一张纸上打印若干页,不同纸间可以误差校正,0 为满纸打印	大于等于 0 的自然数	1
左边缘装订线	左边留出的空白装订距离,按厘米计	任意数	0
上边缘装订线	上边留出的空白装订距离,按厘米计	任意数	0
打印份数	打印若干份	大于等于 1 的自然数	1

参数名	意义	枚举值	默认值
标注延续	若干份之间的页码延续方式	0 循环方式,1 递延方式	0
标注页码	起始标注页码	大于等于 1 的自然数	按实际页码起始
多格式关键字段	多格式时,关键字段根据实际内容确定采用的格式	设计时指定	无
打印格式数	单一格式录入,但有多个打印格式的数目	大于等于 1 的自然数	1

2.2.8 规整表本体打印制导参数

订餐汇总表和月度考勤表均属于规整表,概括总结各类规整表带有共同规律的本体参数,可以大大地丰富规整表打印的功能。结合一般规整表打印的需求参数,这些打印需求制导本体参数也分为栏目(字段)制导参数和整体制导参数,分别如表 2-3、表 2-4 所示。

表 2-3　规整表打印的栏目需求制导本体参数

参数名	意义	枚举值	默认值
栏目总宽	表格栏目的宽度,可以逐栏自动定义,也可以逐栏手动定义,手动定义方式下,可以直接定义宽度	0 自动,1 手动 栏目宽度为大于等于 2 的自然数	0 自动
小数位	小数位精度可以逐栏自动定义,也可以逐栏手动定义,手动定义方式下,可以直接定义精度	0 自动,1 手动 栏目宽度为大于等于 0 的自然数	0 自动
0 打印	数值型栏目的零值打印可以逐栏定义成空白,也可以逐栏定义为 0(零)	0 空白,1 零	0
千分位	可逐栏选择是否千分位打印	0 普通,1 千分位	0
居位	逐个栏目定义打印输出的位置	0 居左,1 居中,2 居右	字符居左,数值居右
栏目缺线	逐个栏目的横表格线定义是否缺省	0 正常,1 缺线	0
栏次	对表栏逐栏加以栏次标注	按实际定义	空白
表栏层次	根据表栏名称的从属关系排列成倒树状	最多六层	单层
表栏打印标记	表栏可选择正常打印、不打印、分本固定栏打印、左表栏打印	空白为正常打印,0 为分本固定栏打印,1 为不打印,2 为左表栏打印(可折行),3 为左表栏打印(不可折行)	空白

表 2-4　规整表打印的整体需求制导本体参数（表中 n 为正整数）

参数名	意义	枚举值	默认值
标题	表格标题	正标题、眉题、副题等	正标题
表肩	处于标题之下、表栏之上的注释性文字，最多八行表肩	表格左肩、中肩、右肩	无
表注释	处于表体之下或表体左右的注释性文字，最多八条注释	底注释、左注释、右注释	无
表尾	表体之下与责任、制作时间相关的简短注释性文字，最多八项注释	表格底部内容	无
表宽	按厘米或字符数计算的表格宽度	大于等于 0 的数	33 厘米
表高	按厘米或行数计算的表格高度	大于等于 0 的数	24 厘米
左注释宽	按厘米或字符数计算的左边注释或左表栏的宽度	大于等于 0 的数	0
右注释宽	按厘米或字符数计算的右边注释的宽度	大于等于 0 的数	0
左边缘装订线	左边留出的空白装订距离，按厘米计	任意数	0
上边缘装订线	上边留出的空白装订距离，按厘米计	任意数	0
左表栏对齐	左表栏的内容是否需要对齐（有左表栏的表行隔线必为 1）	0 无左表栏，1 表栏对齐，2 表栏不对齐	0
开口状况	表格两端是否需要开口	T 开口，F 不开口	不开口
高宽丰满	用两位二进制数表示表格打印完毕时没有达到高度或宽度尺寸的处置方式，丰满表示以空白的行或列打满尺寸，不丰满表示以内容完毕为准	00 为高度和宽度均丰满，01 为高度丰满宽度不丰满，10 为高度不丰满宽度丰满，11 为高度和宽度均不丰满	高度丰满，宽度不丰满
行间距	按厘米计算的表格行间距离，0 为默认打印机均分参数	大于等于 0 的数	0
行间隔	表格内容若干行为一组，打印表格线（分栏打法不能使用负数属性打印表格线，有左表栏的表格行间隔线则必须为 1）	n 为每 n 行打印一表格线，0 为无间隔不打印表格线，－n 为以第 n 栏目的内容值做间隔	n＝1
移底线打印	不管表格内容到何处结束，若干行将被移到最后页的最底部打印	大于等于 0 的自然数	0
尾半页打印	对于一些类似账页的表，为节约计最后一页可以不打印（留待次月满页后打印）	0 打印，1 不打印，2 提示打印，3 提示不打印	0
注释表尾所在页	表注释和表尾可以每页打印，也可以最后页打印	0 每页，1 最后页	0
按栏分本	对于一些类似账页的表，不同的账户必须分页（分本）打印，则可根据账户所在栏目的内容进行判断	大于等于 0 的自然数	0 不分本

参数名	意义	枚举值	默认值
无效数字	一些表示"没有"但又不能简单理解为0的数值的打印要求	划线(—)或指定字符	—
工资表格式	按工资条格式打印(每行均由标题和内容组成,工资表不能使用左表栏打印格式)	工资条(G)或非工资条	非工资条
不断页打印	对于一些类似账页的表,为节约与规范计,希望自上月打印最后页接续打印(本功能配套使用行数表示表高,禁用厘米表示表高)	按字段定义,如 VAL(D001)=_NMM	无
承前页	一些类似账页的表,需要在每页的第一行(新启用账户除外)标明"承前页"之类文字,并结转上页的部分数值	按表变量定义	无
过次页	一些类似账页的表,需要在每页的最后行(已结束账户除外)标明"过次页"之类文字,并结转本页的部分数值	按表变量定义	无
首尾行对应条件	对于有承前页、过次页要求的,可指明过次页的计算方式	如"本月合计""本年累计"不必计入	无
尾行页计条件	对于有承前页、过次页要求的,可指明过次页的计算方式和打印方式	比如"本月合计""本年累计"不必计入;最后一页的"过次页"可选打印与不打印	无过次页,如有过次页,则最后一页需打印
尾页打印	尾页未完时是否打印	打印或不打印	打印
分栏打印及数目	栏目比较少的表,是否需要分成数栏打印(按栏目属性值打印表格线或使用左表栏打印的,不能用分栏打印法),分栏的数目为0时,表示自动分栏	1不分栏,2分栏,3分块(两边封口),分栏数目为0～99的自然数	1,如分栏打印,则自动分栏
栏次	对表栏加以栏次标注,"数字"标注表示按0～99进行标注,"混合"自然数与天干混排,字符型栏目为天干,数值型栏目为自然数,"手动"表示逐栏人工定义。	0无,1数字,2混合,3手动定义	0
栏宽	各表栏宽度的定义,"手动定义"表示手动逐栏定义	0自动定义,1手动定义	0
小数位	数值型栏目打印的小数位定义方式,自动表示由系统自动根据内容给定,手动表示由人工定义,"松"表示小数位对齐,"紧"表示小数位不对齐	0自动松(小数点对齐),1自动紧(小数位不对齐),2手松(手动定义表栏宽度且小数位对齐),3手紧(手动定义表栏宽度且小数位对齐)	0
0打印方式	所有数值型栏目值为0时的打印方式,"手定"表示手动逐栏定义	0空白,1零,2手定	0
千位分隔符	所有数值型栏目值是否采用千位分隔符,"手定"表示手动逐栏定义	0普通(不采用千分位),1千分位,2手定	0

续表

参数名	意义	枚举值	默认值
居位	所有栏目打印输出的位置,"手定"表示手动逐栏定义	0 居左,1 居中,2 居右,3 手定	字符居左,数值居右
栏目缺线	所有栏目的横表格线是否缺省,"全缺"时效果与打印间隔为 0 相类似,"手定"表示手动逐栏定义	0 正常,1 全缺,2 手定	0
线型	表格线的粗细	0 粗,1 细,2 外粗内细	0
打印机驱动	规定所选的打印机	操作系统设置	默认设置
纸张输出方向	规定横向或纵向打印输出	0 自适应、1 纵向、2 横向	0
打印份数	打印若干份	大于等于 1 的自然数	1
标注延续	若干份之间的页码延续方式	0 循环方式,1 递延方式	0
选择页码	从第几页开始,至第几页结束(为 0 时表示全部打印)	大于等于 0 的自然数	第 1 页始,第 0 页(最后页)止
标注页码	起始标注页码	大于等于 1 的自然数	按实际页码起始
连续方式	打印时分奇偶(可实现纸张正反面)打印和连续打印	0 连续页、1 奇数页、2 偶数页	0
换页等待方式	打印换页或换本时等待或不等待	连续分页、连续不分页、等待分页、逐本连续分页、逐本连续不分页、不打印	连续分页
页(本)间间隔	不分页打印的情形下,可指定间隔若干行打印下一页,一1 表示按打印机默认设置分页	一1 或 0～99 的自然数	0

2.3 设计(Design)

2.3.1 人员信息及充值卡片设计准备

人员信息及充值卡片和一般的报表不同,它是一个非规整表,它存在一对多的情形,如图 2-16 所示,人员信息及充值卡片共有 24 个栏目,其中充值类型(第 17 栏)、充值金额(第 18 栏)、充值方式(第 19 栏)、备注(第 20 栏)属于一页中存在多行的,这是"多",其他栏目如年月日、合计、签名之类的信息一页中均为一行,这是"一",这种现象称作"一对多"现象,需要在设计中加以体现。

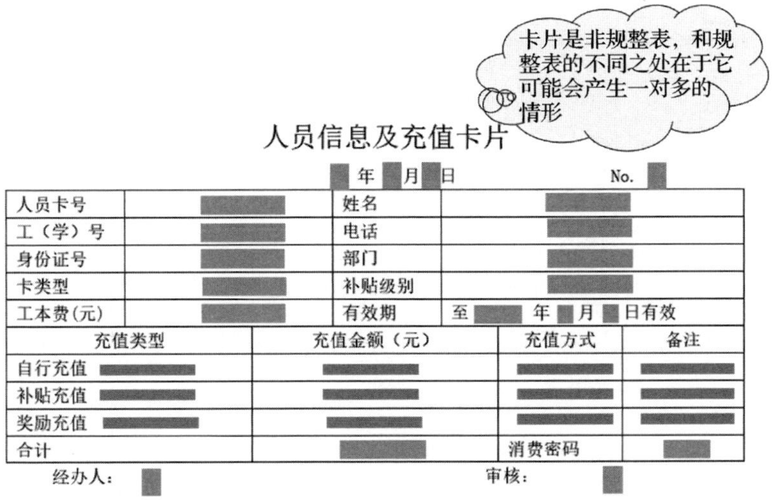

图 2-16 人员信息及充值卡片的一对多现象

结合图 2-8 和图 2-16,在表格设计前,我们整理了人员信息及充值卡片的数据字典,见表 2-5。表中除字段名、类型、宽度、精度这四个常规的数据字典标引项外,其他标引项的意义如下:

显示宽度:表示在屏幕上的显示宽度。由于屏幕面积有限,必要时会适当减小屏幕显示内容的尺寸,当光标单击聚焦时,再加展开,这样就形成了显示宽度。显示宽度一般小于等于宽度。

显示精度:表示在屏幕上的显示精度。和显示宽度一样,在屏幕上,有时为了特殊的需要,可将显示精度设置成小于等于精度的数值。

表 2-5 人员信息及充值卡片数据字典(YGKP,年报)

字段名	类型	宽度	精度	显示宽度	显示精度	范式区域	记录数	间隔行数	备注	即时计算公式
D001	C	4	4	4	0	DBF	1	1	年	
D002	C	2	4	2	0	DBF	1	1	月	
D003	C	2	4	2	0	DBF	1	1	日	
D004	C	15	4	7	0	DBF	1	1	NO.	
D005	C	60	4	50	0	DBF	1	1	人员卡号	
D006	C	10	4	10	0	DBF	1	1	姓　　名	
D007	C	30	4	30	0	DBF	1	1	工(学)号	
D008	C	30	4	30	0	DBF	1	1	电　　话	
D009	C	20	4	20	0	DBF	1	1	身份证号	
D010	C	30	4	30	0	DBF	1	1	部　　门	
D011	C	20	4	20	0	DBF	1	1	卡 类 型	

字段名	类型	宽度	精度	显示宽度	显示精度	范式区域	记录数	间隔行数	备注	即时计算公式
D012	C	20	4	20	0	DBF	1	1	补贴级别	
D013	N	16	2	16	2	DBF	1	1	工 本 费	
D014	C	4	4	4	0	DBF	1	1	年	
D015	C	2	4	2	0	DBF	1	1	月	
D016	C	2	4	2	0	DBF	1	1	日有效	
D017	C	20	4	20	0	DB1	3	2	充值类型	IN11({?,17},'01','02','03','自行充值','补贴充值','奖励充值',{?,17})
D018	N	16	2	16	2	DB1	3	2	充值金额(元)	
D019	C	20	4	20	0	DB1	3	2	充值方式	IN11({?,19},'01','02','03','现金','银行卡','微信','支付宝',{?,19})
D020	C	30	4	30	0	DB1	3	2	备注	
D021	N	16	2	16	2	DBF	1	1	合计	|S{?,18};
D022	C	20	4	20	0	DBF	1	1	消费密码	
D023	C	10	4	10	0	DBF	1	1	经办人	
D024	C	10	4	10	0	DBF	1	1	审核	

范式区域:表示一对多的状况。DBF 表示一,DB1 表示多。默认为 DBF。

间隔行数:表示在屏幕上行与行的间隔。对于多的栏目,存在屏幕上行与行的间隔参数,默认为1,表示没有间隔,当值为2时,表示间隔一行。

备注:表示栏目名称,可以重复表示。

即时计算公式:表示供录入触发的即时计算用的公式,按照本体语言进行定义,自动在线调用相关功能构件进行操作。

上述标引项中,字段名是自动生成的。除此以外,有时还有不常用的标引项,如在制证栏目的数据字典中还应标明:

签名人:_CON

校验文件:YGKP_JYS

可实现人员信息及充值卡片的审核校验。

2.3.2　人员信息及充值卡片表格设计

人员信息及充值卡片要进入考勤消费服务信息系统界面,首先要进行业务登录,在系统主界面中选择业务登录后,可见图 2-17 所示的界面,我们规定人员信息及充值卡片的所属部门是供应链管理学院,大业务是考勤消费,表名是人员信息及充值卡片,代码是 YGKP，周期是年报（Y），类型是非规整表（1），确定并退出系统重新进入便能形成考勤消费服务信息系统的菜单界面，如图 2-18 中的折叠形菜单。

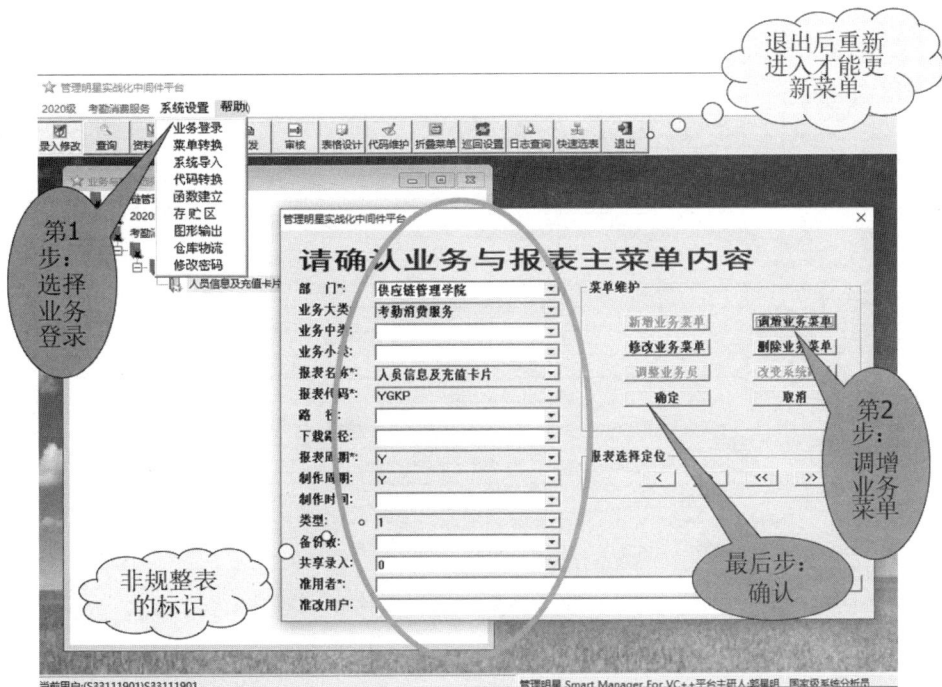

图 2-17　人员信息及充值卡片业务登录界面

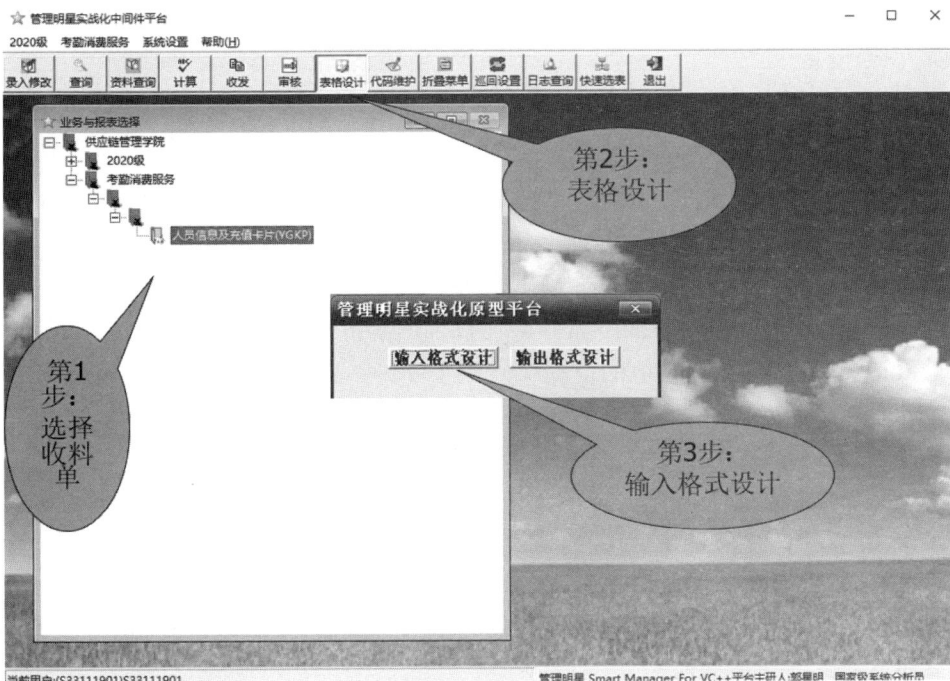

图 2-18　对人员信息及充值卡片的输入格式进行表格设计

从图 2-18 中可以看出,业务登录后,人员信息及充值卡片便已出现在菜单中,我们继续选择表格设计,则可对输入格式进行设计,随即可见图 2-19 所示的人员信息及充值卡片表格设计界面,这也是非规整表的表格设计。

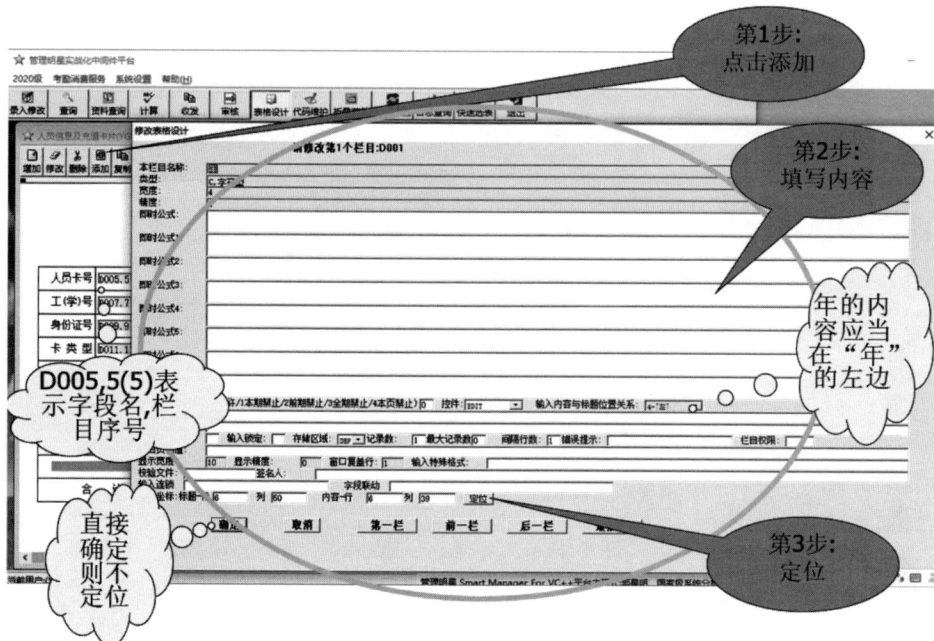

图 2-19　人员信息及充值卡片表格设计界面

在图 2-19 中,点击"添加"可弹出一窗口用于定义人员信息及充值卡片新表栏的属性,这些属性有:

(1)栏目名称

这个栏名是指在屏幕显示时用的栏目名称。

(2)类型

类型是指该栏目的类型,系统仅提供数值和字符两种类型。可用光标键选择。

(3)总宽与小数精度

如果是字符型栏目,系统询问栏目所需的内容总宽度;如果是数值型栏目,系统则自动预先给定总宽度为 16,一般不做修改而仅询问小数精度。

小数精度可以自由定义,值的范围在 0 到 10 之间,由于总宽中包含了小数精度,所以必须满足"总宽≥小数精度+1"的不等式条件。

(4)即时公式

即时公式专指在录入时录入一个数据,自动立即计算相关的数据,比如录入数量和单价后,自动立即计算出金额。

(5)输入内容和标题的位置关系

表示该栏目所输入的内容位置将在栏名的上面、下面、左面或右面,缺省为右面,这四个方位及此外位置的详细意义如下:

①"上面"表示输入内容将填在栏名的上方;

②"下面"表示输入内容将填在栏名的下方；

③"左面"表示输入内容将填在栏名的左面；

④"右面"表示输入内容将填在栏名的右面；

⑤"本身"表示栏名的字本身不在屏幕上出现（但实际必须有），栏名本身所在的位置被直接用来输入内容了，如图 2-20 所示。

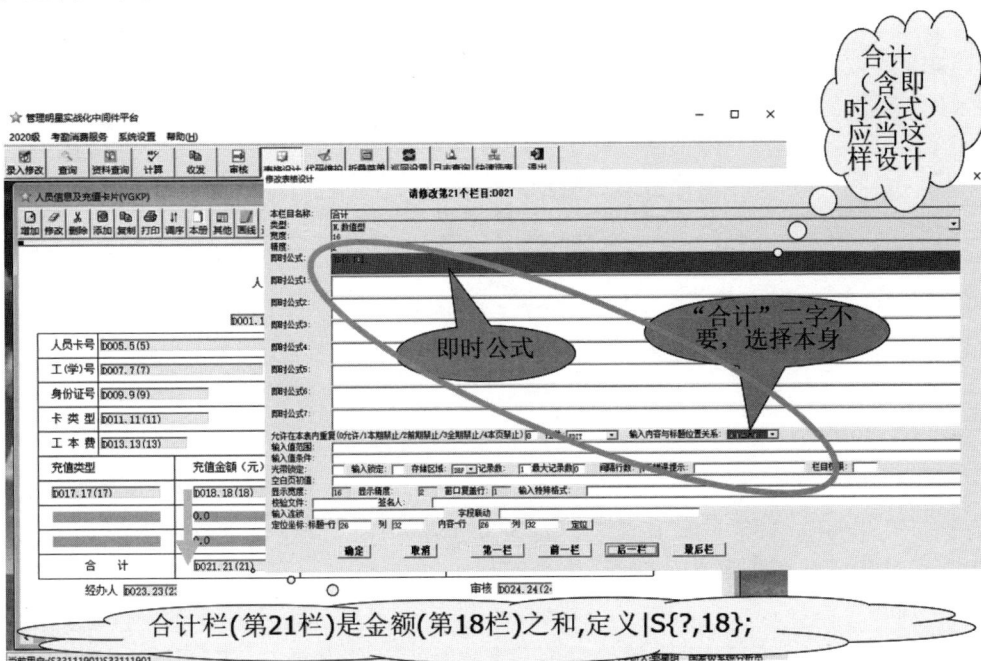

图 2-20　非规整表栏目的"本身"定义

（6）输入值范围

输入值范围是指该栏目的所有数据在录入时的范围限制，一旦定义之后，在实际的录入操作过程中，如果录入数据超出了此界限，系统会在屏幕右上角发出警告，并要求重录。

（7）输入值条件

输入值条件和输入值范围有类似的地方，两者都是控制每一个输入值的正确性的，但输入值范围只能以上下限的方式来加以控制，一些比较复杂的控制关系无法用范围来表达。比如，输入的月份中不能出现阿拉伯数字以外的字符，就得用输入值条件的方式来表达。

（8）光带锁定

光带锁定表示该栏目在录入修改时，光带是否在此栏目上停留。如果定义成空白（缺省），表示光带需在此栏停留；如果定义成1，表示光带不在此栏停留。

（9）输入锁定

输入锁定表示该栏目是否允许修改、录入。如果定义成空白（缺省），表明该栏目可以修改、录入；如果定义成1，表明该栏目不允许修改、录入。

（10）范式区域

针对人员信息及充值卡片中一对多的情形，凡属"一"的栏目，一般定义其区域为 DBF；凡属"多"的栏目，一般定义其区域为 DB1，如图 2-21 所示。

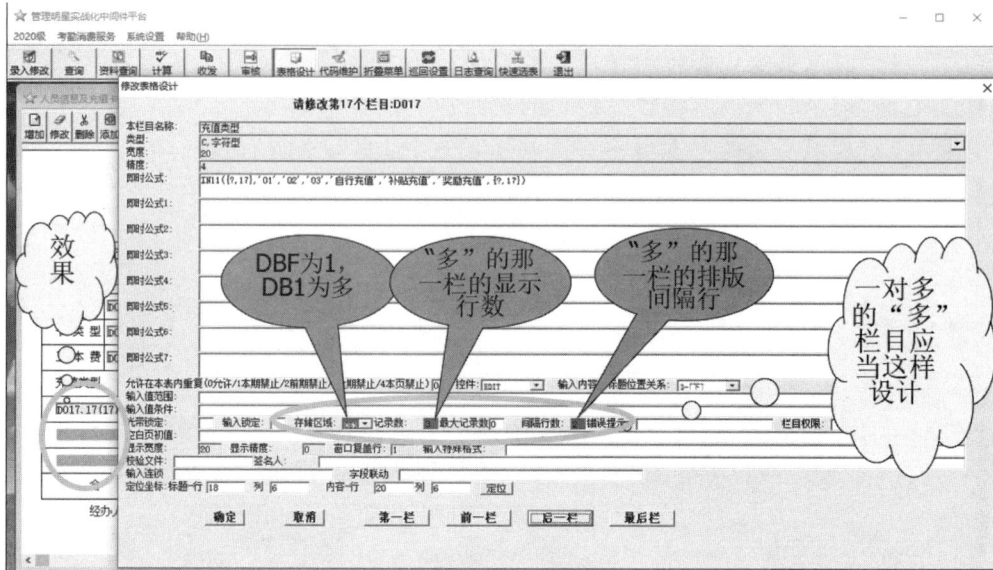

图 2-21 非规整表的一对多范式区域定义

（11）记录数

如果栏目是 DB1 区域的，则需定义记录数，这里的记录数取值可以从屏幕美观、利用率高等角度考虑，它和实际内容行数多少没有直接的关系，在录入修改界面中，如果实际内容行数超出格式定义行数，系统会实现滚屏技术。

（12）间隔行数

间隔行数也是针对 DB1 区域栏目而言的，当间隔行为 1 时，表示 DB1 栏目中的各行之间不含有空行；当间隔行为 2 时，表示 DB1 栏目中的各行之间有 1 行空行（通常用来画表格线）。如果有其他特殊需要，间隔行的值及其实际空白行数还可依次类推下去。

（13）空白页初值

当新加一空白页时，按照它们在数据字典中的排列顺序依次逐条执行初值。

（14）显示宽度与显示精度

如果是字符型栏目，系统询问栏目所需的内容总宽度；如果是数值型栏目，系统则自动预先给定显示宽度为 10，精度为 2。

（15）窗口覆盖行数

作为字符型栏目，当存储宽度大于显示宽度时，就要采用窗口技术，如果窗口行数为 1，则在一行中拉长，以显示实际的内容；如果窗口行数大于 1，则将形成一个宽度和显示宽度一样，行数和在此定义的行数一样的显示窗口，用以显示栏目的实际内容。

（16）校验文件

校验文件用于校验凭证录入是否正确，经校验正确的凭证可以存盘，否则不能存盘。非规整表的校验通常和签名结合在一起，因此在定义校验公式文件名时，应该选择需要签名的那个栏目进行定义，否则定义到别的栏目上之后，签名时就会引起混乱。

（17）签名人

签名人是被用来存放在校验通过后的该栏目所要填写的操作人员姓名，它通常和校验公式一一对应,定义在同一个栏目中。校验人姓名中不能出现空格,如果一组校验内容可以由多个业务操作员校验,可以输入多个业务操作员的姓名,相互之间用","分开,或者定义为"_CON",表示任何人均可以(应该)校验,如图 2-22 所示。

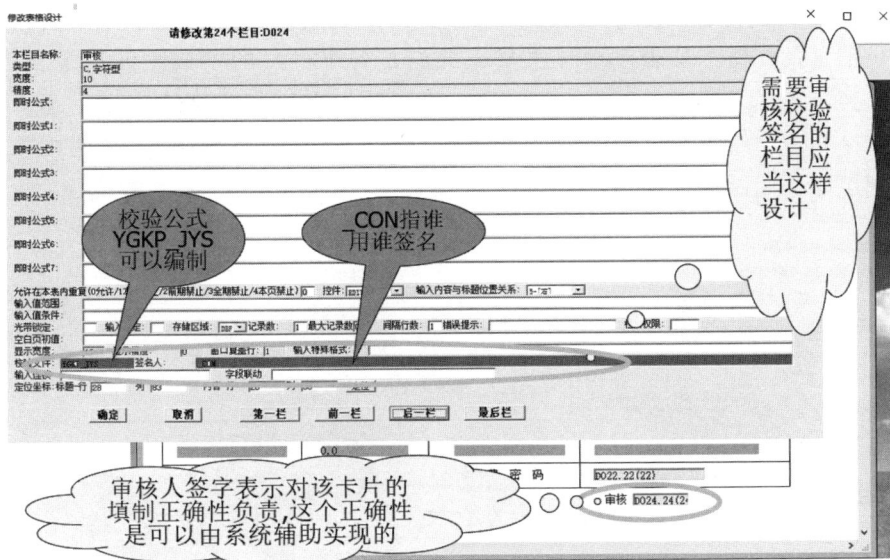

图 2-22 非规整表的校验公式和签名人定义

当上述栏目属性定义完成后,可点击"定位"出现图 2-23 所示的坐标定位,可以用鼠标或光标将该栏目定位在满意的位置,并按 F8 键确认。确认前后,上部的状态栏会有"定位""普通"的状态显示。

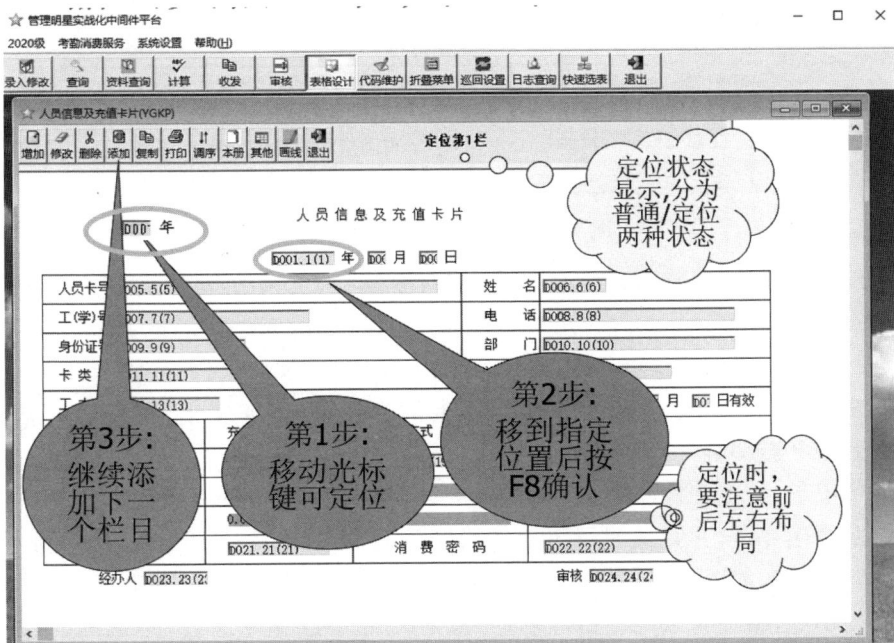

图 2-23 非规整表的坐标定位

定位完成后,一个非规整表栏目的定义则完成,继续点击"添加"可进行下一个栏目的设计。

2.3.3　人员信息及充值卡片的制表设计

人员信息及充值卡片表格设计主要完成的是各个栏目的字典设计与定义,虽然在定位时已初步考虑了版式的特点,但是一些修饰性的文字和表格线未做考虑。这些修饰性的文字和表格线将通过制表的功能进行设计。完成表格设计后,确认当前状态是"画线"则可以开始制表格线了,如图 2-24 所示。

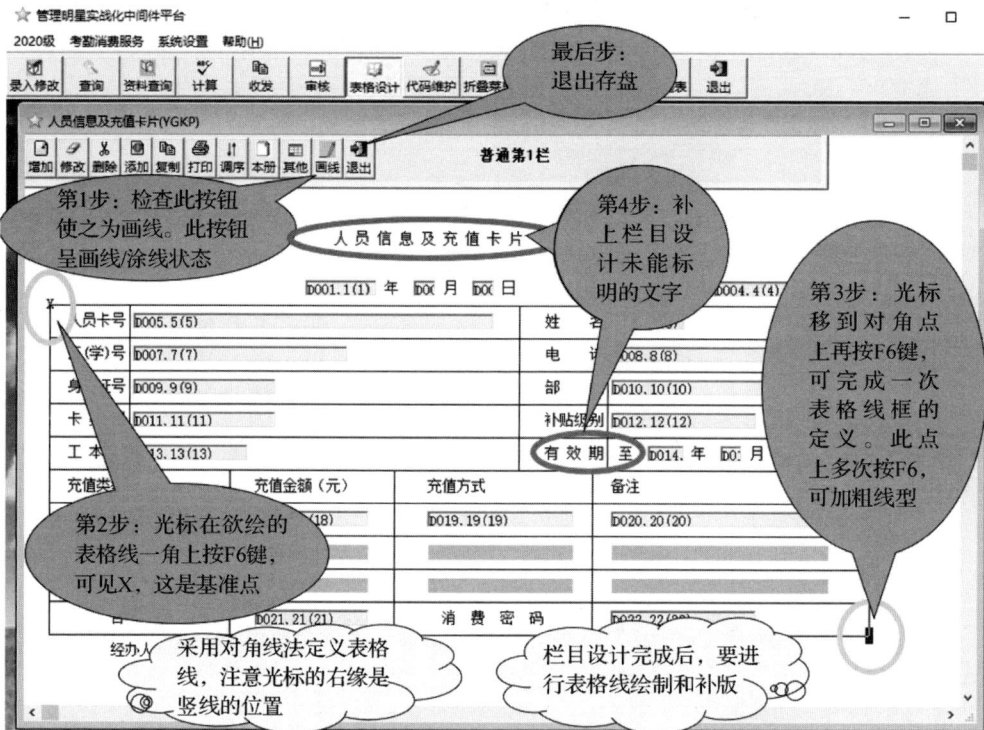

图 2-24　非规整表的制表操作

图中的制表操作,表格线的定义是通过"对角线"法定义的,即首先在欲制表格线的一角上按 F6,标记"X",再在其对角线位置按 F6 键,可形成一矩形框,直线可作为矩形的特例进行制作。目前不能实现斜线制作,实际需要时可用斜线字符代替。

前面表格设计时未能涉及的文字,可在此时直接输入,如图中的"人员信息及充值卡片""有效期""至""合计"等字样。

一般情况下,按正常次序完成的表格设计,其顺序都是缺省排列的,如果栏目设计是前后断断续续完成,并且经过了多次的增删改的,可能顺序会有凌乱,此时可点击"调序"重新整理顺序,如图 2-25 所示。其中显示顺序是供屏幕录入时跳转的,存储顺序是供计算时使用的,整理时,每次只可整理一项存储顺序或显示顺序,不能同时整理两项及以上栏目的顺序。

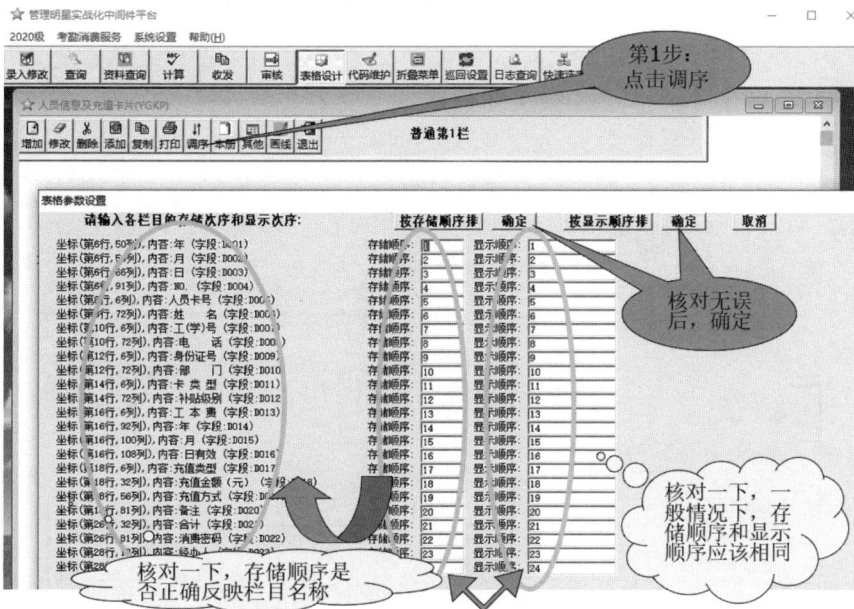

图 2-25　非规整表的栏目顺序调整界面

2.3.4　人员信息及充值卡片的打印设计

有了基于本体的非规整表制导参数描述，借助信息处理本体中间件，就可以方便地对各类复杂的单证、报表打印进行在线定义。以人员信息及充值卡片为例，在考勤消费服务信息系统主界面中选择表格设计后，再选择对人员信息及充值卡片进行输出设计，如图 2-26 所示。

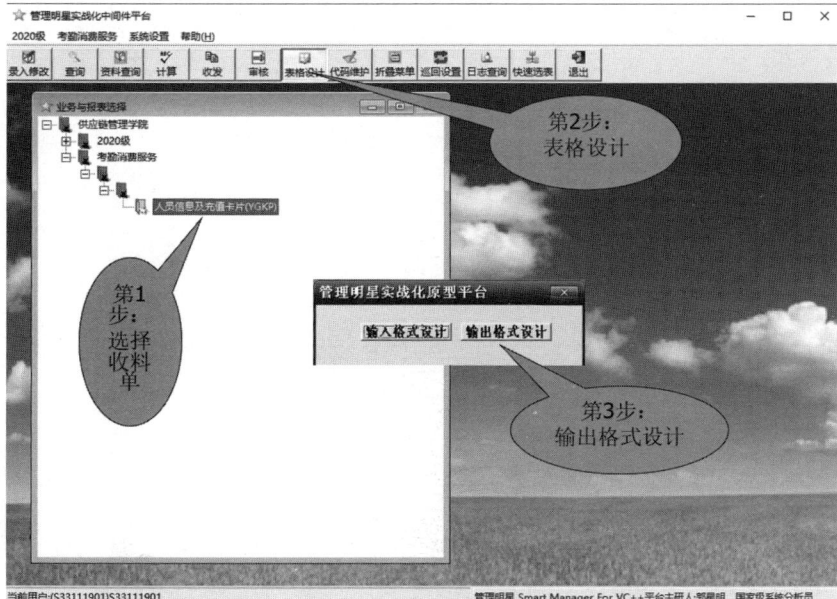

图 2-26　对人员信息及充值卡片的输出格式进行表格设计

　　首次进入非规整表的打印设计时,界面是空白的,由设计人员根据尺寸要求先行在空白界面上画出所要求的样式,非规整表的打印尺寸要求,由设计人员事先用量尺仔细量得,如图 2-27 所示。这个尺寸的实际打印效果受屏幕分辨率影响,一般横向误差在 0.2~0.3 厘米,纵向误差在 0.1~0.2 厘米,这种误差实际上和字符的定位有着密切的关系,所以打印设计界面中,同时标注厘米及行列两个计量单位,以便设计人员掌握。值得注意的是,具体设计中,横向以厘米为主要参考,纵向以行为主要参考,如图 2-28 所示。

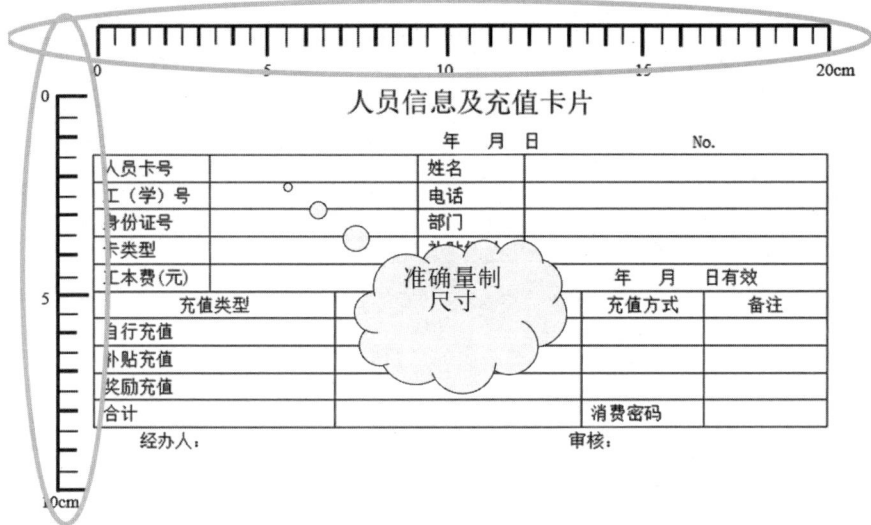

图 2-27　人员信息及充值卡片的打印尺寸要求

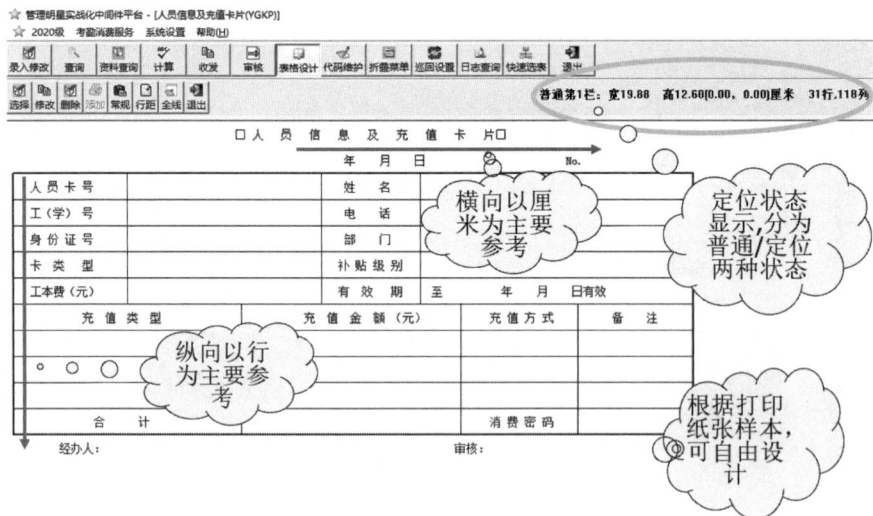

图 2-28　人员信息及充值卡片打印设计时的标尺显示

　　图中打印制表操作的表格线仍然是通过"对角线"法定义的,即首先在欲制表格线的一角上按 F6,标记"X",再在其对角线位置按 F6 键,可形成一矩形框,直线可作为矩形的特例进行制作。需要边框加粗的,可多次重复按 F6 键加强定义。

　　打印格式中的文字,可在设计时直接输入,如图中的"有效期""至""合计"等字样,一般为五号字。如图中的"人员信息及充值卡片"需要大一号字的,可在该字序列的左右按 F9,以示字号倍增放大。详见图 2-29。

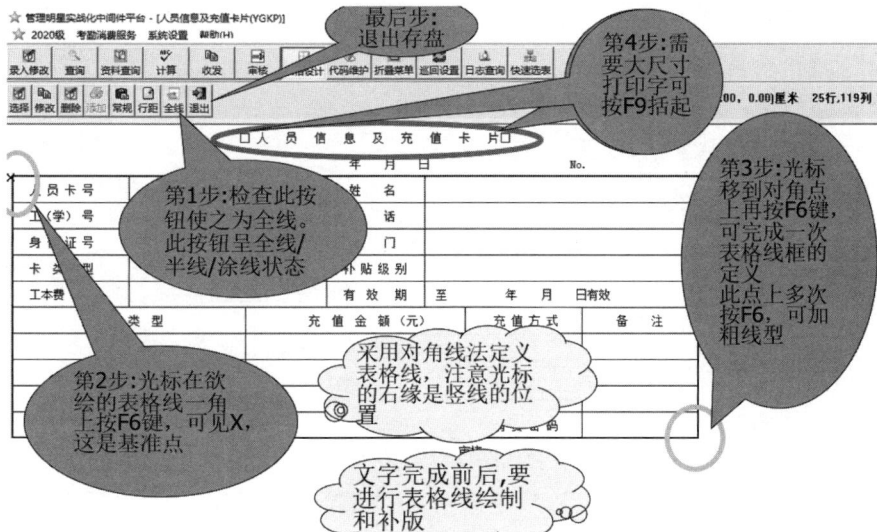

图 2-29　非规整表的打印表格线及文字格式的设计

　　当非规整表的各行按行需求排版完毕之后,可以点击工具栏中的"行距"调节行间距,如图 2-30 所示。由尺寸可知,第 2 行"人员信息及充值卡片"的标题上缘到第 4 行"年月日"的上缘间的行距,与第 4 行上缘到第 26 行上缘的行距,不是等高的。因此,可以在第 4 行打上实测尺寸 1.00 厘米,第 4 行上缘到第 26 行上缘,目测是等高的,就没有必要每行标记,只需在第 26 行标记实测尺寸 8.50 厘米,其间由系统自动按误差最小的补偿机制分配,分配的结果如图 2-31 所示。

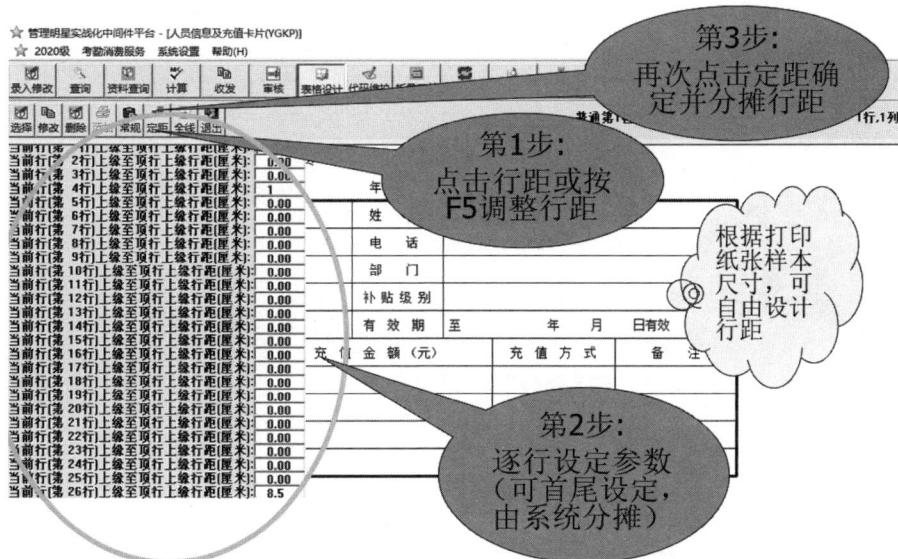

图 2-30　非规整表打印设计行间距调整(前)

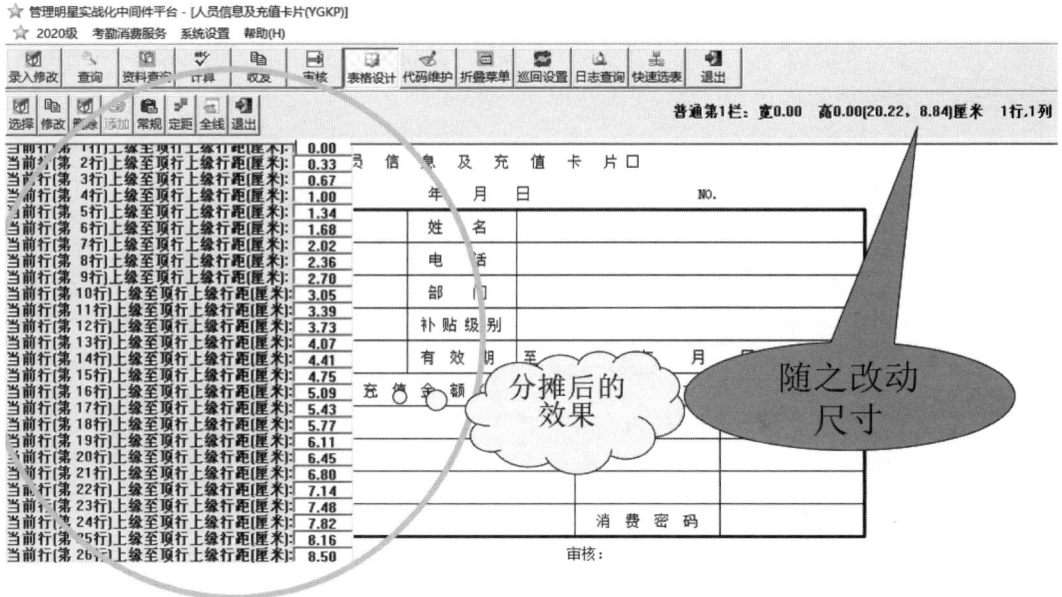

图 2-31 非规整表打印设计行间距调整(后)

排版任务完成之后,要对各个需求打印的栏目进行逐个标定,点击工具栏中的"修改"后,见图 2-32,表示将按照已经定义好的栏目次序,并可前后逐个栏目选择,每一个询问的栏目名称均显示出已定义好的行、列、内容(栏名)、顺序号,等候定义。如果该栏目不必打印,则可点击"删除"将其打印定义删除,需要打印,则点击"栏定位"进行定位。准确定位后按 F8 进行确认,需注意定位/普通状态的切换,见图 2-33。

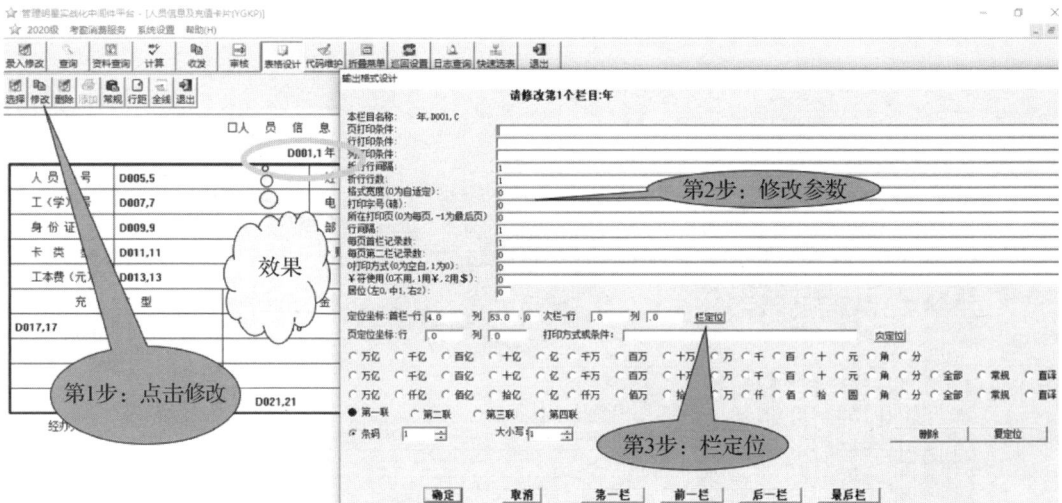

图 2-32 非规整表打印栏目定义参数修改

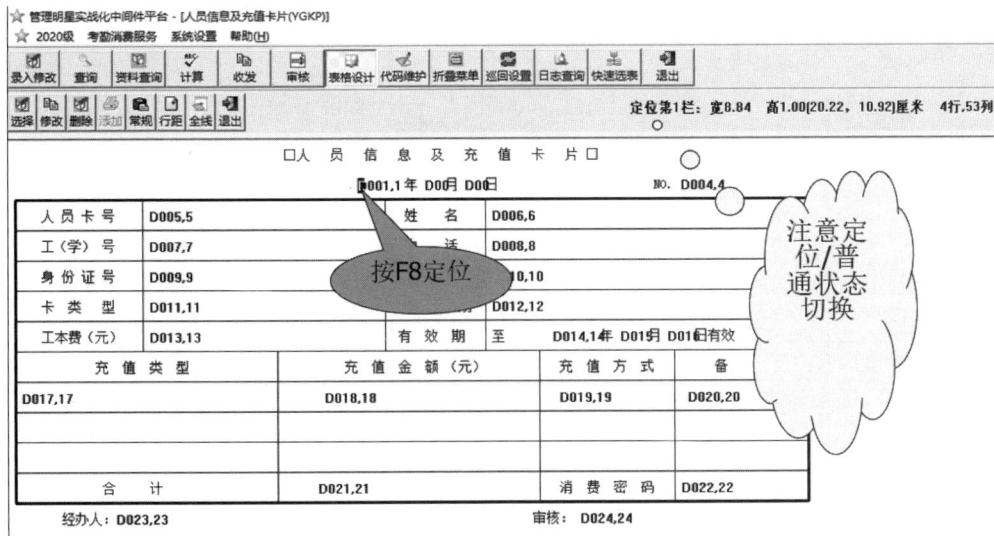

图 2-33 非规整表打印栏目定位

对于一对多的栏目,需要注意其(首栏)行数和行间隔的定义,见图 2-34。打印定义完成后的各个栏目打印数据字典,见表 2-6。

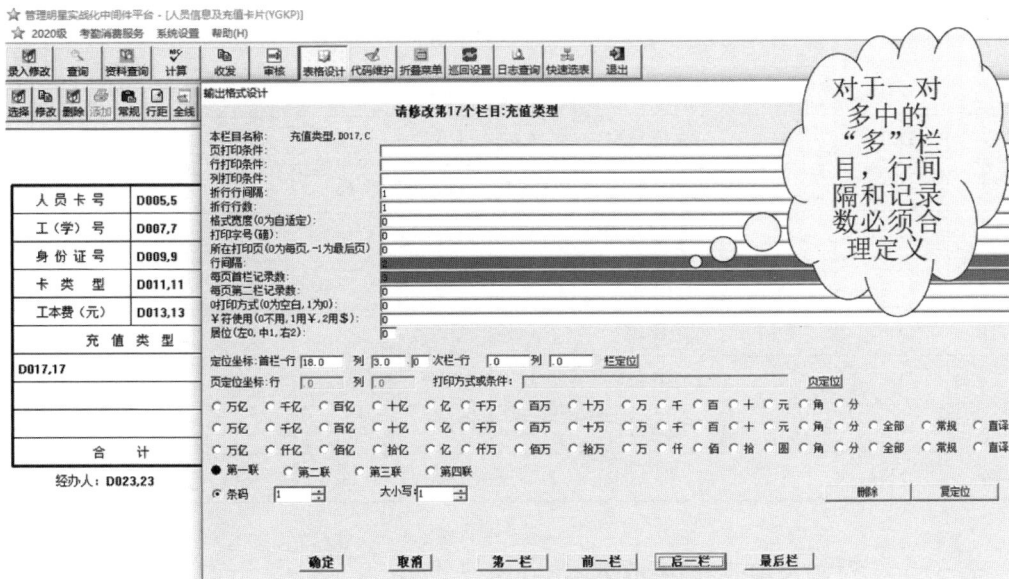

图 2-34 一对多的打印定义

表 2-6 人员信息及充值卡片打印数据字典(YGKP_STR 局部,未列入的均为默认值)

顺序 FIELD_ NO	字段名 FIELD_ NAME	字段类型 FIELD_ TYPE	字段含义 FD_CCNAME	数据项 DBFI	一对多 DB_ NAME	行坐标 PT_ROW	列坐标 PT_COL	行间隔 PT_ LISK1	打印行数 PT_REC
1	D001	C	年	1	DBF	4	53	1	1
2	D002	C	月	1	DBF	4	63	1	1

顺序 FIELD_ NO	字段名 FIELD_ NAME	字段类型 FIELD_ TYPE	字段含义 FD_CCNAME	数据项 DBFI	一对多 DB_ NAME	行坐标 PT_ROW	列坐标 PT_COL	行间隔 PT_ LISK1	打印行数 PT_REC
3	D003	C	日	1	DBF	4	69	1	1
4	D004	C	NO.	1	DBF	4	101	1	1
5	D005	C	人员卡号	1	DBF	6	16	1	1
6	D006	C	姓名	1	DBF	6	73	1	1
7	D007	C	工(学)号	1	DBF	8	16	1	1
8	D008	C	电话	1	DBF	8	73	1	1
9	D009	C	身份证号	1	DBF	10	16	1	1
10	D010	C	部门	1	DBF	10	73	1	1
11	D011	C	卡类型	1	DBF	12	16	1	1
12	D012	C	补贴级别	1	DBF	12	73	1	1
13	D013	N	工本费	1	DBF	14	16	1	1
14	D014	C	年	1	DBF	14	82	1	1
15	D015	C	月	1	DBF	14	92	1	1
16	D016	C	日有效	1	DBF	14	99	1	1
17	D017	C	充值类型	1	DB1	18	3	2	3
18	D018	N	充值金额(元)	1	DB1	18	48	2	3
19	D019	C	充值方式	1	DB1	18	83	2	3
20	D020	C	备注	1	DB1	18	102	2	3
21	D021	N	合计	1	DBF	24	47	1	1
22	D022	C	消费密码	1	DBF	24	101	1	1
23	D023	C	经办人	1	DBF	26	17	1	1
24	D024	C	审核	1	DBF	26	86	1	1

2.3.5 考勤大数据的接收解析与表格设计

考勤大数据是由异构系统导入的,因此它的数据字典一般来说,可以在先接收导入之后,再在表格设计中进行解析和定义。为此系统先予以业务登录,建立菜单,见图2-35。

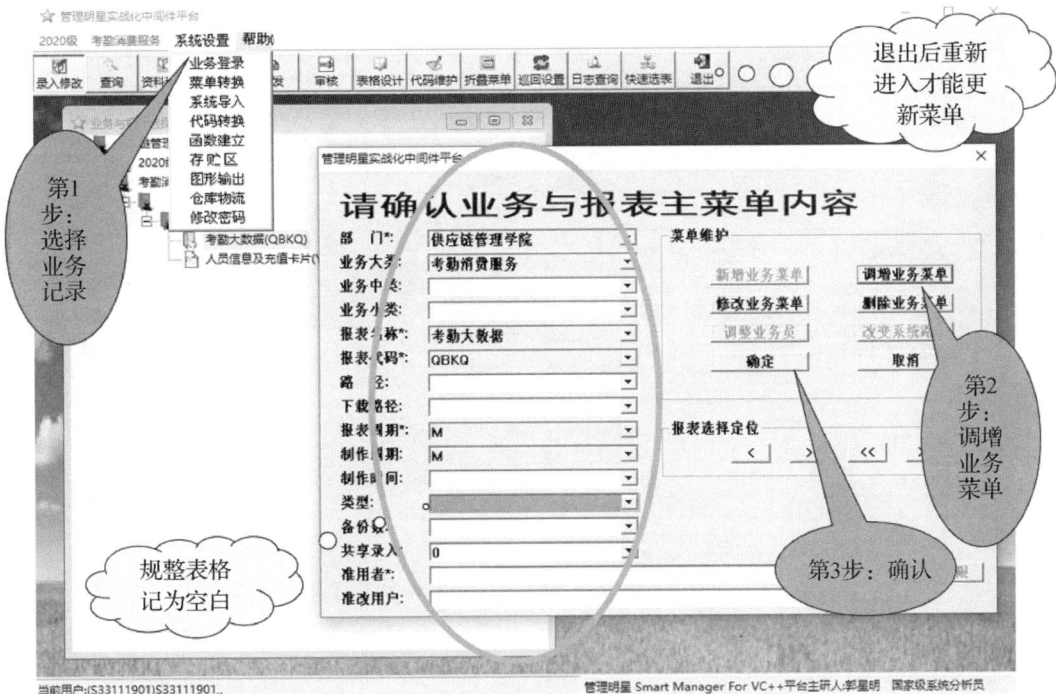

图 2-35 考勤大数据的业务登录界面设计

根据前述导入接收的构思，考勤大数据是自联型的数据迁移途径，业务登录完成后，首次使用时应对接收格式进行设计，如图 2-36 进入该表单，图 2-37 进行接收格式定义，并实现接收。

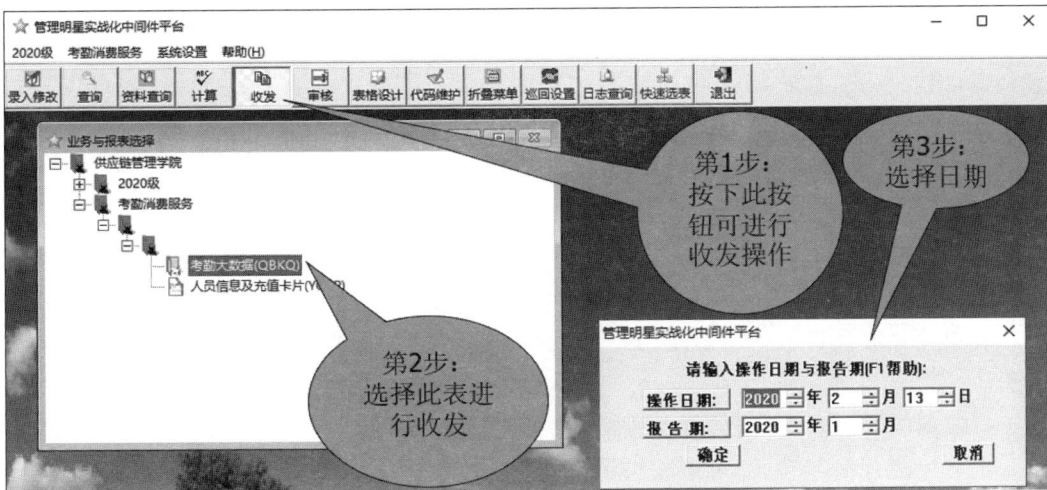

图 2-36 考勤大数据的业务登录界面

上述接收参数定义中，各个参数属性的意义如下：

(1)路径：表明需要从哪个数据库接收文件，本项目案例为库名"HZDT_65535"。

(2)数据源：如果选择的源盘是另一个服务器或者另一个兼容数据库系统，那么系

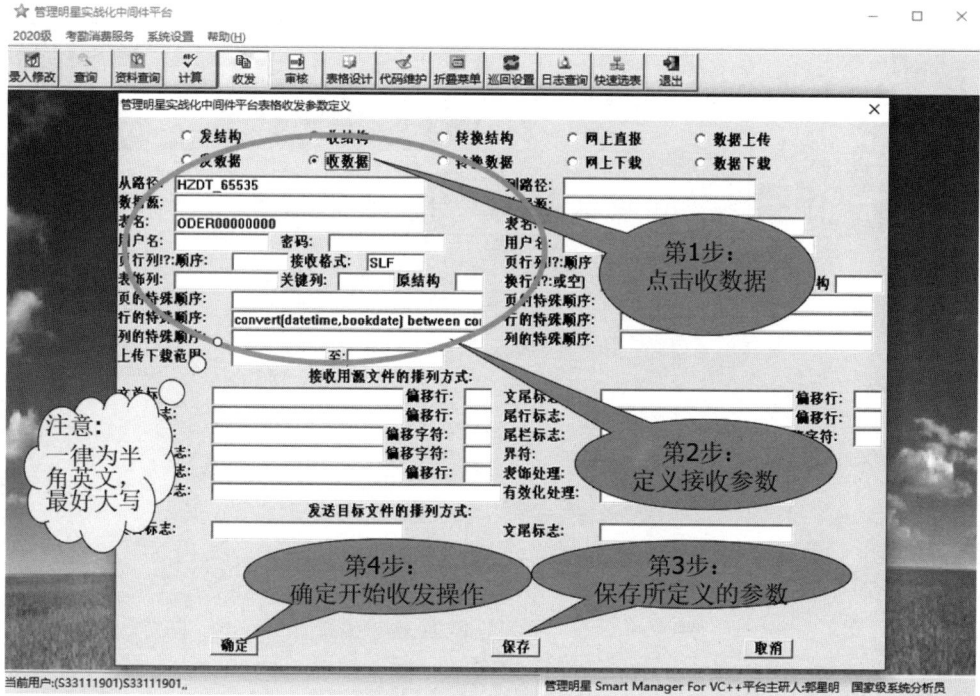

图 2-37　考勤大数据的收发参数定义和接收界面

统还可能要求说明"数据源"项目,指明兼容系统的 ODBC 连接通道。

(3)表名:表名要求确定接收的文件名,本例为"ODER00000000"。

(4)用户名:数据资源连接时的用户名。

(5)密码:数据资源连接时的密码。

(6)页行列!?:顺序:在接收时实现页、行、列三维空间的旋转。

(7)接收格式:指数据接收迁移时的自联型(SLF)格式或者互联型(DSN)格式,本例为 SLF 格式。

(8)页的特殊顺序:指接收数据时对页维的筛选和排列。

(9)行的特殊顺序:指接收数据时对行维的筛选和排列,本例值为:

convert(datetime,bookdate) between convert(datetime,GETDATE( ) − 62) and convert(datetime,GETDATE( ))

表明只收取最近 62 天(最多两个月)的数据。注意,筛选条件的语句应遵循源数据库语法。

(10)列的特殊顺序:指接收数据时对列维的筛选和排列。

定义完成并保存后,即可点击"确定",开始接收。一切正常的话,系统显示进度条开始接收数据,接收完成后会有信息予以报告,表明系统接收成功。值得注意的是,选择接收文件时必须十分慎重,一旦选择错了,那么收到一方的表格就可能全部瘫痪,造成无法挽回的损失。

接收完成后,系统会自动建立默认的规整表数据字典,默认数据字典将原表格中的数值型(含整型、双精度型、浮点型等)栏目统一归类为数值型栏目,其他非数值型栏目统一归类为字符型栏目,宽度和精度将沿用原有的定义,栏目名备注沿用数据字段名,参见表2-7。如果需要清晰解析原表格的各个栏目并欲做出更改,可在系统需求调查阶段,了解清楚各自的栏目意义与属性,接收完成后,在本体中间件系统中予以补充定义,如图2-38所示。

表 2-7   数据字典:QBKQ_STR,考勤大数据,月报(表栏备注名已做更改)

NO.	字段名	类型	宽度	精度	显示宽度	显示精度	备注
1	ID	C	38	1	38	0	考勤卡内码
2	CID	C	38	1	38	0	员工编码
3	MID	N	16	1	12	0	设备码
4	MIDSTR	C	202	1	12	0	卡类型
5	MEALID	N	16	1	12	0	餐别
6	PRICE	N	16	3	12	2	餐费补贴
7	ISAHEADPAY	N	16	1	12	0	预付款
8	AHEADPAYAMOUNT	N	16	3	12	2	预付总额
9	PREFERENTIALTYPE	N	16	1	12	0	优惠类型
10	PREFERENTIALAMOUNT	N	16	3	12	2	优惠金额
11	DISCOUNTRATE	N	16	1	12	0	折扣额
12	BOOKDATE	C	25	4	12	3	考勤时间
13	STATE	N	16	1	12	0	卡状态
14	TIMESTAMP	C	25	4	12	3	记录时间

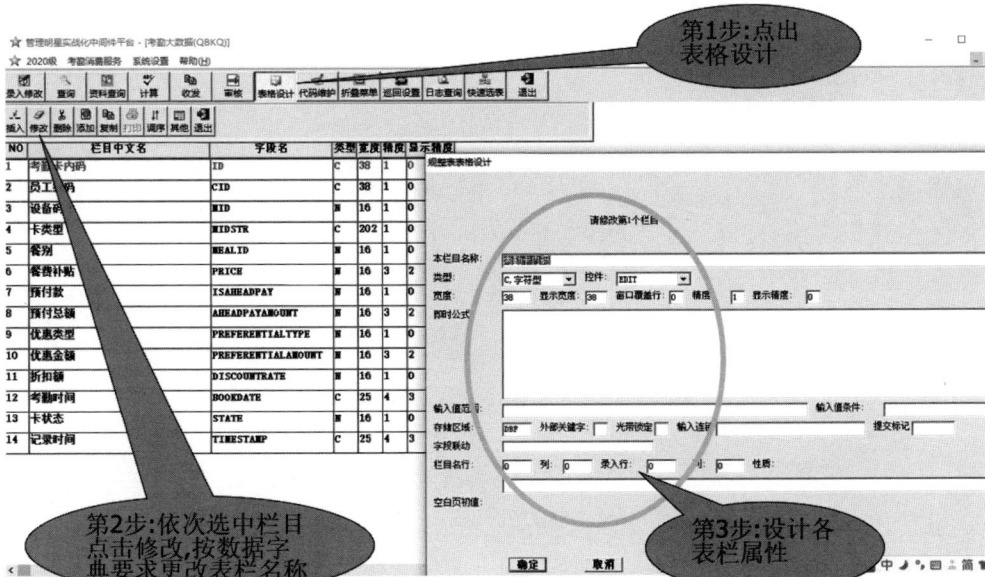

图 2-38   考勤大数据表格设计(更改)界面

2.3.6　消费大数据的接收解析与表格设计

消费大数据也是由异构系统导入的,它的数据字典也可以在先接收导入之后,再在表格设计中进行解析和定义。为此系统先予以业务登录,建立菜单,如图 2-39 所示。

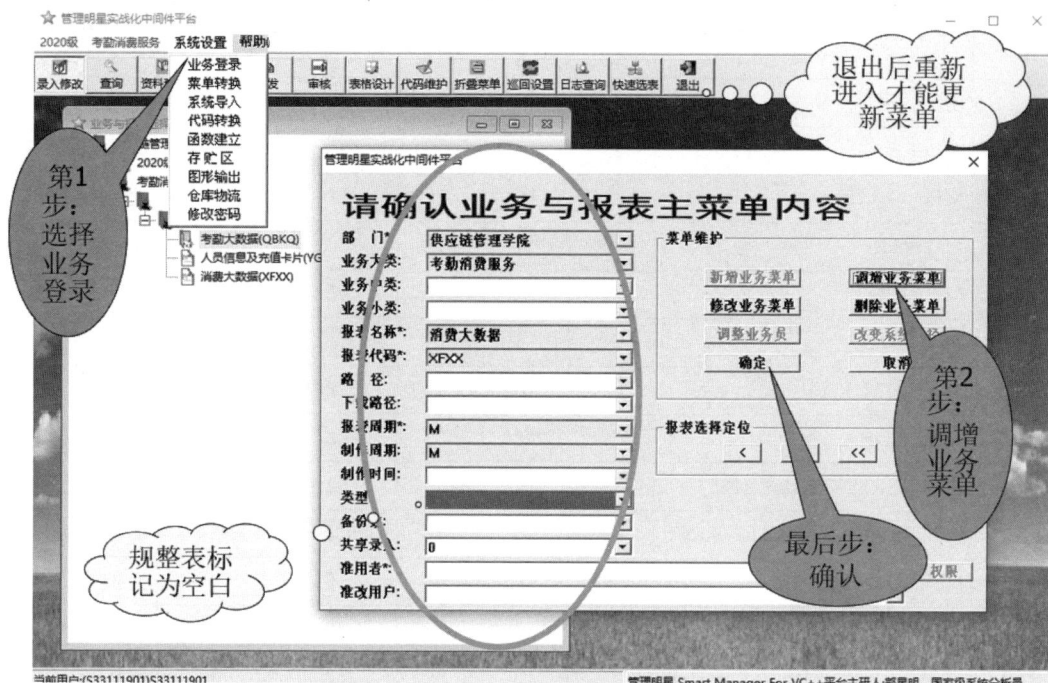

图 2-39　消费大数据的业务登录界面设计

根据前述导入接收的构思,消费大数据是互联型的数据迁移途径,需要先进行 ODBC 配置,如图 2-40 所示,请注意本例中第 4 步的库名应为考勤消费打卡机后台数据库名"HZDT_65535"。

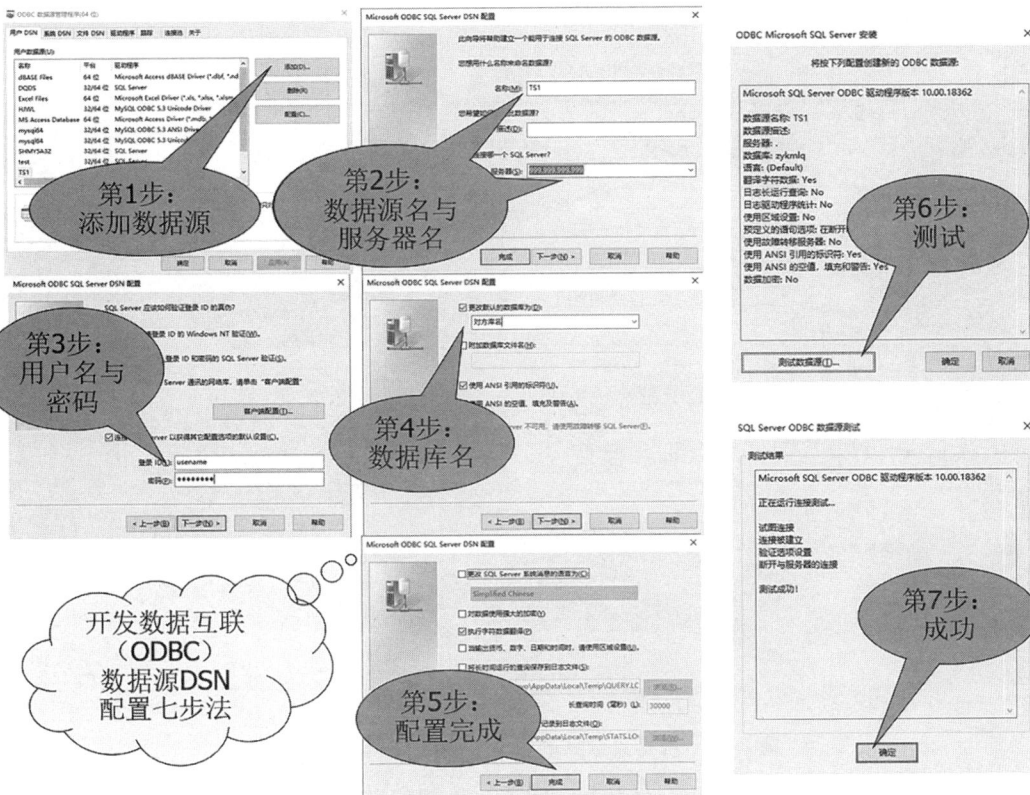

图 2-40　ODBC 数据源 TS1 的配置流程

业务登录和数据源 TS1 配置完成后，对接收格式进行设计，如图 2-41 所示进入该表单，如图 2-42 所示进行接收格式定义，并实现接收。

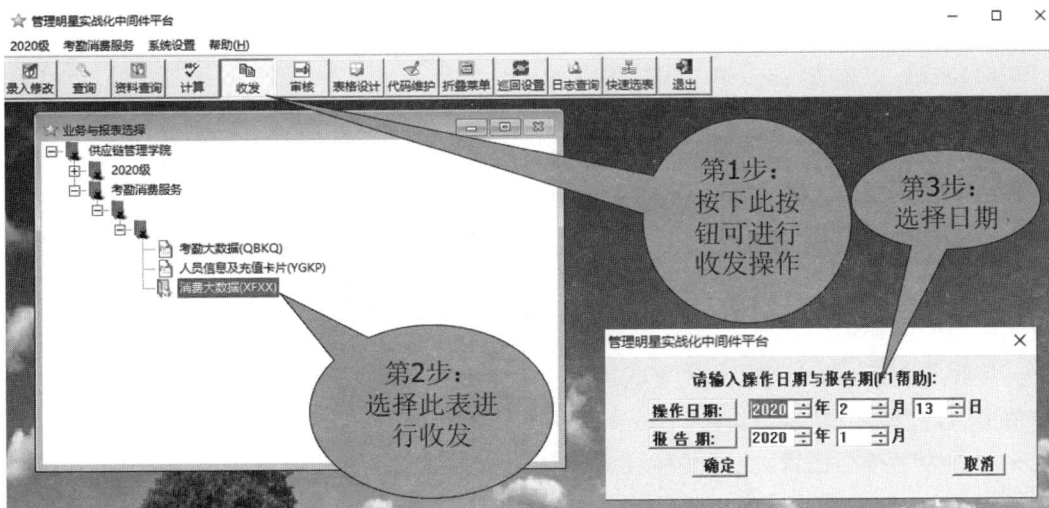

图 2-41　消费大数据的业务登录界面

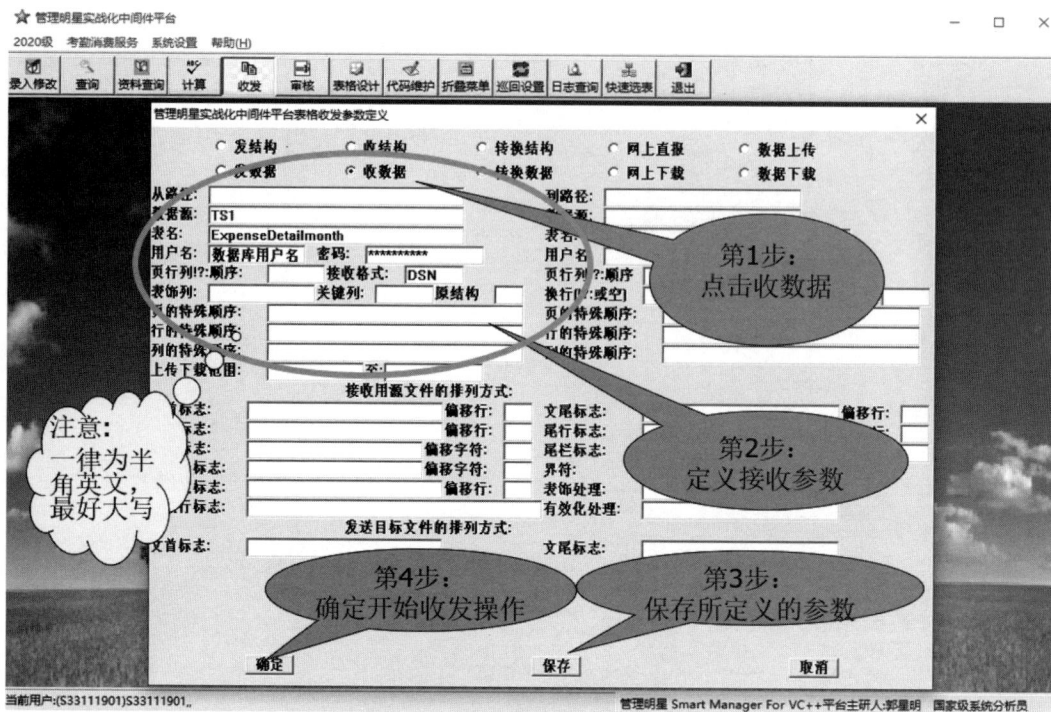

图 2-42　消费大数据的收发参数定义和接收界面

与考勤大数据接收参数不一样的是,消费大数据采用互联型数据迁移,各相关参数属性的意义如下:

(1)数据源:本例应定义为前述 ODBC 数据源 DSN 名"TS1"。

(2)表名:为确定接收的考勤消费打卡机后台数据表文件名,本例为"ExpenseDetailmonth"。

(3)用户名:数据资源连接时的用户名。

(4)密码:数据资源连接时的密码。

(5)接收格式:指数据接收迁移时的自联型(SLF)格式或者互联型(DSN)格式,本例为 DSN 格式。

定义完成并保存后,即可点击"确定",开始接收。一切正常的话,系统显示进度条开始接收数据,接收完成后会有信息予以报告,表明系统接收成功。值得注意的是,选择接收文件时必须十分慎重,一旦选择错了,那么收到一方的表格就可能全部瘫痪,造成无法挽回的损失。

接收完成后,系统会自动建立默认的规整表数据字典,默认数据字典将原表格中的数值型(含整型、双精度型、浮点型等)栏目统一归类为数值型栏目,其他非数值型栏目统一归类为字符型栏目,宽度和精度将沿用原有的定义,栏目名备注沿用数据字段名,参见表 2-8。如果需要清晰解析原表格的各个栏目并欲做出更改,可在系统需求调查阶段,了解清楚各自的栏目意义与属性,接收完成后,在本体中间件系统中予以补充定义,如图 2-43 所示。

表 2-8　数据字典：XFXX_STR，消费大数据，月报（表栏备注名已做更改）

NO	字段名	类型	宽度	精度	显示宽度	显示精度	备注
1	ID	C	38	1	12	0	考勤卡内码
2	CID	C	38	1	12	0	员工编码
3	TYPE	N	16	1	12	0	卡类型
4	NUMBER	N	16	1	12	0	员工编码2
5	MID	N	16	1	12	0	设备码
6	PAYTIMES	N	16	1	12	0	支付次数
7	OFFLINEPAYTIMES	N	16	1	12	0	离线支付
8	PATTERN	N	16	1	12	0	支付方式
9	WALLET	N	16	1	12	0	钱包
10	ORIGINALAMOUNT	N	16	3	12	2	实际金额
11	AMOUNT	N	16	3	12	2	优惠金额
12	BALANCE	N	16	3	12	2	结余
13	ISDISCOUNT	N	16	1	12	0	折扣
14	DISCOUNTRATE	N	16	1	12	0	折扣率
15	TRADEDATETIME	C	25	1	12	0	交易时间
16	TIMESTAMP	C	25	1	12	0	时间戳
17	DESCRIPTION	C	202	1	12	0	描述

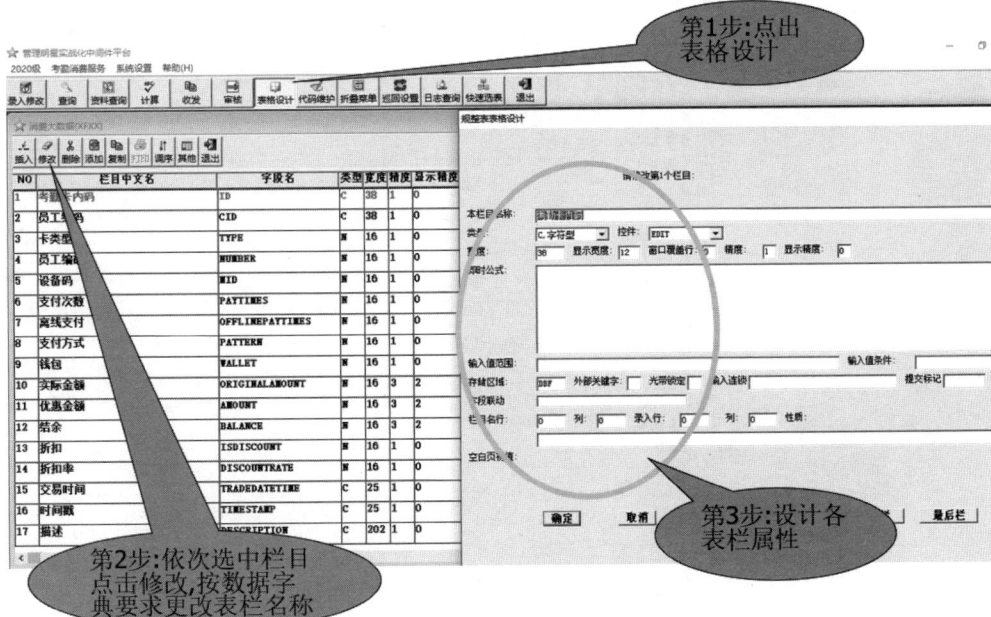

图 2-43　消费大数据表格设计（更改）界面

2.3.7 订餐汇总表表格设计

订餐汇总表表格设计是规整表的设计,它的数据字典见表 2-9。

表 2-9 数据字典:DCXX,订餐汇总表,日报

NO.	字段名	类型	宽度	精度	显示宽度	显示精度	备注
1	D006	C	36	4	20	0	部门
2	D000	C	20	4	10	0	姓名
3	D001	C	50	4	40	0	内码
4	D002	C	10	4	10	0	早餐
5	D003	N	10	4	10	0	中餐
6	D004	N	10	4	10	0	晚餐
7	D005	C	50	4	20	0	备注
8	D007	N	10	4	10	0	中餐消费情况
9	D008	N	10	4	10	0	晚餐消费情况

订餐汇总表的业务登录界面如图 2-44 所示,订餐汇总表表格设计界面如图 2-45 所示。

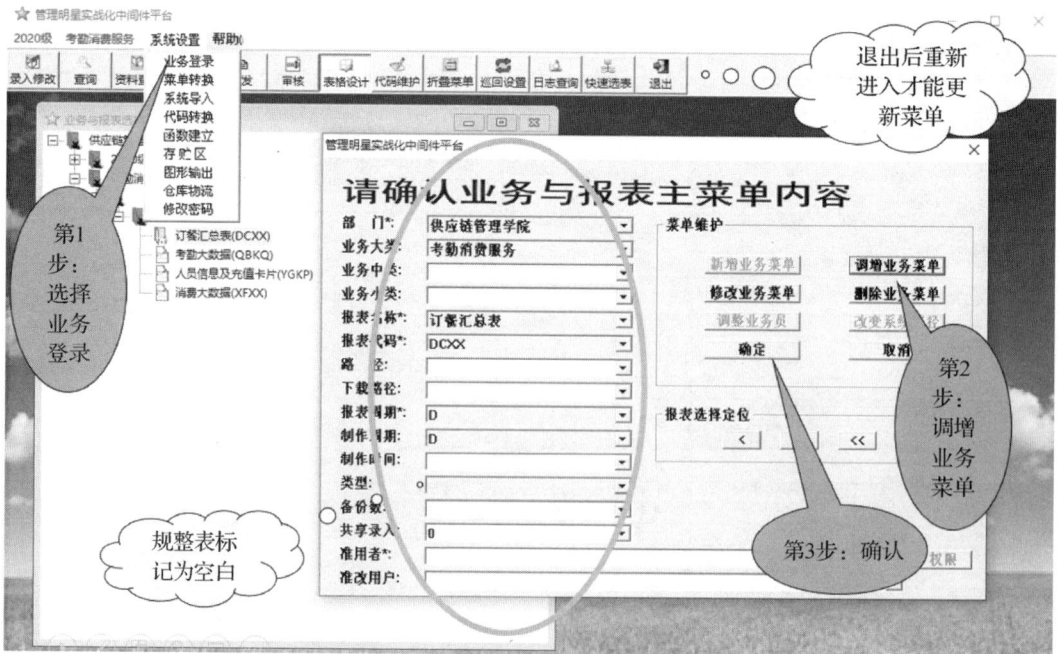

图 2-44 订餐汇总表的业务登录界面

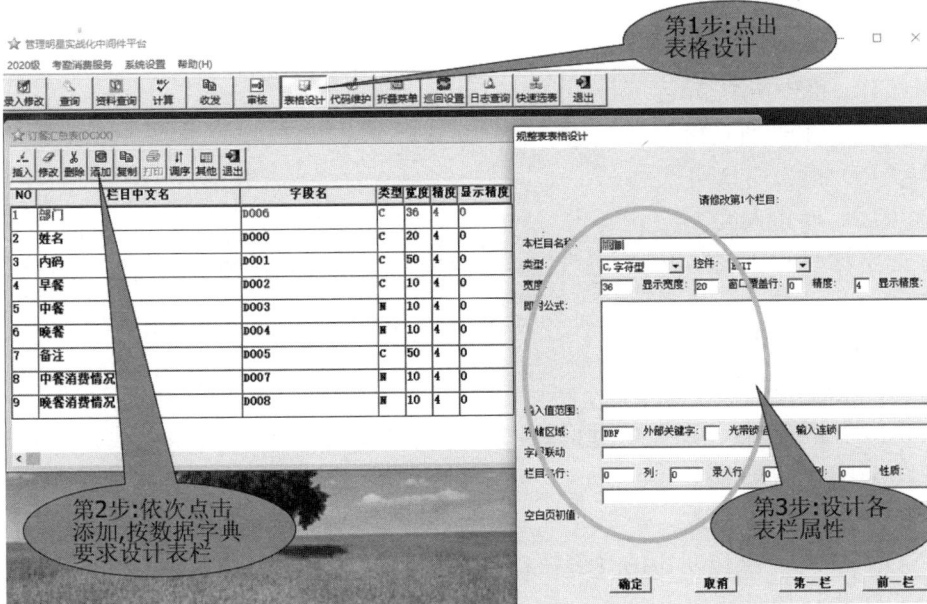

图 2-45 订餐汇总表表格设计界面

2.3.8 订餐汇总表打印设计

订餐汇总表打印设计可以在录入界面中点击"预览"进行,由于订餐汇总表的打印日期需随报表周期而发生变化,因此它在打印的表肩定义中需要采用动态时间参数,输出效果如图 2-46 所示。

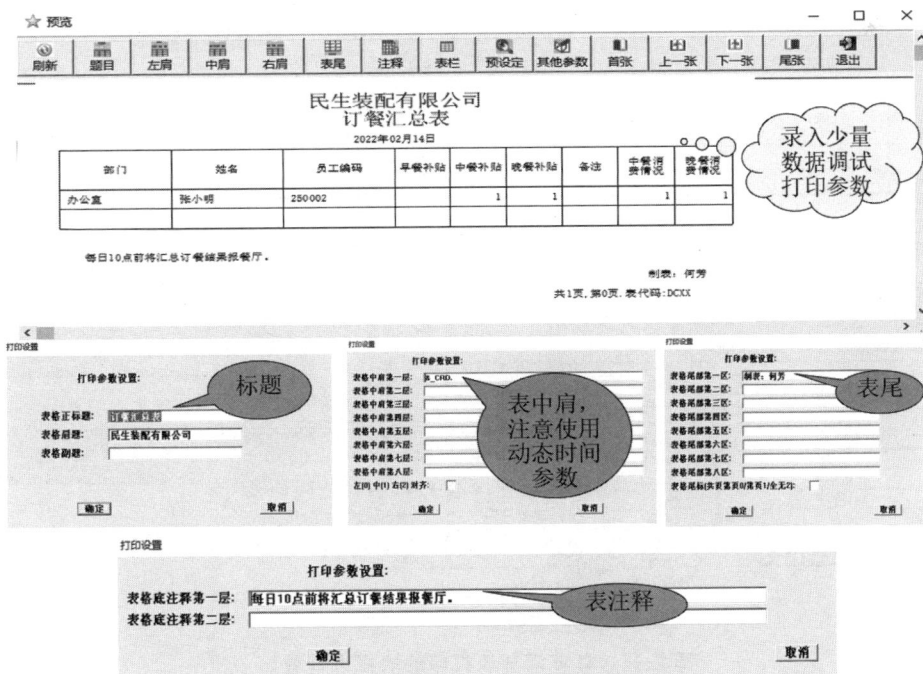

图 2-46 订餐汇总表打印的参数设计界面

常用的动态报告时间参数有：

&_CRY. 报告期年份；

&_CRS. 报告期季节；

&_CRM. 报告期月份；

&_CRD. 报告期日期；

&_CON. 操作人。

除此字符型的动态报告时间参数外，还有数值型的动态时间参数，在计算时可以嵌入应用。

_NYY:报告期年份数；

_NSS:报告季；

_NMM:本年至报告期止的月份数；

_NMD:报告期日期数；

_NOY:操作期年份数；

_NOM:本年至操作期止的月份数；

_NOD:操作期日期数。

由于早餐通常不需要订餐，因此，在实际汇总中，早餐的栏目是不需要打印的，可以将它隐含起来，并且订餐补贴和消费情况需要表栏分层次打印，其表栏的设计示例如图2-47所示。

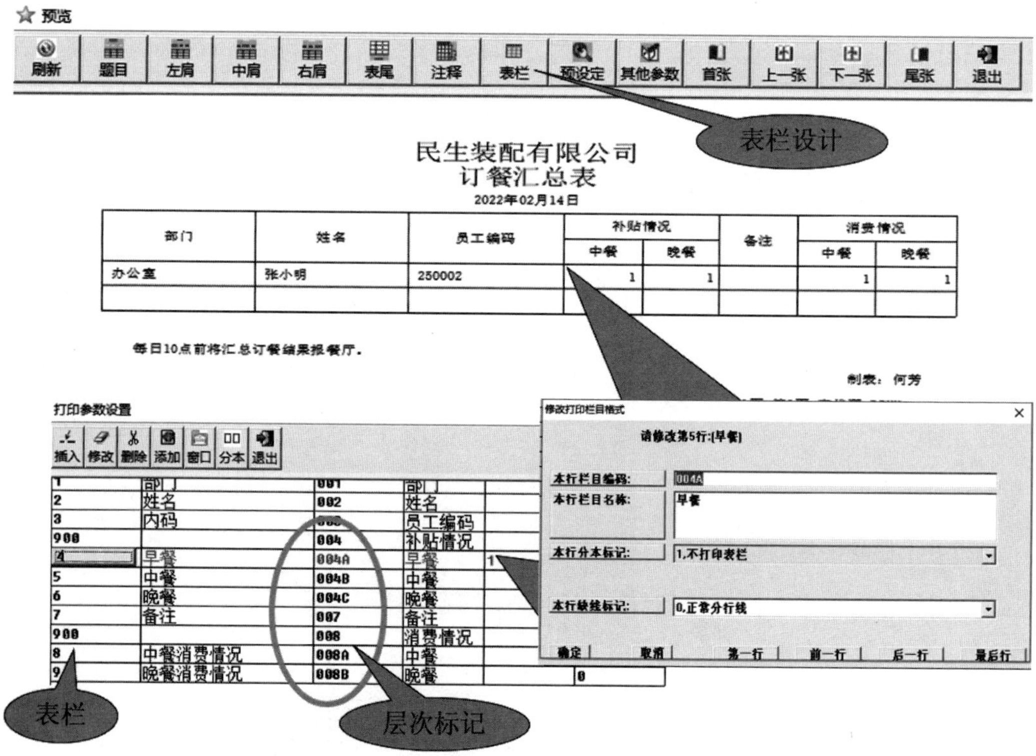

图 2-47　订餐汇总表打印的表栏设计界面

2.3.9 订餐汇总表计算设计

根据订餐汇总表的加工逻辑设计,使用功能构件表达式可以映射地如下表示,并做详细注解:

(1)清空本表原有数据(避免重复汇总)

　　　　删除命令:|Z

　　　　本表的行:{:,,:}

　　　　删除原有的全部内容:{?,:}

　　　　公式:{?,:}=|Z{?,:};(或{?,:}=|Z{:,:};)

(2)获取当日考勤中餐信息(当天上午的考勤)

　　　　誊抄拼接记录(整表取)命令:|U

　　　　当日考勤大数据信息:QBKQ00[!,?,:]

　　　　预清空:|U…! OZ;

　　　　对应关系是:

　　　　订餐汇总表:员工编码,中餐补贴

　　　　考勤大数据:员工编码,1(常量,表示凡出勤者均补贴一顿中餐)

　　　　获取中餐信息:指定当天上午,即12点前,表达式为 YEAR(CTOD(QBKQ00[?,12]))=_NYY. AND. MONTH(CTOD(QBKQ00[?,12]))=_NMM. AND. DAY(CTOD(QBKQ00[?,12]))=_NMD. AND. RIGHT(QBKQ00[?,12],2)='AM',指定中餐,即餐别为2,表达式为 QBKQ00[?,5]=2

　　　　公式:{?,:}=|UQBKQ00[?,:]! FYEAR(CTOD(QBKQ00[?,12]))=_NYY. AND. MONTH(CTOD(QBKQ00[?,12]))=_NMM. AND. DAY(CTOD(QBKQ00[?,12]))=_NMD. AND. RIGHT(QBKQ00[?,12],2)='AM'. AND. QBKQ00[?,5]=2! OZ;

　　　　条件中的对应关系是:

　　　　{?,3},{?,5}=

　　　　[?,2],1

(3)获取当日考勤晚餐信息

　　　　誊抄拼接记录(整表取)命令:|U

　　　　当日考勤大数据信息:QBKQ00[!,?,:]

　　　　与前合并:|U…! OA;

　　　　对应关系是:

订餐汇总表:员工编码,晚餐补贴

考勤大数据:员工编码,1(常量,表示凡夜班出勤者均补贴一顿晚餐)

获取晚餐信息:指定当天,表达式为 YEAR(CTOD(QBKQ00[?,12]))=_NYY. AND. MONTH (CTOD (QBKQ00 [?, 12])) = _NMM. AND. DAY (CTOD (QBKQ00 [?, 12])) = _NMD,指定晚餐,即餐别为 3,表达式为 QBKQ00[?,5]=3

公式:{?,:}=|UQBKQ00[?,,:]! FYEAR(CTOD(QBKQ00[?,12]))=_NYY. AND. MONTH (CTOD (QBKQ00 [?, 12])) = _NMM. AND. DAY (CTOD(QBKQ00[?,12]))=_NMD. AND. QBKQ00[?,5]=3! OA;

条件中的对应关系是:

{?,3},{?,6}=

[?,2],1

(4)13:00 之前消费的为中餐

誊抄拼接记录(整表取)命令:|U

当日消费大数据信息:XFXX00[!,?,:]

与前合并:|U…! OA;

对应关系是:

订餐汇总表:员工编码,中餐消费情况

消费大数据:员工编码,1(常量,表示凡有记录者均为消费了中餐)

获取中餐消费信息:指定当天 13 点前,表达式为 YEAR(CTOD(XFXX00 [?,15]))=_NYY. AND. MONTH (CTOD (XFXX00[?,15]))=_NMM. AND. DAY(CTOD(XFXX00[?,15]))=_NMD. AND. SUBSTR(XFXX00[?, 15],12,2)<13

公式:{?,:}=|UXFXX00[?,,:]! FYEAR(CTOD(XFXX00[?,15]))=_NYY. AND. MONTH (CTOD (XFXX00 [?, 15])) = _NMM. AND. DAY (CTOD(XFXX00[?,15]))=_NMD. AND. SUBSTR(XFXX00[?,15],12,2)<13! OA;

条件中的对应关系是:

{?,3},{?,8}=

[?,2],1

(5)13:00 之后消费的为晚餐

誊抄拼接记录(整表取)命令:|U

当日消费大数据信息:XFXX00[!,?,:]

与前合并:|U…! OA;

对应关系是：

订餐汇总表：员工编码,晚餐消费情况

消费大数据：员工编码,1(常量,表示凡有记录者均为消费了晚餐)

获取晚餐消费信息：指定当天 13 点（含）后,表达式为 YEAR(CTOD(XFXX00[?,15]))=_NYY. AND. MONTH(CTOD(XFXX00[?,15]))=_NMM. AND. DAY(CTOD(XFXX00[?,15]))=_NMD. AND. SUBSTR(XFXX00[?,15],12,2)>=13

公式：{?,:}=|UXFXX00[?,:]！FYEAR(CTOD(XFXX00[?,15]))=_NYY. AND. MONTH(CTOD(XFXX00[?,15]))=_NMM. AND. DAY(CTOD(XFXX00[?,15]))=_NMD. AND. SUBSTR(XFXX00[?,15],12,2)>=13

条件中的对应关系是：

{?,3},{?,9}=

[?,2],1

(6)消除考勤消费打卡机中的重复记录

消除重复：个别物联网记录有重复"抖动"现象,应当排除,用|P,|P...！OS;

关键栏目：员工编码＋中餐补贴＋晚餐补贴＋中餐消费情况＋晚餐消费情况,即{?,3}＋STR({?,5},2)＋'－'＋STR({?,6},2)＋'－'＋STR({?,8},2)＋'－'＋STR({?,9},2),STR 函数实现数值与字符的转换

公式：{?,:}=|P{?,3}＋STR({?,5},2)＋'－'＋STR({?,6},2)＋'－'＋STR({?,8},2)＋'－'＋STR({?,9},2)！OS;

(7)分员工编码进行分类汇总

按员工合并合计：按员工编码分类合计,|P...！F...！OS;

需要合计的栏目：中晚餐补贴和中晚餐消费,分别是{?,5},{?,6},{?,8},{?,9}

公式：{?,:}=|P{?,3}！F{?,5},{?,6},{?,8},{?,9}！OS;

(8)获取员工信息

跨表对应取数：|B

员工信息：YGKP00[?,:]

对应条件：员工编码相同,即本表员工编码=人员信息及充值卡片上的员工编码,也即{?,3}=YGKP00[?,7],或者 YGKP00[?,7]={?,3}

姓名与部门对应关系：本表姓名、部门＝人员信息及充值卡片上的姓名、部门，也即{?,2},{?,1}=[?,6],[?,10]

公式：{?,2}({?,2},{?,1}=[?,6],[?,10])=|BYGKP00[?,6]! FYGKP00[?,7]={?,3};

(9)删除空卡等异常记录

删除命令：|Z

本表的行：{:,:}

删除卡等异常记录：EMPTY({?,3})

公式：{?,:}=|Z{?,:}! FEMPTY({?,3});（或{?,:}=|Z{:,:}! FEMPTY({?,3});）

(10)按部门员工排序

排序（一般取键值从小到大）：|P

排序关键栏目：(本表)部门＋姓名，即{?,1}+{?,2}

公式：{?,:}=|P{?,1}+{?,2};

(11)插入合计

新增一行：|I...! OA;

标记合计：|I...! O第3栏标记"合计"A;

公式：{?,:}=|I{:,:}! O{?,3}='合计'A;

(12)计算合计

合计：|S

所有的栏目（字符型除外）都要计算：{:,:}

合计结果在最后行：{E?,:}

公式：{E?,:}=|S{:,:};

将上述公式整理，便形成表2-10的加工逻辑数据字典。在录入修改界面中点击"计算"按钮，可打开计算公式的编辑设计菜单进行设计，如图2-48所示。

表 2-10　加工逻辑字典:DCXX_JSS,订餐汇总表,日报

公式名称	公式左边	公式右边	公式条件	精度	注释
清空本表原有数据	{?,:}	|Z{?,:};		2	
获取当日考勤中餐信息(当天上午的考勤)	{?,:}	| UQBKQ00 [?,:]! FYEAR (CTOD (QBKQ00 [?, 12])) = _ NYY. AND. MONTH(CTOD(QBKQ00[?,12]))=_ NMM. AND. DAY(CTOD(QBKQ00[?, 12]))=_ NMD. AND. RIGHT(QBKQ00 [?,12],2)='AM'. AND. QBKQ00[?,5] =2! OZ;	{?,3},{?,5}= [?,2],1	2	
获取当日考勤晚餐信息	{?,:}	| UQBKQ00 [?,:]! FYEAR (CTOD (QBKQ00 [?, 12])) = _ NYY. AND. MONTH(CTOD(QBKQ00[?,12]))=_ NMM. AND. DAY(CTOD(QBKQ00[?, 12]))=_ NMD. AND. QBKQ00[?,5]= 3! OA;	{?,3},{?,6}= [?,2],1	2	
13:00 之前消费的为中餐	{?,:}	| UXFXX00 [?,:]! FYEAR (CTOD (XFXX00 [?, 15])) = _ NYY. AND. MONTH(CTOD(XFXX00[?,15]))=_ NMM. AND. DAY(CTOD(XFXX00[?, 15]))=_NMD. AND. SUBSTR(XFXX00 [?,15],12,2)<13! OA;	{?,3},{?,8}= [?,2],1	2	
13:00 之后消费的为晚餐	{?,:}	| UXFXX00 [?,:]! FYEAR (CTOD (XFXX00 [?, 15])) = _ NYY. AND. MONTH(CTOD(XFXX00[?,15]))=_ NMM. AND. DAY(CTOD(XFXX00[?, 15]))=_NMD. AND. SUBSTR(XFXX00 [?,15],12,2)>=13! OA;	{?,3},{?,9}= [?,2],1	2	
消除考勤消费打卡机中的重复记录	{?,:}	|P{?,3}+STR({?,5},2)+'-'+STR ({?,6},2)+'-'+STR({?,8},2)+'-'+ STR({?,9},2)! OS;		2	
分员工编码进行分类汇总	{?,:}	|P{?,3}! F{?,5},{?,6},{?,8},{?, 9}! OS;		2	
获取员工信息	{?,2}({?,2}, {?,1}=[?, 6],[?,10])	|BYGKP00[?,6]! FYGKP00[?,7]= {?,3};		2	
删除空卡等异常记录	{?,:}	|Z{?,:}! FEMPTY({?,3});		2	
按部门员工排序	{?,:}	|P{?,1}+{?,2};		2	
插入合计	{?,:}	|I{:,:}! O{?,3}='合计'A;		2	
计算合计	{E?,:}	|S{:,:};		2	

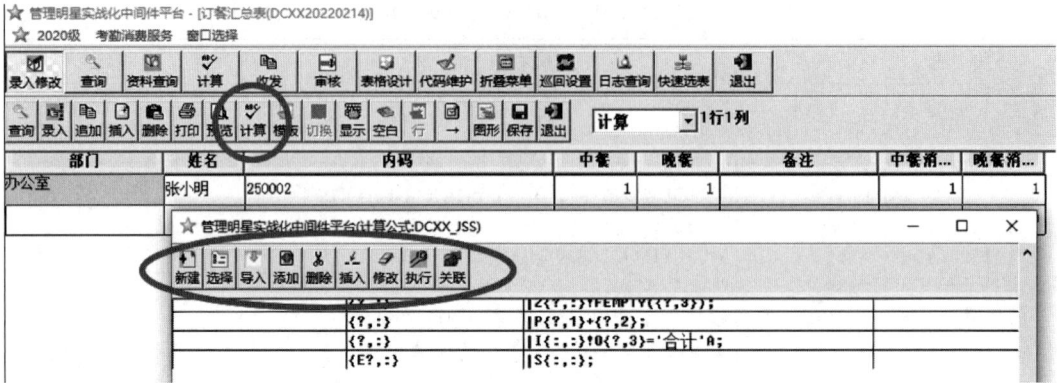

图 2-48　订餐汇总表计算公式的编辑界面

　　以第 2 行公式为例，一个计算公式的编辑（含添加、修改、插入）页面如图 2-49 所示，公式名称表示该公式的提示信息，可供开发维护人员协作共享，等式左边是被赋值的表变量，等式右边是包含常数、函数、表变量、中间件自带谓词演算命令等在内的混合算法结果，公式条件是指赋值给等式左边时需要满足的条件，有时用来表示等式左右两表的栏目对应关系，计算精度是指计算结果需要保留的小数精度，公式注释是指公式的计算、校验特性，提示信息是指校验出现等式左右不相等或者公式条件校验不满足时的提示信息。

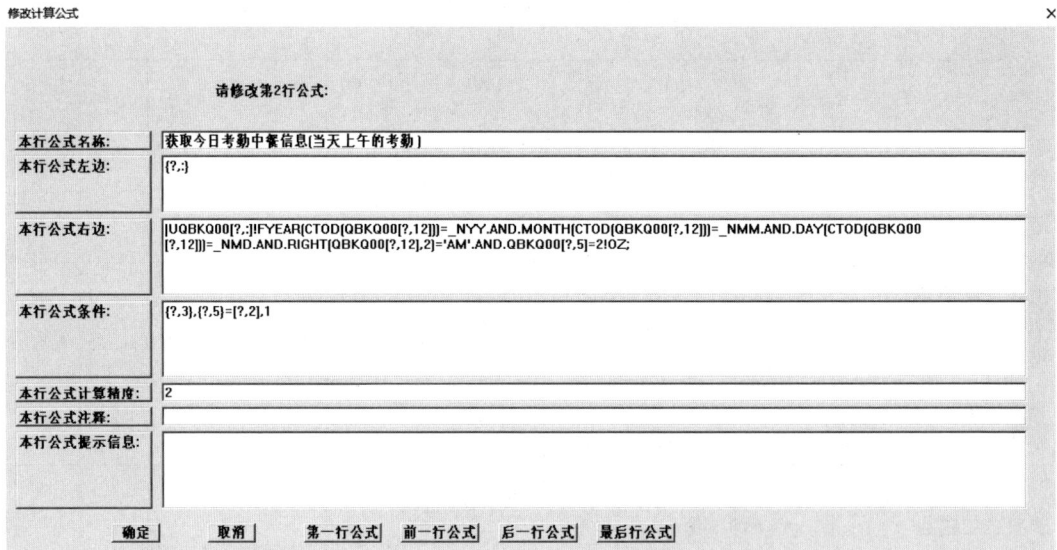

图 2-49　订餐汇总表公式编辑示例

2.3.10　月度考勤表的表格设计

　　月度考勤表表格设计是规整表的设计，它的数据字典见表 2-11。

表 2-11　数据字典：KQB1，订餐汇总表，日报

NO.	字段名	类型	宽度	精度	显示宽度	显示精度	备注
1	D000	C	20	4	20	0	部门
2	D001	C	20	4	20	0	姓名
3	D006	C	40	4	30	0	卡号
4	D002	C	20	4	20	0	日期
5	D003	C	20	4	20	0	上班时间
6	D004	C	20	4	20	0	下班时间
7	D005	C	20	4	20	0	考勤状况
8	D007	N	12	4	8	0	备注

　　月度考勤表的业务登录界面如图 2-50 所示，月度考勤表表格设计界面如图 2-51 所示。

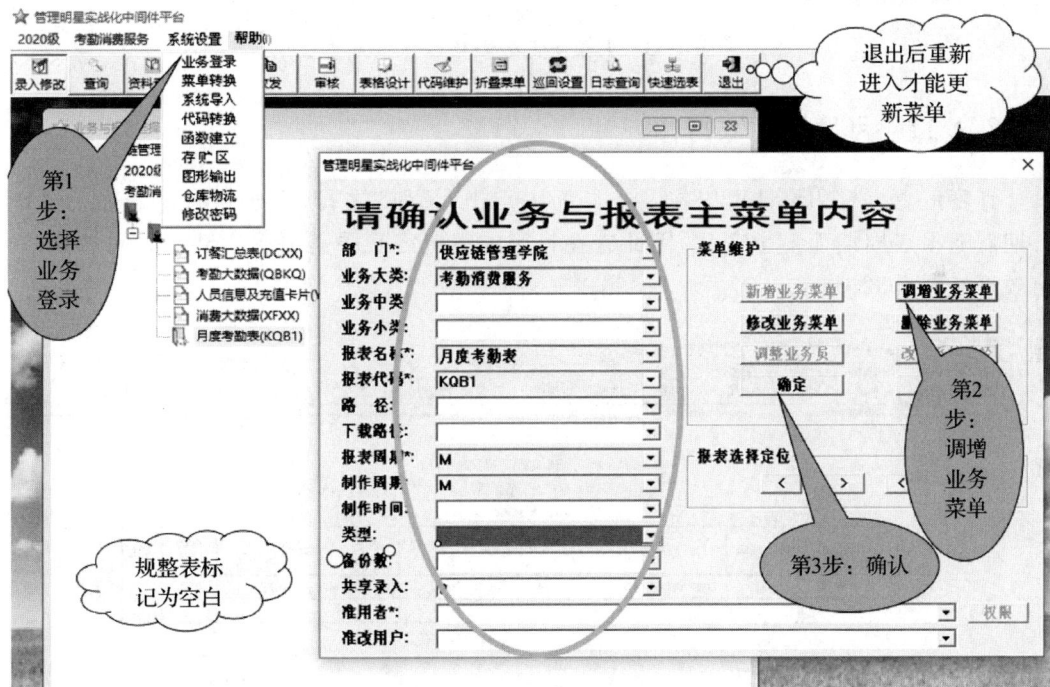

图 2-50　月度考勤表的业务登录界面

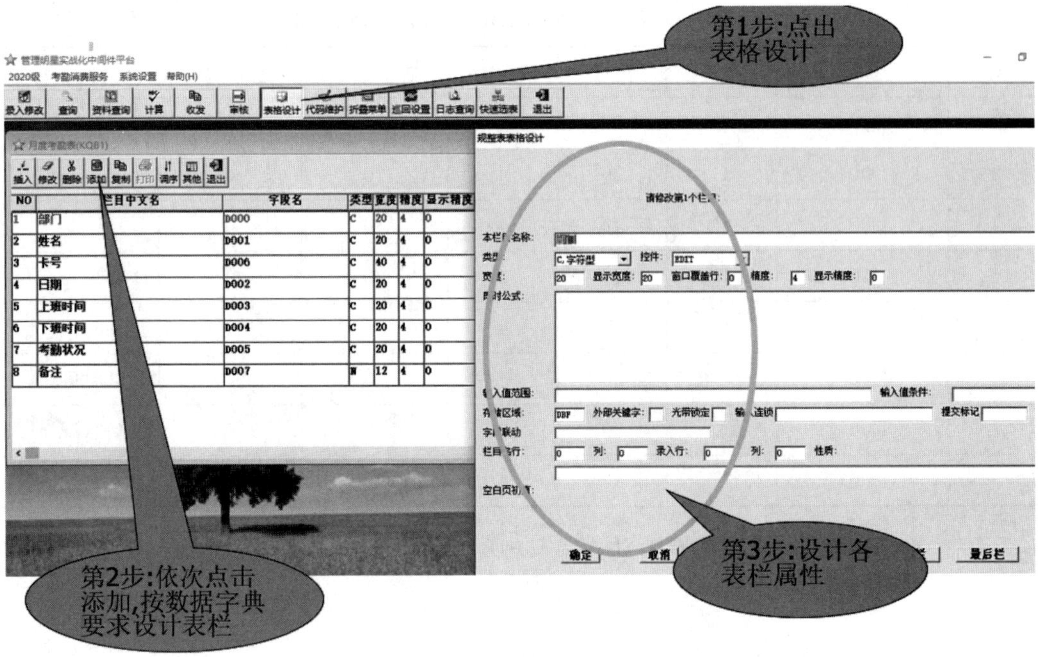

图 2-51　月度考勤表表格设计界面

2.3.11　月度考勤表打印设计

订餐汇总表打印设计可以在录入界面中点击"预览"进行,由于订餐汇总表的打印日期需随报表周期而发生变化,因此它在打印的表肩定义中需要采用动态时间参数,输出效果如图 2-52 所示。

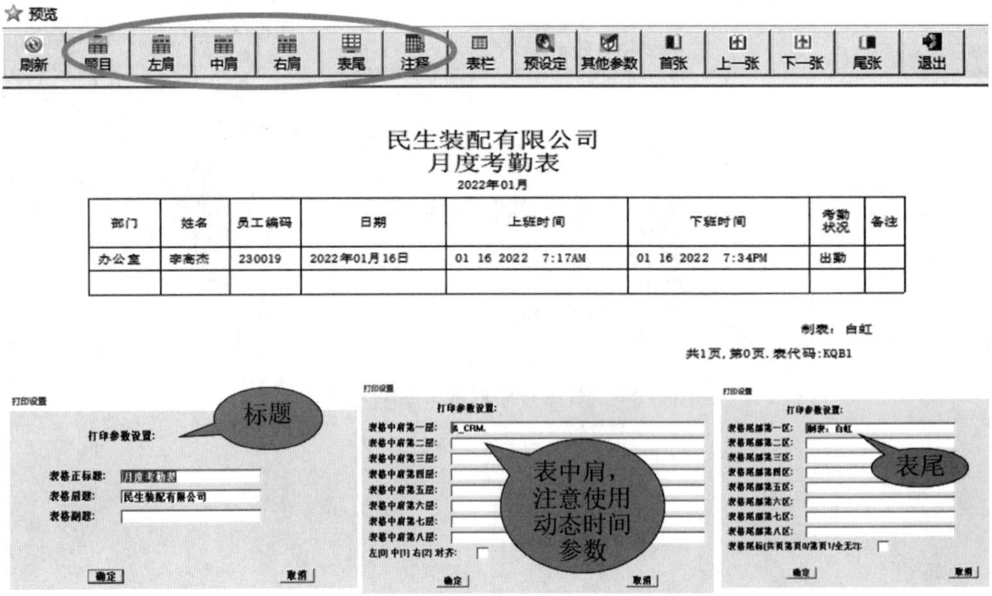

图 2-52　月度考勤表打印的参数设计界面

表中肩的 &_CRM.，是动态报告时间参数。由于员工编码有时不需要打印，因此，在实际操作中，可以将它隐含起来，并且考勤情况需要表栏分层次打印，其表栏的设计示例如图 2-53 所示。

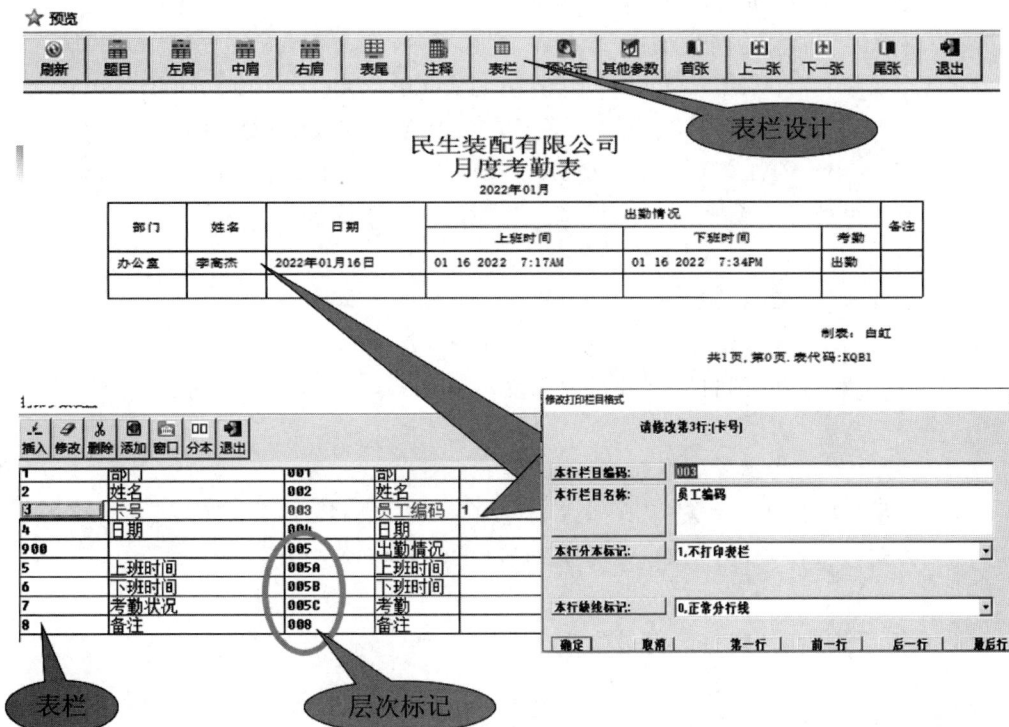

图 2-53 月度考勤表打印的表栏设计界面

2.3.12 月度考勤表计算设计

根据订餐汇总表的加工逻辑设计，使用功能构件表达式可以映射地如下表示，并做详细注解：

（1）清除原有内容

删除命令：|Z

本表的行：{:,:}

删除原有的全部内容：{?,:}

公式：{?,:}＝|Z{?,:};（或{?,:}＝|Z{:,:};）

（2）获取原始考勤大数据

誊抄拼接记录（整表取）命令：|U

当月考勤大数据信息：QBKQ00[?,:]

预清空：|U…！OZ；

对应关系是：

月度考勤表：员工编码，日期

考勤大数据：员工编码，考勤时间

获取当月信息：指定月份为当年当月，表达式为 VAL(LEFT(QBKQ00[?,12],2))=_NMM. AND. VAL(SUBSTR(QBKQ00[?,12],7,4))=_NYY

公式：{?,:}=|UQBKQ00[?,:]! FVAL(LEFT(QBKQ00[?,12],2))=_NMM. AND. VAL(SUBSTR(QBKQ00[?,12],7,4))=_NYY! OZ；

条件中的对应关系是：

{?,3},{?,4}=

[?,2],[?,12]

(3)按员工和考勤时间排序（并排除重复）

排序（一般取键值从小到大）：|P...! OS；

排序关键栏目：(本表)员工＋考勤时间，即{?,3}＋DTOC(CTOD({?,4}))

公式：{?,:}=|P{?,3}＋DTOC(CTOD({?,4}))! OS；

(4)获取下班时间（同一天内最晚）

排序（倒排时取键值从大到小）：|P...! OFS；

排序关键栏目：(本表)员工＋考勤时间，即{?,3}＋LEFT({?,4},10)，一般理解，一天中考勤两次的，前一次为上班，后一次为下班，倒排序后，下班的时间便排在了最前面。此时倘排除重复，只取第一个，相当于获得了下班时间

下班时间需要在草稿上暂存，草稿可为与本表同格式的上月表：KQB101[?,:]

公式：KQB101[?,:]=|P{?,3}＋LEFT({?,4},10)! OFS；

注释：＊,表示为暂存草稿表

(5)获取上班时间（同一天内最早）

排序（一般取键值从小到大）：|P...! OS；

排序关键栏目：(本表)员工＋考勤时间，即{?,3}＋LEFT({?,4},10)，一般理解，一天中考勤两次的，前一次为上班，后一次为下班，上班的时间排在最前面，通过排除重复，只取第一个，相当于获得了上班时间

公式：{?,:}=|P{?,3}＋LEFT({?,4},10)! OS；

(6)整理上班时间

　　赋值:将第四栏{?,4}日期上取得的上班时间,赋值到第五栏"上班时间"栏目{?,5}

　　公式:{?,5}={?,4}

(7)整理下班时间

　　跨表对应取数:|B
　　本表下班时间:{?,6}
　　草稿表上的下班时间:KQB101[?,4]
　　对应条件:员工编码相同,日期相同,即{?,3}+LEFT({?,4},10)=KQB101[?,3]+LEFT(KQB101[?,4],10)
　　公式:{?,6}=|BKQB101[?,4]! F{?,3}+LEFT({?,4},10)=KQB101[?,3]+LEFT(KQB101[?,4],10);

(8)整理下班时间为空白(漏勤)

　　本表下班时间:{?,6}
　　判定条件:上下班时间相同的,应为没有考勤,下班时间定义为空白,为区别于缺勤,此种情况定义为漏勤
　　公式:{?,6}="
　　公式条件:{?,5}={?,6}

(9)获取部门姓名

　　跨表对应取数:|B
　　员工信息:YGKP00[?,:]
　　对应条件:员工编码相同,即本表员工编码=人员信息及充值卡片上的员工编码,也即{?,3}=YGKP00[?,7],或者YGKP00[?,7]={?,3}
　　姓名与部门对应关系:本表姓名、部门=人员信息及充值卡片上的姓名、部门,也即{?,2},{?,1}=[?,6],[?,10]
　　公式:{?,2}({?,2},{?,1}=[?,6],[?,10])=|BYGKP00[?,6]! FYGKP00[?,7]={?,3};

(10)考勤情况

　　出勤情况:上班时间晚于8:30,为迟到,缺下班考勤(只有一次考勤),为漏勤,下班时间早于16:15,为早退,其余为正常出勤
　　公式:{?,7}=IIF(DTOC(CTOD({?,5}))>LEFT(DTOC(CTOD({?,

4}))),10)+'08'+CHR(58)+'30'+CHR(58)+'00','迟到','')++''+IIF({?,6}='','漏勤',IIF(DTOC(CTOD({?,6}))<LEFT(DTOC(CTOD({?,4})),10)+'16'+CHR(58)+'15'+CHR(58)+'00','早退','))

(11)整理日期为中文习惯表达

中文表达:指某年某月某日格式

公式:{?,4}=RIGHT(LEFT({?,4},10),4)+'年'+LEFT({?,4},2)+'月'+SUBSTR({?,4},4,2)+'日'

(12)按部门员工排序

排序(一般取键值从小到大):|P;

排序关键栏目:(本表)部门+员工,即{?,1}+{?,2}

公式:{?,:}=|P{?,1}+{?,2};

将上述公式整理,便形成表2-12的加工逻辑数据字典。在录入修改界面中单击"计算"按钮,可打开计算公式的编辑设计菜单进行设计,如图2-54所示。

严格来讲,上述计算公式还存在一个重大缺陷,因为所有的考勤分析均来自考勤消费打卡机的上下班考勤,一旦某位员工当天没有来考勤,意味着考勤大数据中缺乏该员工的记录信息,因此,就不会有他的"缺勤"信息,这是不符合人事管理规定的。因此还需要在之前12步计算公式的基础上,继续依据人员信息及充值卡片上的全员信息做进一步的分析与计算。

表 2-12　加工逻辑字典:DCXX_JSS,订餐汇总表,日报

公式名称	公式左边	公式右边	公式条件	精度	注释
清除原有内容	{?,:}	|Z{?,:}		2	
获取原始考勤大数据	{?,:}	|UQBKQ00[?,:]! FVAL(LEFT(QBKQ00[?,12],2))=_NMM. AND. VAL(SUBSTR(QBKQ00[?,12],7,4))=_NYY! OZ;	{?,3},{?,4}=[?,2],[?,12]	2	
按员工和考勤时间排序	{?,:}	|P{?,3}+DTOC(CTOD({?,4}))! OS;		2	
获取下班时间(同一天内最晚)	KQB101[?,:]	|P{?,3}+LEFT({?,4},10)! OFS;		2	*
获取上班时间(同一天内最早)	{?,:}	|P{?,3}+LEFT({?,4},10)! OS;		2	
整理上班时间	{?,5}	{?,4}		2	

公式名称	公式左边	公式右边	公式条件	精度	注释
整理下班时间	{?,6}	|BKQB101[?,4]! F{?,3}+LEFT({?,4},10)= KQB101[?,3]+LEFT(KQB101[?,4],10);		2	
整理下班时间 为空白(漏勤)	{?,6}	"	{?,5}={?,6}	2	
获取部门姓名	{?,2}({?,2}, {?,1}=[?,6], [?,10])	|BYGKP00[?,6]! FYGKP00[?,7]={?,3};		2	
考勤情况	{?,7}	IIF(DTOC(CTOD({?,5}))>LEFT(DTOC (CTOD({?,4})),10)+' 08'+CHR(58)+'30' +CHR(58)+'00','迟到',")++''+IIF({?,6} ="','漏勤',IIF(DTOC(CTOD({?,6}))< LEFT(DTOC(CTOD({?,4})),10)+' 16'+ CHR(58)+'15'+CHR(58)+'00','早退',"))		2	
整理日期为中 文习惯表达	{?,4}	RIGHT(LEFT({?,4},10),4)+'年'+LEFT ({?,4},2)+'月'+SUBSTR({?,4},4,2)+'日'		2	
按部门员工 排序	{?,:}	|P{?,1}+{?,2};		2	

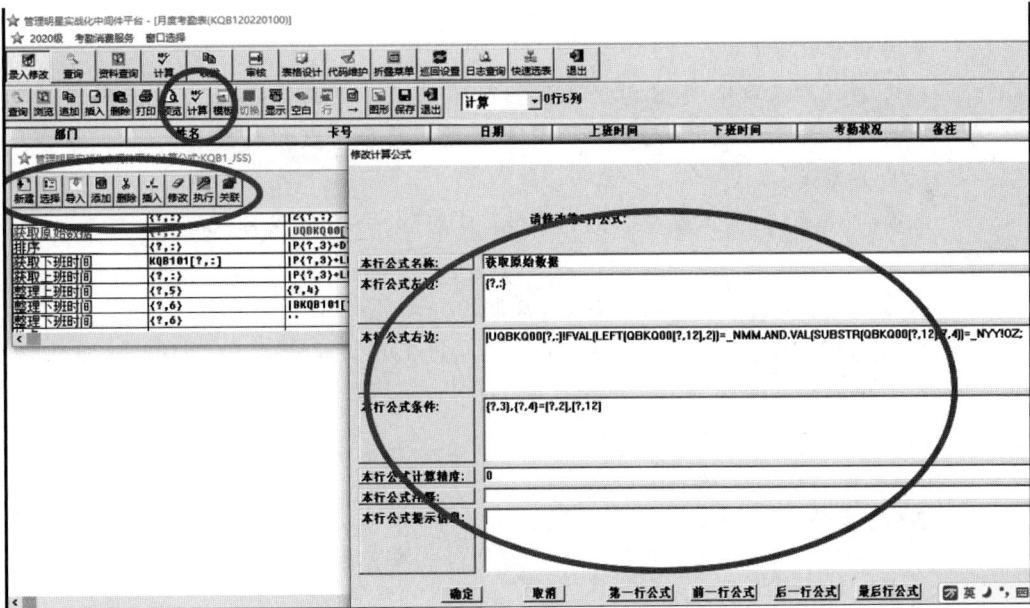

图 2-54　月度考勤表计算公式的编辑界面

(13)获取本月的上班日清单(草稿)

排序(一般取键值从小到大):|P...! OS;

排序关键栏目:(本表)日期,即{?,4}

上班日:由之前 12 步形成的上班日记录,排除重复

草稿:KQB101[?,:],备注带＊

公式:KQB101[?,:]＝|P{?,4}! OS;

(14)预备按上班日获取全员名单(草稿)

誊抄拼接记录(整表取)命令:|U…! OZ;

当月考勤日期信息:{?,4}

人员信息及充值卡片对应日期暂存:YGKP10[?,9],草稿,备注带＊

对应关系是:

人员信息及充值卡片:日期(暂存)

本表考勤大数据:日期

公式:YGKP10[?,:]＝|UKQB101[?,:]! OZ;

条件中的对应关系是:

[?,9]＝

{?,4}

(15)根据上班日获取全员名单(草稿)

誊抄拼接记录(整表取)命令:|U…! OZ;

按考勤日期获取全员信息:! OK(9),即以上一步的第 9 栏日期为依据,每一个日期匹配全员名单,形成一个日期总数＊员工总数的新列表

对应关系是:

人员卡片草稿:员工编码,部门,姓名,日期(作为关键栏目保留,倍增全员信息)

人员卡片:员工编码,部门,姓名,日期

公式:YGKP10[?,:]＝|UYGKP00[?,:]! OK(9)Z;

条件中的对应关系是:

[?,7],[?,10],[?,6],[?,9]＝

[?,7],[?,10],[?,6],[?,9]

备注:草稿,带＊

(16)整理全员全月的完整考勤花名册

誊抄拼接记录(整表取)命令:|U…! OZ;

月度考勤表草稿:KQB101[?,:]

按日期全员花名册:YGKP10[?,:]

对应关系是:

月度考勤表草稿:部门,姓名,员工编码,日期

人员卡片草稿:部门,姓名,员工编码,日期
公式:KQB101[?,:]＝|UYGKP10[?,:]！OZ;
条件中的对应关系是:
[?,1],[?,2],[?,3],[?,4]＝
[?,10],[?,6],[?,7],[?,9]
备注:草稿,带＊

(17)判断是否已经考勤

跨表对应取数:|B
本表员工考勤信息:姓名＋日期
月度考勤表草稿员工花名册信息:姓名＋日期
对应条件:本表的姓名＋日期＝月度考勤表草稿员工花名册的姓名＋日期,也即{?,2}＋{?,4}＝KQB101[?,2]＋KQB101[?,4]
判断信息:暂存于月度考勤表草稿的考勤状况栏
公式:KQB101[?,7]＝|B{?,2}！F{?,2}＋{?,4}＝KQB101[?,2]＋KQB101[?,4];
备注:草稿,带＊

(18)删除已经考勤的记录

删除命令:|Z
月度考勤表草稿:KQB101[:,:]
删除在本表中已有考勤的员工记录:月度考勤表草稿考勤状况栏不为空白
公式:KQB101[?,:]＝|ZKQB101[:,:]！F.NOT.EMPTY(KQB101[?,7]);
备注:草稿,带＊

(19)剩余未有考勤记录的即为缺勤(休息)

月度考勤表草稿考勤状况栏:KQB101[?,7]
剩余的月度考勤表草稿考勤状况值:缺勤(休息)
公式:KQB101[?,7]＝'缺勤(休息)'
备注:草稿,带＊

(20)与之前的考勤分析结果合并

誊抄拼接记录(整表取)命令:|U…！OA;
月度考勤表草稿:KQB101[?,:]

本表月度考勤表：{?,:}

对应关系是：完全对应

公式：{?,:}＝|UKQB101[?,:]! OA；

(21)按部门员工日期重新排序

排序（一般取键值从小到大）：|P

排序关键栏目：(本表)部门＋员工＋考勤日期

公式：{?,:}＝|P{?,1}＋{?,2}＋{?,4}；

至此，月度考勤分析才能获得较为满意的结果。这种精益求精的精神，是每一个职业岗位的人都应该遵守并落实到行动的。

2.4　实现(Implement)

2.4.1　人员信息及充值卡片的录入与校验

表格设计完成之后，人员信息及充值卡片便可直接操作使用，此时退回到主菜单界面后，选择人员信息及充值卡片的录入修改功能，并确定相应的操作日期和报告期后，便可进入人员信息及充值卡片的录入界面，如图 2-55 所示。

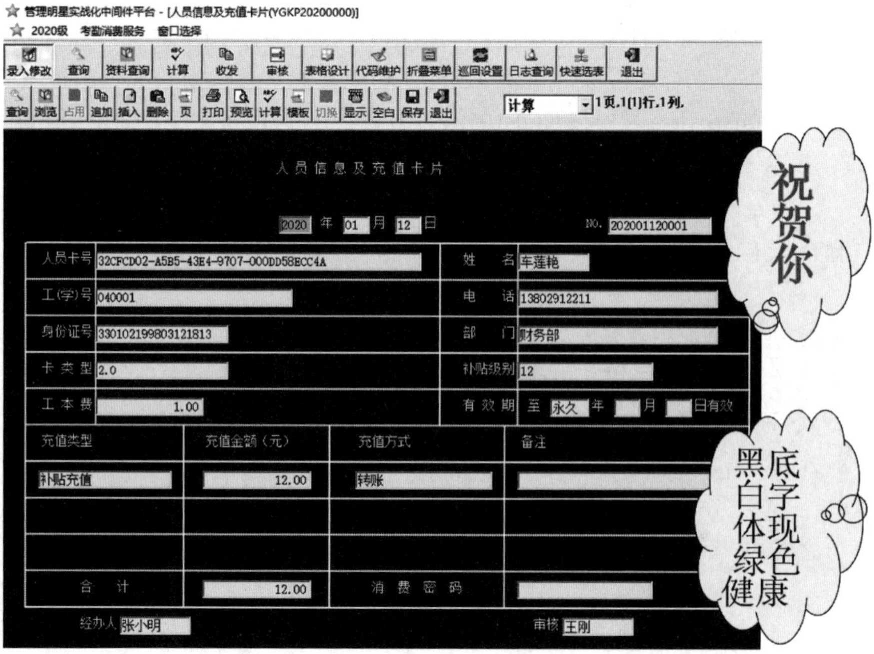

图 2-55　人员信息及充值卡片录入修改界面

　　卡片录入的操作和规整表非常相似，也要将四个状态键调整到"录入""修改""快录"中的某一个才能录入，存盘退出时也有相应的提示。刚完成的非规整表界面呈黑底白字，与一般的 WORD、EXCEL 白底黑字不同，这主要是为保护操作人员的视力，如果觉得颜色不习惯，可按图 2-56 所示进行颜色调整。

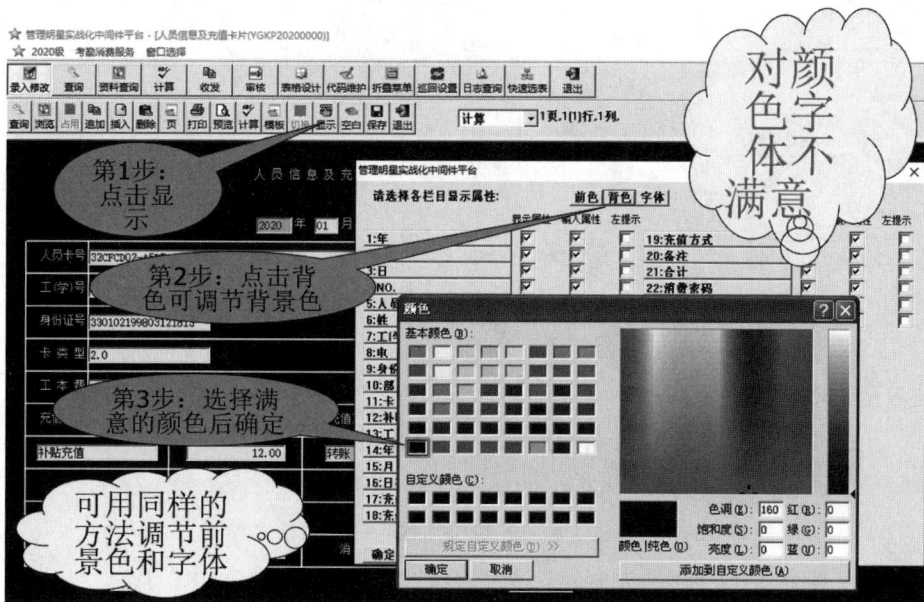

图 2-56　非规整表界面色彩的调整

　　此时完成的人员信息及充值卡片能够录入了，但对卡片的校验设计还没有完成，因为，虽然表格设计时已设置了校验文件和签名人，但校验文件的实际校验内容还需在计算公式中定义，如图 2-57 所示，欲定义校验公式，需点击"计算"按钮后，在弹出的窗口中，点击"新建"，会再弹出一窗口，在这个窗口中，定义校验的中文名和英文名，其中英文名必须和前面表格设计时规定的校验公式文件名一致，确定后，选择新定义的校验公式文件名，即可点击"添加"公式，此时又会弹出一窗口，可进行校验公式的定义。此处定义的校验公式其实是加工数据字典的一种，它包含公式名称、公式左边、公式右边、公式条件、精度、注释、提示信息等定义项，需要在图 2-57 右上方所示的窗口中逐个定义。

　　对于人员信息及充值卡片来说，需要对姓名、工（学）号的有效性（非空白）进行校验，并检查各充值合计是否正确。具体归纳成以下的需求：

　　（1）工（学）号不能为空白；

　　（2）姓名不能为空白；

　　（3）各充值金额合计正确。

　　它们对应的校验逻辑数据字典见表 2-13。其中，合计金额因为是 DBF，所以用{1,21}表示{?,21}。

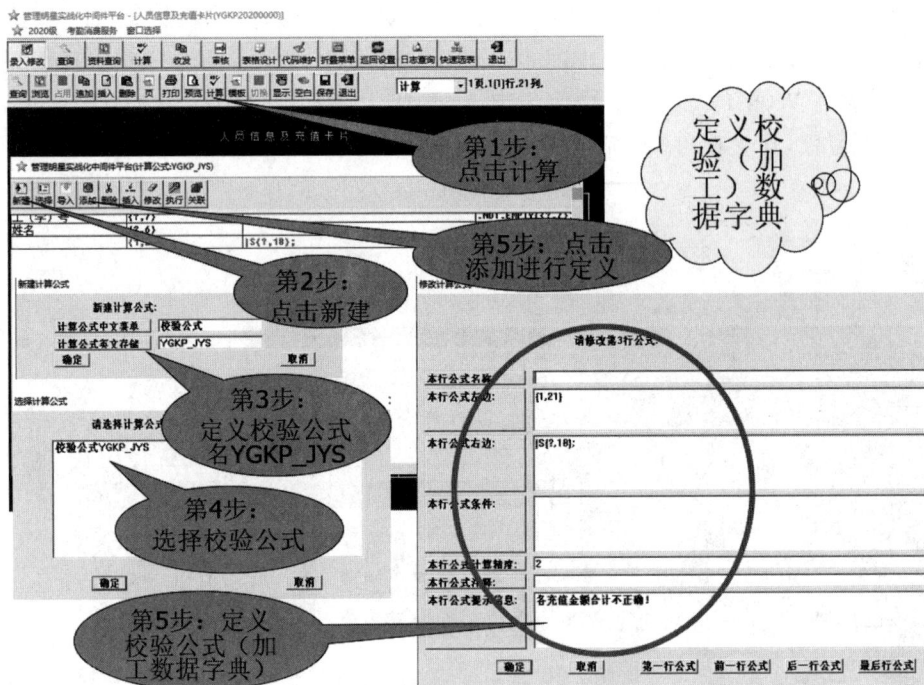

图 2-57　人员信息及充值卡片校验公式的定义界面

表 2-13　人员信息及充值卡片校验(加工)逻辑数据字典(YGKP_JYS)

公式名称	公式左边	公式右边	公式条件	精度	注释	提示信息
工(学)号	{?,7}	. NOT. EMPTY({?,7})		0		工(学)号不能为空白!
姓名	{?,6}	. NOT. EMPTY({?,6})		0		姓名不能为空白!
合计	{1,21}	|S{?,18};		2		各充值金额合计不正确!

　　一旦对校验公式定义完毕,录入凭证完成后必须按 TAB 键进行校验,不校验或校验不通过的凭证不能存盘。校验的过程以及校验不通过的警告消息如图 2-58 所示。

　　对于非规整表来说,只能经过打印输出格式定义,才能实现打印。人员信息及充值卡片的预览和打印操作,如图 2-59 所示。此时系统询问是否需要对打印参数进行修改,如果不进行修改,则点击"当前页""全部页""此后…页"即可,"钱箱"按钮是用来打印收银柜的钱箱的。

　　如果是打印,则系统开始处理数据,显示"请准备好打印机,稍等……""现在处理打印数据,请稍等……"等信息。如果打印机未准备好,系统会出现提示,要求准备好打印机或者中断打印机;如无异常现象,则打印机开始工作,非规整表就可以打印出来了。

　　在打印过程中需要临时中断打印,可按 ESC 键,系统提示"中断打印否? __F",如果是,则回答"Y",系统停止打印并退回到上一级调用菜单中去,打印机在打印完缓冲区中内容后也会自动停止。

　　图 2-59 所示界面各项参数的意义如下:

　　(1)询问打印完一张票据后是否需要暂停,是则回答 1,否则回答 0。通常选择 0,即

图 2-58　人员信息及充值卡片校验过程及出错警告消息

不暂停。

(2)询问是否分页,通常票据之间不分页。

(3)如果选择票据之间需分页,那么必须定义页长,页长以厘米方式定义。定义为 0 厘米时,表示页与页之间以连续打印纸的折褶线为界。如果希望一页打印纸中打印若干张表格,且又希望票据能避开折褶线,页长可定义为连续纸页长的整数分之一(如 1/2、1/3 等),普通打印纸一页的页长为 11 英寸,约合 27.94 厘米。

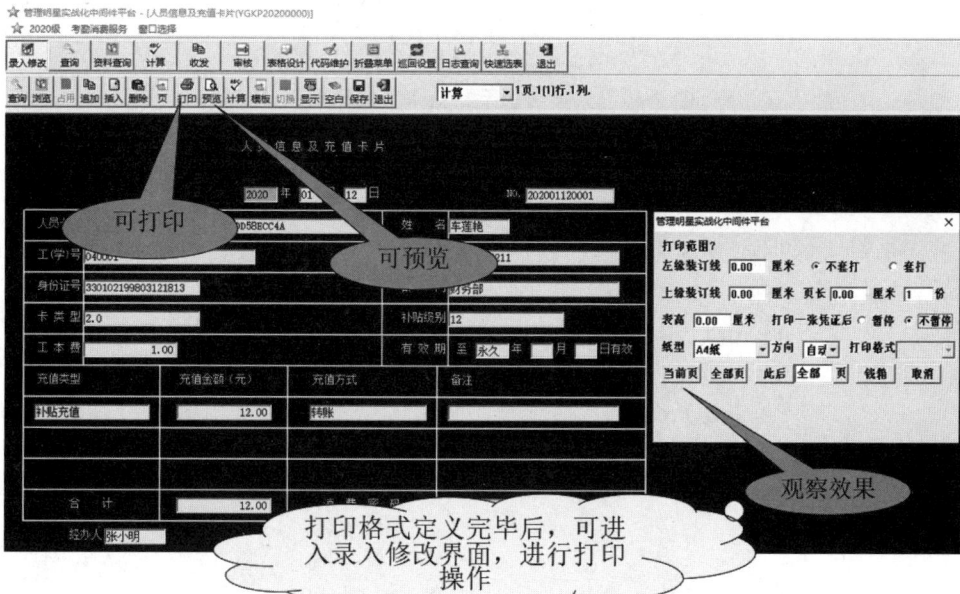

图 2-59　录入修改界面中的打印或预览操作

（4）需打印页数是指从当前页开始需打印的页数,如定义为0,则从当前页开始全部打印。

（5）一般情况下,都选择不套打,即直接将表格格式和数据内容一起打印出来。当需要在事先印制好的发票一类票据上仅打印数据内容时,就要选择套打。选择套打时,也必须事先设计好套打的格式。

（6）左边装订线空白和上边装订线空白可以定义,用来整体调整纸张版面的位置,均采用厘米定义。

（7）打印份数可以灵活设置,标注的起始页码和延续方式也可以进行定义设置,循环是指不同份的打印页码均是相同的,而延续是指不同份的打印页码均累计向后延续排,页码还可采取打印（T,Y）或不打印（F,N）。

人员信息及充值卡片打印效果如图2-60所示。

人员信息及充值卡片
2020　年01月12日　　　　　　　　　　　NO.202001120001

人员卡号	32CFCD02-A5B5-43E4-9707-000DD58ECC4A		姓名	车莲艳	
工（学）号	040001		电话	13802912211	
身份证号	330102199803121813		部门	财务部	
卡类型	2.0		补贴级别	12	
工本费（元）	1.00		有效期	至　永久　年　月　日有效	
充值类型		充值金额（元）		充值方式	备注
补贴充值		12.00		转账	
合计		12.00		消费密码	

经办人：张小明　　　　　　　　　　　　　　　　　　　　审核：王刚

打印效果

图2-60　人员信息及充值卡片打印效果

2.4.2　考勤和消费大数据

进入考勤大数据或消费大数据收发界面后,点击"收数据"按钮并确定,即可实现数据接收,接收结果如图2-61、图2-62所示。

图 2-61 考勤大数据所接收的结果

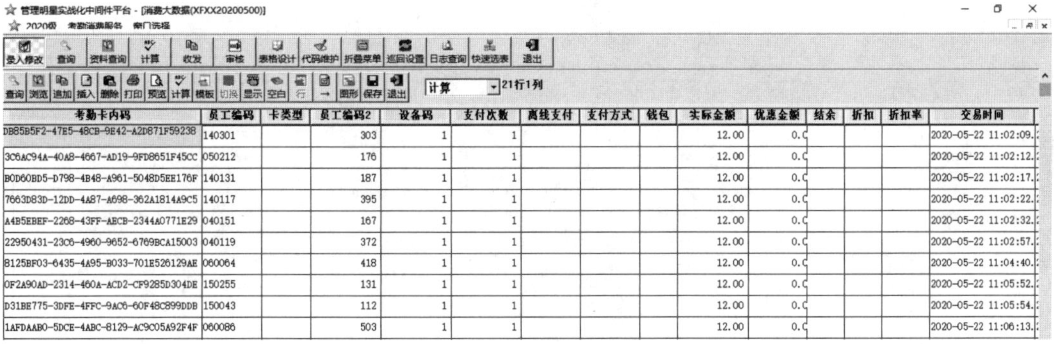

图 2-62 消费大数据所接收的结果

2.4.3 订餐汇总表生成

进入订餐汇总表录入修改界面后，按 F5 键，或点击工具栏中的"计算"按钮进入，或在录入修改界面中点击工具栏的"计算"下拉菜单选择"计算本表"即可完成计算，如图 2-63 所示。但其中录入修改界面工具栏中的"计算"按钮不对无维护权限的人开放。

图 2-63 订餐汇总表计算菜单

2.4.4 月度考勤表生成

进入月度考勤表录入修改界面后，按 F5 键，或点击工具栏中的"计算"按钮进入，或在录入修改界面中点击工具栏的"计算"下拉菜单选择"计算本表"即可完成计算，如图 2-64 所示。但其中录入修改界面工具栏中的"计算"按钮不对无维护权限的人开放。

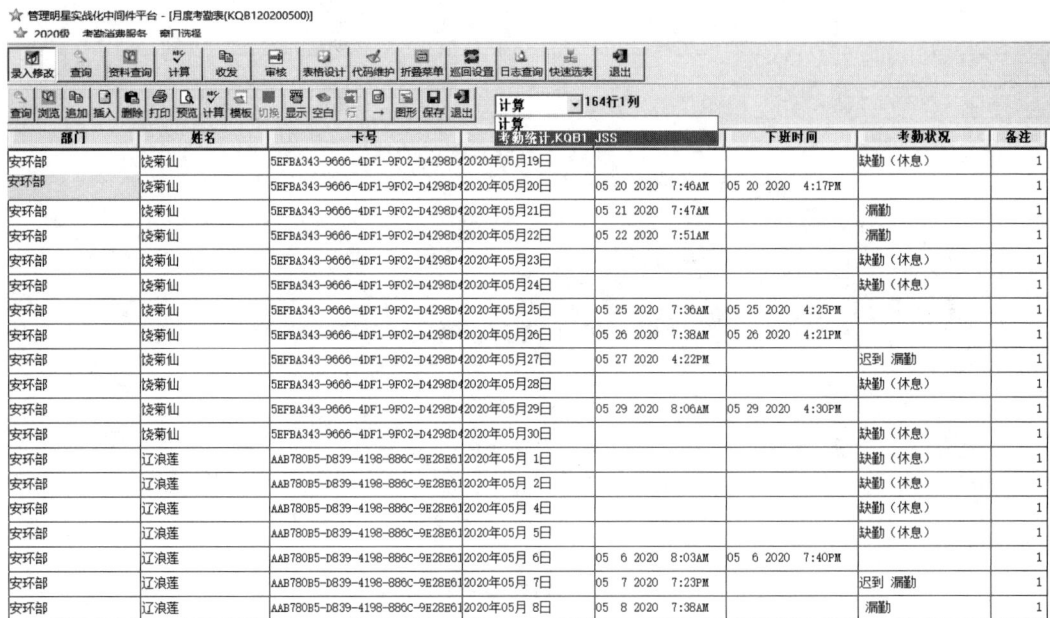

图 2-64　月度考勤表计算菜单

2.5　运作（Operate）

2.5.1　实验一：人员信息及充值卡片设计

（1）实验目的与要求

①了解考勤消费服务信息系统的时代背景、基本功能与流程。

②了解考勤消费服务信息系统开发应用的目的、任务、过程。

③掌握非规整表格设计方法。

④了解基本的单证校验处理命令。

（2）实验环境

①信息处理本体中间件平台——"管理明星"。

②给定的企业人员信息及充值卡片样张。

（3）实验课时

2 课时。

（4）实验内容

①人员信息及充值卡片格式如下：

人员信息及充值卡片

年　月　日　　　　　　　　　　　　　NO.

人员卡号		姓　　名	
工(学)号		电　　话	
身份证号		部　　门	
卡类型		补贴级别	
工本费(元)		有效期	至　　年　月　日有效

充值类型	充值金额(元)	充值方式	备注
自行充值			
补贴充值			
奖励充值			
合计		消费密码	

经办人：　　　　　　　　　　　　　　　　　　　审核：

②现有某企业 2020 年员工花名册如下：

员工编码	部门	姓名	员工编码	部门	姓名	员工编码	部门	姓名
080053	安环部	谷嫣	040338	财务部	仇淦菱	150125	油压车间	常渊傲
080076	安环部	谈善甲	040033	财务部	路姗姗	150126	油压车间	董珊珊
080089	安环部	裘涵	040020	财务部	熊寿善	150107	油压车间	谷琰铃
080098	安环部	鲍浪辽	040060	财务部	栾款	140006	开料车间	鲍萌函
030401	办公室	戎智智	040068	财务部	弓绫	140015	开料车间	艾月颢
030398	办公室	侯帆圣	110051	电子商务	谷恺	140061	开料车间	沙鼎凡
030422	办公室	段浪山	110137	电子商务	虞辽菱	140117	开料车间	熊诗丰
030331	办公室	党迪苹	110160	电子商务	路琰昂	160300	组装车间	都潘
130265	保安	屈能	060247	技术中心	刁联真	160330	组装车间	娄升
130368	保安	雷倩	060252	技术中心	饶昂娴	160320	组装车间	桑娉浪
050274	销售部	齐帆	060193	技术中心	柳肩毅	100003	外来—生产	薄百胜
050266	销售部	虞妍珊	120104	生产部	祁琰渊	100025	外来—生产	路前定
050267	销售部	栾真战	120084	生产部	饶南珏	100052	外来—生产	薄啸加
070353	销售部—成品组	缪莲贤	120081	生产部	谈灏灏	090343	外来—物流	过西猛
070411	销售部—成品组	穆铃	120075	生产部	都勇	090348	外来—物流	官园

员工编码规则为:部门编码两位＋员工编码四位,学生可以在此编码规则下,将班级同学编入此表。

③为了提高录入效率,充值类型和充值方式采用简易代码,见下表,并且合计充值金额要自动计算。

代码体系	代码	含义	代码	含义	代码	含义	代码	含义	代码	含义
充值类型	01	自行充值	02	补贴充值	03	奖励充值				
充值方式	01	现金	02	银行卡	03	微信	04	支付宝	05	转账
卡类型	2	中餐卡	3	晚餐卡						

(5)实验思考题

①人员信息及充值卡片属于规整表还是非规整表,为什么?

②请使用原型工具"管理明星"(或其他工具)设计完成人员信息及充值卡片,表代码统一为 YGKP。

③卡片录入时,希望能够完成(生成)下列值:

年

月

日

合计金额＝充值金额之和

充值类型按代码转换

充值方式按代码转换

④每一页录入完成后请校验当前页卡片录入是否正确,要求校验如下内容,校验正确后在"审核"一栏中签上自己的姓名。

根据卡片录入要求,需进行如下校验:

工(学)号不能为空白;

姓名不能为空白;

部门不能为空白;

各充值金额合计正确。

⑤按卡片录入操作的要求及考勤消费系统分析要求,请在自行设计完成的人员信息及充值卡片中录入相应的内容。(提示仅供参考)

⑥将录入的人员信息及充值卡片打印出来,要求经办人署上自己的姓名。

⑦在实训报告上写出人员信息及充值卡片的数据字典,其中要求写明即时计算公式和校验定义。

⑧在实训报告上写出校验公式的数据字典。

2.5.2 实验二:大数据接收

(1)实验目的与要求

①了解数据资源共享的现实必要性;

②了解考勤消费服务信息系统数据接收的基本功能与处理流程;

③了解考勤消费服务信息系统数据接收的目的、任务、过程;

④掌握自联型和互联型数据接收的设计与加工处理方法;

⑤实际接收若干大数据。

(2)实验环境

①信息处理本体中间件平台——"管理明星";

②某考勤消费打卡机的考勤大数据;

③某考勤消费打卡机的消费大数据。

(3)实验课时

2 课时。

(4)实验内容

①某考勤大数据为 MSSQL 库,表名 ODER00000000,格式见本章附表 1。

考勤大数据资源为结构化数据流,它的字段名及含义见下表:

NO.	字段名	类型	宽度	精度	字段含义
1	ID	C	38	1	考勤卡内码
2	CID	C	38	1	员工编码
3	MID	N	16	1	设备码
4	MIDSTR	C	202	1	卡类型
5	MEALID	N	16	1	餐别
6	PRICE	N	16	3	餐费补贴
7	ISAHEADPAY	N	16	1	预付款
8	AHEADPAYAMOUNT	N	16	3	预付总额
9	PREFERENTIALTYPE	N	16	1	优惠类型
10	PREFERENTIALAMOUNT	N	16	3	优惠金额
11	DISCOUNTRATE	N	16	1	折扣额
12	BOOKDATE	C	25	4	考勤时间
13	STATE	N	16	1	卡状态
14	TIMESTAMP	C	25	4	记录时间

②某消费大数据为 MSSQL 库,表名 Expense Detailmonth,格式见本章附表 2。消费大数据资源为结构化数据流,它的字段名及含义见下表:

NO.	字段名	类型	宽度	精度	备注
1	ID	C	38	1	考勤卡内码
2	CID	C	38	1	员工编码
3	TYPE	N	16	1	卡类型
4	NUMBER	N	16	1	员工编码2
5	MID	N	16	1	设备码
6	PAYTIMES	N	16	1	支付次数
7	OFFLINEPAYTIMES	N	16	1	离线支付
8	PATTERN	N	16	1	支付方式
9	WALLET	N	16	1	钱包
10	ORIGINALAMOUNT	N	16	3	实际金额
11	AMOUNT	N	16	3	优惠金额
12	BALANCE	N	16	3	结余
13	ISDISCOUNT	N	16	1	折扣
14	DISCOUNTRATE	N	16	1	折扣率
15	TRADEDATETIME	C	25	1	交易时间
16	TIMESTAMP	C	25	1	时间戳
17	DESCRIPTION	C	202	1	描述

附表 1　考勤大数据资源（局部）

ID	CID	MID	MID STR	MEA LID	PRICE	ISA HEAD PAY	AHEAD PAY AMOUNT	PREFEREN TIALTYPE	PREFEREN TIALAMOUNT	DISCOUNT RATE	BOOK DATE	STATE	TIME STAMP
D6068E5D-D963-49CC-89B9-ABE923679497	110295	60001	1,	2	12	0	0	1	12	0	03 30 2020 7:46AM	1	03 30 2020 7:46AM
180DFB29-BB4F-483F-9DB2-EB354C5AC0B7	080358	60001	1,	2	12	0	0	1	12	0	03 30 2020 7:47AM	1	03 30 2020 7:47AM
273CA1D8-7E35-4E84-9F33-56C9B56A4834	060064	60001	1,	2	12	0	0	1	12	0	03 30 2020 7:48AM	1	03 30 2020 7:48AM
3AA901B8-37EC-446E-8C96-6E2B9A1DC378	120113	60001	1,	2	12	0	0	1	12	0	03 30 2020 7:48AM	1	03 30 2020 7:48AM
3CA71808-76FD-4912-AF37-B6CD16BE8EE6	140122	60001	1,	2	12	0	0	1	12	0	03 30 2020 7:48AM	1	03 30 2020 7:48AM
88BC3DEA-3068-4B9A-A88D-D507AAFC88B7	140122	60001	1,	3	12	0	0	1	12	0	03 30 2020 7:48AM	1	03 30 2020 7:48AM
D39D05F2-E0A3-44F4-AFE3-02F37DE1CEF9	080053	60001	1,	2	12	0	0	1	12	0	03 30 2020 7:48AM	1	03 30 2020 7:48AM
3A2BB8C9-AA27-43A7-99CB-53C9CCA3346C	040060	60001	1,	2	12	0	0	1	12	0	03 30 2020 7:48AM	1	03 30 2020 7:48AM
1753C549-3516-4809-B7E0-9F1E1F0FFC27	070412	60001	1,	2	12	0	0	1	12	0	03 30 2020 7:49AM	1	03 30 2020 7:49AM
6C1310B5-11EA-4682-9CC8-CB387229D97B	140273	60001	1,	2	12	0	0	1	12	0	03 30 2020 7:49AM	1	03 30 2020 7:49AM
78EBF6DD-0B0D-4442-B8C5-52D8EDFABE16	060086	60001	1,	2	12	0	0	1	12	0	03 30 2020 7:49AM	1	03 30 2020 7:49AM

续表

ID	CID	MID	MID STR	MEA LID	PRI CE	ISA HEAD PAY	AHEAD PAY AMOUNT	PREFEREN TIALTYPE	PREFEREN TIALAMOUNT	DISCOUNT RATE	BOOK DATE	STA TE	TIME STAMP
8481BADD-BD3D-4DF6-8765-085A97F45B22	140071	60001	1,	2	12	0	0	1	12	0	03 30 2020 7:49AM	1	03 30 2020 7:49AM
1A87BE24-FBA5-4A34-9249-C08BBEB8FA9D	140071	60001	1,	3	12	0	0	1	12	0	03 30 2020 7:49AM	1	03 30 2020 7:49AM
5F1708D0-ADF6-4DD3-8803-A32AE88D0BE7	160079	60001	1,	2	12	0	0	1	12	0	03 30 2020 7:49AM	1	03 30 2020 7:49AM
4A6142FE-95E4-4D20-B23D-C3332BDDAA1E	140375	60001	1,	2	12	0	0	1	12	0	03 30 2020 7:49AM	1	03 30 2020 7:49AM
3AE9E2FA-A6A6-4A2D-B8B1-96E995A95027	140375	60001	1,	3	12	0	0	1	12	0	03 30 2020 7:49AM	1	03 30 2020 7:49AM
5903FF92-A304-41E4-8F2B-4F415735A62E	140155	60001	1,	2	12	0	0	1	12	0	03 30 2020 7:49AM	1	03 30 2020 7:49AM
B929F3D6-3304-4372-84C3-7473AF3F32BD	140155	60001	1,	3	12	0	0	1	12	0	03 30 2020 7:49AM	1	03 30 2020 7:49AM
5A7688FF-246B-4A36-A091-C3B4B0CBB69C	050344	60001	1,	2	12	0	0	1	12	0	03 30 2020 7:49AM	1	03 30 2020 7:49AM
84F19D9C-9C97-4DEF-87B6-402A92E034B4	040239	60001	1,	2	12	0	0	1	12	0	03 30 2020 7:49AM	1	03 30 2020 7:49AM
1B9F550B-5355-4446-B566-6C836920D650	080114	60001	1,	2	12	0	0	1	12	0	04 1 2020 7:37AM	1	04 1 2020 7:37AM
62F5CD01-1449-4F9D-84C1-B235247C85F5	040151	60001	1,	2	12	0	0	1	12	0	04 1 2020 7:37AM	1	04 1 2020 7:37AM

续表

ID	CID	MID	MID STR	MEA LID	PRI CE	ISA HEAD PAY	AHEAD PAY AMOUNT	PREFEREN TIALTYPE	PREFEREN TIALAMOUNT	DISCOUNT RATE	BOOK DATE	STA TE	TIME STAMP
161339DF-21AA-4981-90CB-5E35367E43A0	040151	60001	1,	3	12	0	0	1	12	0	04 1 2020 7:37AM	1	04 1 2020 7:37AM
C84510F3-AD44-4D32-A697-8293646272E	120017	60001	1,	2	12	0	0	1	12	0	04 1 2020 7:37AM	1	04 1 2020 7:37AM
E0922D19-515A-4D4F-BE70-C3078A301D0B	150126	60001	1,	2	12	0	0	1	12	0	04 1 2020 7:37AM	1	04 1 2020 7:37AM
83757B94-4735-4018-8AB6-CA632A7F8C52	150126	60001	1,	3	12	0	0	1	12	0	04 1 2020 7:37AM	1	04 1 2020 7:37AM
9C14DFEA-89EB-4E77-A57C-A9BBE81BA493	060252	60001	1,	2	12	0	0	1	12	0	04 1 2020 7:38AM	1	04 1 2020 7:38AM
......													

附表 2　消费大数据资源（局部）

ID	CID	TYPE	NUMBER	MID	PAY TIMES	OFFLINE PAY TIMES	PATTERN	WALLET	ORIGINAL AMOUNT	AMOUNT	BALANCE	ISDISCOUNT	DISCOUNT RATE	TRADE DATETIME	TIME STAMP	DESCRIPTION
5ABB9AEC-40B8-4576-906F-53E4FC18D2FC	150417	0	412	1	3	0	7	0	12	0	0	0	0	2020-05-25 10:56:40.690	2020-05-25 10:56:40.690	订餐消费…
4BD0C62-C8E9-4AFB-8A31-1586223C49E	060069	0	481	1	6	0	7	0	12	0	0	0	0	2020-05-29 11:14:43.047	2020-05-29 11:14:43.050	订餐消费…
162EA8A5-98D7-458C-A786-C116E93B09E8	100219	0	255	1	11	0	7	0	12	0	0	0	0	2020-05-05 16:54:16.903	2020-05-05 16:54:16.907	订餐消费…
AEB61EE6-ED4A-4443-AC15-E3B150C73B5C	040091	0	43	1	7	0	7	0	12	0	0	0	0	2020-05-07 11:23:33.223	2020-05-07 11:23:33.227	订餐消费…
904D1E78-114F-4BF0-ADC0-88F95DB71E34	100219	0	255	1	2	0	7	0	12	0	0	0	0	2020-05-12 10:55:51.667	2020-05-12 10:55:51.670	订餐消费…
F132848C-04A4-40B8-BD0A-0F7ACA8018CE	100342	0	264	1	5	0	7	0	12	0	0	0	0	2020-05-14 16:56:08.880	2020-05-14 16:56:08.880	订餐消费…
8D0D7E5D-7CF7-4B6D-8A7C-48B598A09353	160188	0	209	1	5	0	7	0	12	0	0	0	0	2020-05-19 10:53:29.960	2020-05-19 10:53:29.963	订餐消费…
CF9044DA-6A40-453C-A881-EF43C2CCEC1F	150054	0	484	1	1	0	7	0	12	0	0	0	0	2020-05-22 11:00:11.963	2020-05-22 11:00:11.967	订餐消费…
ECE9BEF4-64DA-422E-9BF0-5959B341B7A1	150125	0	194	1	1	0	7	0	12	0	0	0	0	2020-05-22 11:00:15.597	2020-05-22 11:00:15.600	订餐消费…
99EA9568-18AE-46E7-BE4D-83A5CD5BCE0D	150074	0	173	1	1	0	7	0	12	0	0	0	0	2020-05-22 11:00:28.877	2020-05-22 11:00:28.880	订餐消费…
6AC0D212-7515-423B-889F-E7EEE9EDA513	150126	0	453	1	1	0	7	0	12	0	0	0	0	2020-05-22 11:00:31.607	2020-05-22 11:00:31.610	订餐消费…
3B9D119A-5942-48EA-8609-81F5F062866A	140208	0	499	1	1	0	7	0	12	0	0	0	0	2020-05-22 11:00:35.930	2020-05-22 11:00:35.930	订餐消费…

续表

ID	CID	TYPE	NUMBER	MID	PAY TIMES	OFFLINE PAY TIMES	PATTERN	WALLET	ORIGINAL AMOUNT	AMOUNT	BALANCE	ISDISCOUNT	DISCOUNT RATE	TRADE DATETIME	TIME STAMP	DESCRIPTION
845D8C25-3468-4E5B-9F44-1732EABA2B26	140245	0	243	1	1	0	7	0	12	0	0	0	0	2020-05-22 11:00:40.897	2020-05-22 11:00:40.897	订餐消费…
23B9C9C7-F2D7-4628-B4A4-5A6C616A209F	140085	0	470	1	1	0	7	0	12	0	0	0	0	2020-05-22 11:00:46.747	2020-05-22 11:00:46.750	订餐消费…
4C0F059C-5756-4BD3-8E2B-EEE9DC873254	140264	0	405	1	1	0	7	0	12	0	0	0	0	2020-05-22 11:00:52.100	2020-05-22 11:00:52.100	订餐消费…
B517C126-8781-4AE9-B6A1-99C03855821D	120104	0	204	1	1	0	7	0	12	0	0	0	0	2020-05-22 11:01:07.570	2020-05-22 11:01:07.570	订餐消费…
34AAA9BC-2736-4A52-84CA-4891910A9D98	090058	0	403	1	2	0	7	0	12	0	0	0	0	2020-05-22 11:01:12.460	2020-05-22 11:01:12.460	订餐消费…
5BF006C9-16D2-42EA-8CB9-6FE9555BC42E	140423	0	164	1	1	0	7	0	12	0	0	0	0	2020-05-22 11:01:44.293	2020-05-22 11:01:44.297	订餐消费…
25E0B582-50B7-4EF0-912E-77EC95839F1F	140233	0	358	1	1	0	7	0	12	0	0	0	0	2020-05-22 11:01:54.220	2020-05-22 11:01:54.220	订餐消费…
……																

（5）实验思考题

①请使用原型工具"管理明星"（或其他工具）设计完成考勤大数据、消费大数据的接收，接收后形成表的表代码分别为 QBKQ 和 XFXX。

②在实训报告上分别写出自联型数据接收和互联型数据接收数据字典，要求写明源库、源表、用户名、密码、目的库和目的表。

③在实训报告上抓图写出实际接收后的结果图。

2.5.3 实验三：报表设计

（1）实验目的与要求

①了解考勤消费服务信息系统实现的重要现实意义；

②了解考勤消费服务信息系统的基本功能与处理流程；

③了解考勤消费服务信息系统开发应用的目的、任务、过程；

④掌握各类报表的设计和加工处理方法。

（2）实验环境

①管理信息系统快速原型平台——"管理明星"；

②给定的企业订餐汇总表、月度考勤表；

③相关的其他报表。

（3）实验课时

2 课时。

（4）实验内容

①现有订餐汇总表，按日汇总计算，表格样式如下：

订餐汇总表

年　月　日

部门	姓名	员工编号	早餐补贴	中餐补贴	晚餐补贴	备注	中餐消费情况	晚餐消费情况
		合计餐数						
		合计金额						
		总计金额						

制表：

②月度考勤表,按月统计计算,表格样式如下:

月度考勤表

年   月

部门	姓名	员工编码	日期	上班时间	下班时间	考勤状况	备注

制表:

③实验用的人员信息及充值卡片、考勤大数据、消费大数据等资料承本节前面实验所述。

(5)实验思考题

①请使用原型工具"管理明星"(或其他工具)设计完成订餐汇总表(表代码统一为DCXX)、月度考勤表(表代码统一为 KQB1)二表的输入格式设计及打印格式设计,并在实训报告上写出它们的数据字典,上传打印预览效果。

②请正确完成订餐汇总表计算,要求当天 12 时前(上午)考勤的中餐类卡,补贴一顿中餐,当天考勤的晚餐类卡,补贴一顿晚餐,并根据消费大数据计算当天实际消费的情况,给出合计餐数和合计金额及当天两餐总计金额,在实训报告上写出计算加工逻辑数据字典。

③请正确完成月度考勤表计算,要求将当月全部员工的正常出勤、漏勤(指只考勤刷卡一次)、缺勤情况及上下班详细考勤时间全面记录,并按部门、人员、日期顺序排列,在实训报告上写出计算加工逻辑数据字典。

④对于企业某些员工因无法按时考勤,却又需要由部门申请安排这些员工中餐或晚餐的情形,以确保这些员工的福利权益得到保障。请思考如何计算这种特殊情形下的订餐总数?(不要求编写公式,只要求用文字阐述思路)

2.6　总结(Summary)

2.6.1　信息系统分析的三要素

信息系统分析的三要素是功能模块图、业务数据流程图和数据字典。它们来自实际管理工作中业务需求的调查,以及组织机构的职能。

功能模块图是对信息系统功能的划分,通过划分,可将一个庞大的信息系统分解为若干个相对较小的子系统,分别由不同的开发小组进行开发,也分别为不同的业务人员服务,是协调不同业务管理和技术研发的重要手段。

业务数据流程图可将不同的信息载体——表格间的流转关系描述清楚,是对数据信息来源和去向的总体概括,利于不同的部门和岗位间,乃至物联网设备间,实现信息资源的共享、利用、审核和控制。

数据字典则是对具体表格的特征描述,规定了表格操作和数据生成的众多细节要求,是信息系统开发设计最直接的实现对象。

2.6.2　数据字典的管理

在信息处理本体中间件系统中,数据字典除常见的表格结构字典外,还有计算公式数据字典、校验公式数据字典、屏幕显示格式数据字典、打印格式数据字典等众多的数据字典,这些数据字典需要由系统加以统一的管理,并形成完整的系统文档,信息处理本体中间件系统已经基本实现了这些功能,它们的管理关系如图 2-65 所示。

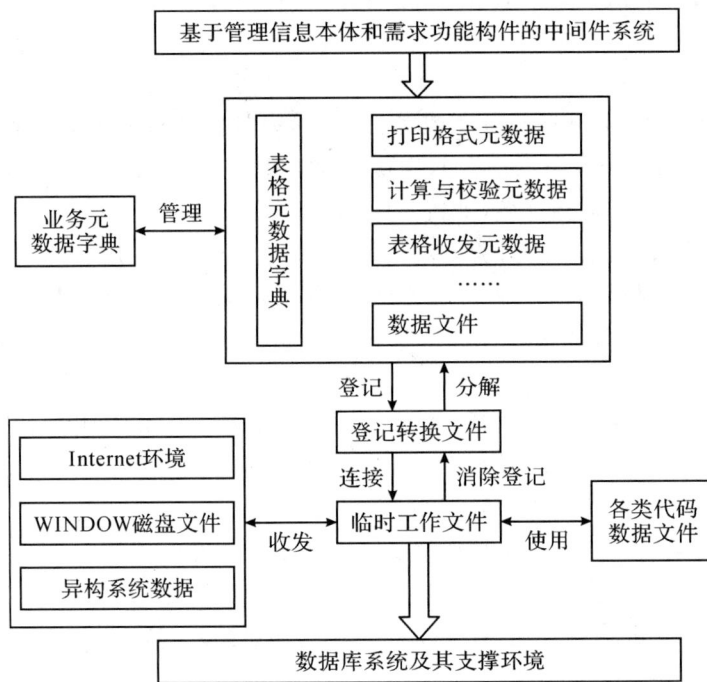

图 2-65　信息处理本体中间件系统的数据字典架构

2.6.3　需求制导

信息系统的开发实施有两种主要的实现方式:一种是技术制导,如面向函数、面向过程、面向对象等,其特征是将一种既有的软件模式视作成功的管理模式,推广实施到新的用户中;另一种是需求制导,它是以每个用户的个性化需求作为系统开发实施的最高原则,进行定制。软件即服务(SaaS),将成为未来信息系统发展的新趋势。特别是在当前数字经济时代,各类数字生态系统所形成的元宇宙空间,需求存在极大的多样性、动态性和不确定性,系统间的边界也日益模糊和交叉,在这种情况下,需求制导前提下的个性化定制已然成为制胜的法宝。

　　为了更好地实现需求制导，有必要研究各类信息处理，特别是人们依据管理需要而提出的信息处理的本质规律，尽可能地总结其本体特征，并形成与信息处理相对应的、可映射的语义体系，以便在需求描述时直接在线引用和动态组合。这就是信息处理本体中间件的核心设计理念，本章的考勤消费服务处理项目充分地展示了这一理念，也展示了这一理念的实现过程。

3 供应链服务信息系统

本章将运用信息处理本体中间件系统开发一个供应链服务信息系统,体现信息处理本体中间件系统在物流与供应链服务领域中的应用,特别是在应急物流供应链服务领域中的应用。

由于篇幅所限,从本章起,除特殊情况外,对于项目解决方案的描述不再——列举图解,有关数据字典的定义和系统的操作,请详见《全通用管理信息处理系统设计理论》《管理信息系统快速开发》等。

3.1 任务(Task)

3.1.1 业务需求

供应链问题是企事业单位和社会经济发展中普遍存在的现象,大到关系国计民生的生产资料,小到人民生活日常用品,都需要通过流通的方式从产地输送到用户手中。由于具体物品千差万别,对其性状和流程的描述也会有所不同,但它们都必须以单证、表格等形式作为载体进行表述和流转。在信息化时代,这些载体毫无例外地植入计算机,成为覆盖各行各业的物流管理信息系统,也称作供应链服务信息系统,或供应链管理信息系统。

在突如其来的 2020 年新冠病毒感染重大公共卫生事件中,全国各地各级卫生健康防疫部门、红十字会、医院,以及企业、社区、隔离点,乃至居家隔离的家庭等,都涉及大量的医疗设施物品、日常生活用品和急需救援物资的物流供应链配送服务,如何快速响应这样的物流供应链需求,实现商流、物流、资金流和信息流的四位一体,是当时压倒一切的经济任务,也是一项重大的政治任务。

很显然,在现代物质技术条件下,四位一体的商流、物流、资金流和信息流中,信息流居于重要的核心地位,其他三流离开了信息流,将茫然不知所措,失去了供应者与需求者之间的有效衔接,社会正常的生活秩序将受到极大的影响,政府的宏观决策和协调、市场的高效运作,都将失去最基本的数据支撑,最终也必然导致抗疫的失败。

在中国,由于有中国共产党的坚强领导,全国人民众志成城,迅速行动起来,政府科学决策,医护人员倾情奉献,制造和物流业企业积极投身抗疫物资的生产与流通,乡村农副产品基地努力保障城市生活供给,广大市民居家防控疫情蔓延,社区关心照顾困难群体,谱写了全社会共同抗疫的一曲浩歌,铸就了生命至上、举国同心、舍生忘死、尊重科学、命运与共的伟大抗疫精神。

在这场伟大的抗疫斗争中,各类线上的订购平台、快递平台、配送平台为抗疫物资及生活用品的供需提供了高效有力的信息传递平台,依据这类平台,工厂开足马力生产所需产品,物流企业精准高效实现配送,单位个人网上提交各类需求,政府部门据以实现宏观调控,所有这些,构成了应急状态下高效通畅的供应链服务体系,充分体现了社会主义制度的优越性,给人们最终战胜疫情注入了强大的信心和力量。

由此可见,与供应链服务体系密切关联的供应链服务信息系统是一个复杂而庞大的管理服务信息系统,其基础是为实现物流的运转而服务的。也就是说,系统首先要解决物品数量及其实物量的订制与流转,在此基础上,还要解决价值量的增值。为简便计,本章仅就实物量的供应链服务进行项目的开发与实施。

对供应链服务业来说,信息系统首先要解决市场需求的订单采集,而后通过生产技术部门,将其分解为原材料采购需求,然后按照制造流程,依次完成原材料采购入库、车间生产制造、仓库保管存储、营业部门销售出库等一系列过程,其中必然涉及信息录入、加工、存储等各个技术开发环节。这个过程中,物质的形态和特征可能会发生本质的变化,从最开始的原料形态,经车间加工后成为产品出售,企业最终实现了增值,也体现了企业的社会价值。

本项目任务案例以某市抗疫物资的生产流通为例,所涉及的供应链问题如下。

现有某市为民疫用物资组配公司,以生产疫用物资组配为主营业务,现根据抗疫需要,拟开发供应链服务信息系统,从各个部门收集的基础单证如下:

(1)生产通知单——基于社会对产品的需求量安排投产量,涉及市场、生产、仓库等部门,是非规整表,月报,样式如图 3-1 所示。

为民疫用物资组配公司生产通知单

业务员		订单号		生产编号		交货日期	年　月　日
货号	产品品名			规格		单位	投产数量

审核:　　　　　　　　　　日期:　　　　　　　　　年　月　日

图 3-1　生产通知单样式

(2)收料单——外边的材料进入公司原材料仓库,涉及供应科等部门,是非规整表,月报,样式如图 3-2 所示。

为民疫用物资组配公司收料单

供应商：　　　　　　　　　　　　年　月　日　　　　　　　　　NO.

编号	材料名称	规格	单位	数量	单价	金额	备注
合计							

仓库：　　　　　　　　　　　记账：　　　　　　　　　　　制单：

图 3-2　收料单样式

（3）领料单——公司原材料仓库进入车间，涉及原材料仓库、车间等部门，是非规整表，月报，样式如图 3-3 所示。

为民疫用物资组配公司领料单

车间：　　　　　　　　　　　　年　月　日　　　　　　　　　NO.

编号	材料名称	规格	单位	数量	备注
合计					

领料员：　　　　　　　　　　记账：　　　　　　　　　　　仓库：

图 3-3　领料单样式

（4）装配单——车间根据技术部颁布标准将原材料组配成成品，涉及技术部和车间生产部门，是非规整表，月报，样式如图 3-4 所示。

为民疫用物资组配公司装配单

年　月　日　　　　　　　　NO.

产品代码		产品名称		计量单位	
编号	材料名称	规格	单位	数量	备注
标准工时		分钟		参考价格	元

技术员：

图 3-4　装配单样式

（5）产品入库单——车间完工的成品进入成品仓库,涉及车间、成品仓库等部门,是非规整表,月报,样式如图 3-5 所示。

为民疫用物资组配公司产品入库单

车间：　　　　　　　　　　年　月　日　　　　　　　　NO.

产品代码	产品名称	报产产量	备注

车间制单：　　　　　　　　　　　　　　　　　　　　仓库：

图 3-5　产品入库单样式

（6）成品出库单——公司成品仓库的成品流向社会,涉及销售科、成品仓库等部门,是非规整表,月报,样式如图 3-6 所示。

为民疫用物资组配公司成品出库单

年　月　日　　　　　　　　　　　　　NO.

购货单位				银行账号			
地址电话				联系人			
产品代码	产品名称	规格	单位	数量	单价	金额	税率	税额
合计								
价税合计							元	

开票员：　　　　　　仓库：　　　　　　记账：　　　　　　客户：

图 3-6　成品出库单样式

基础单证录入完毕后，企业相关部门需要统计生产如下报表：

（1）采购月报——根据生产通知单需求量汇算原材料采购需求，根据收料单汇算完成采购量，涉及技术、计划、采购等部门，是规整表，月报，样式如图 3-7 所示。

为民疫用物资组配公司采购月报

年　月

原材料代码	原材料名称	上月未完成采购量	本月新增采购量	本月完成采购量	平均价格	本月采购成本	本月完成采购比例(％)	本月未完成采购量
合计								

制表日期：

图 3-7　采购月报样式

（2）原材料收发存月报——材料仓库管理进出原材料，涉及原材料仓库等部门，是规整表，月报，样式如图 3-8 所示。

为民疫用物资组配公司原材料收发存月报

年　月

材料代码	材料名称	规格	单位	上月结存			当月收入			当月领用			本月结存		
				数量	单价	金额	数量	单价	金额	数量	单价	金额	数量	单价	金额
合计															

制表日期：

图 3-8　原材料收发存月报样式

（3）车间原材料领用存月报——车间管理耗用的原材料,涉及车间等部门,是规整表,月报,样式如图 3-9 所示。

为民疫用物资组配公司车间原材料领用存月报

车间：　　　　　　　　　　年　月

材料代码	材料名称	规格	单位	上月结存数量	当月领用数量	当月耗用数量	本月结存数量
合计							

制表日期：

图 3-9　车间原材料领用存月报样式

（4）生产月报——根据生产通知单任务量及入库产量汇算完成生产任务量,涉及生产、计划、仓库等部门,是规整表,月报,样式如图 3-10 所示。

为民疫用物资组配公司生产月报

年　月

产品代码	产品名称	上月未完成生产量	本月新增需求量	本月完成生产量	本月完成生产比例（%）	本月未完成生产量
合计						

制表日期：

图 3-10　生产月报样式

（5）成品收发存月报——成品仓库管理进出的成品，涉及成品仓库等部门，是规整表，月报，样式如图 3-11 所示。

为民疫用物资组配公司成品收发存月报

年　月

产品代码	产品名称	上月结存			当月收入			当月发出			本月结存		
		数量	单价	金额	数量	单价	金额	数量	单价	金额	数量	单价	金额
合计													

制表日期：

图 3-11　成品收发存月报样式

（6）销售月报——根据生产通知单任务量及出库产量汇算完成销售月报，涉及销售、计划、仓库等部门，是规整表，月报，样式如图 3-12 所示。

为民疫用物资组配公司销售月报

年　月

产品 代码	产品 名称	上月未完成 交付量	本月新增 订单量	本月完成 交付量	本月完成 交付比例(%)	本月未完成 交付量
合计						

制表日期：

图 3-12　销售月报样式

3.1.2　功能需求

供应链服务信息系统的功能需求和其他管理信息系统一样,需要基本的输入输出、计算生成等功能：

(1)进入系统后有登录窗口,以识别和排除非法用户。

(2)合法者进入系统后,有菜单界面可以选择所需的各类单证和报表。

(3)选中相关单证后,能够进一步选定年月时期,再对其进行录入操作。

(4)录入单证时,可横向录入,也可纵向录入。横向录入指第一行从左至右录完后,另起一行再从左至右继续录入;纵向录入指第一列从上至下录完后,可追加新行继续录入。

(5)录入单证时,材料名称、产品名称可以代码转换,合计数可以自动生成,金额可以自动通过数量乘单价计算。

(6)录入单证时,新生成页的年、月、日可以直接初始化。

(7)录入完毕的单证可以选择存盘或不存盘。

(8)录入完毕退出时可选择退出或不退出。

(9)在录入的过程中,为防突然故障,可保存文件。

(10)选中相关报表后,能够进一步选定年月时期,再对其进行进一步操作。

(11)进入报表后,可进行计算操作,计算生成该表。

(12)各单证报表需要打印,分发到各关联部门岗位核对、存档。

(13)计算生成的报表可以选择存盘或不存盘。

(14)报表操作完毕退出时可选择退出或不退出。

3.2 构思(Conceive)

3.2.1 业务与数据流程

为民疫用物资组配公司供应链服务信息系统是一个简单且具有典型工作过程的业务流,它反映了抗疫物资调配过程及相关职业岗位的一些主要信息处理特点,也是信息化要解决的主要问题。根据问题描述,疫用物资组配业务数据流程图如图 3-13 所示。

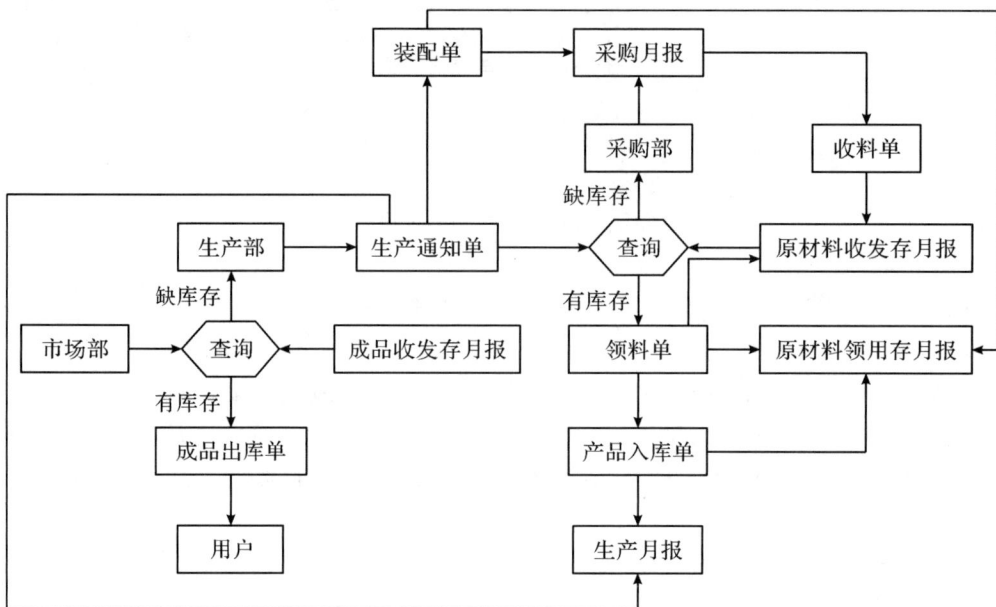

图 3-13　疫用物资组配业务数据流程图

数据流程图(又称数据流图)是描述信息系统由哪些部分组成,以及各部分之间联系的一个图形数据分析工具,数据流程图有四个要素,分别是外部项(数据源点和终点)、数据流、处理(加工)和文件。上述流程图清楚地显示了在全民抗疫大背景下,疫用物资从市场需求到按单生产、完工交库、配货发出的信息处理流程走向和关联部门,制造及流通过程中的市场总需求量、总制造量、总供应量及总库存量,可以按月甚至按日提交政府管理部门,便于其在疫情防控期间进行科学的决策。

在流程图中,装配单和生产通知单对于采购需求的分解、生产任务的完成考核、车间的投料控制均有着重要的作用,因此它们所关联的表单相对要多一些。

3.2.2 功能模块图

功能模块图是描述信息系统由哪些功能模块组成,以及各模块之间调用关系的一个树形系统分析工具。为民疫用物资组配公司供应链服务信息系统可分成四个子系统,如图 3-14 所示。其中生产计划子系统主要实现生产通知单和装配单的录入、保存、查询、检索等功能,以及生产计划的安排,原料采购子系统主要实现采购入库和原料收发存统计分析,车间统计子系统主要实现车间生产领料、投料、报产及生产月报的计算,成品库存子系统则完成成品出入库和销售月报的统计计算,为相关部门提供库存查询。

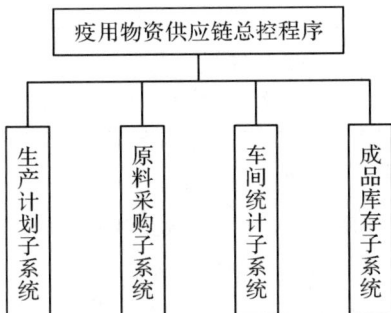

图 3-14 供应链服务信息系统功能模块图

3.2.3 数据字典构思

数据字典是描述信息系统中的数字资源(包括数据流程图中的数据流、文件、加工等)的细节,按一定次序排列的表格系统分析工具。借助信息处理本体中间件系统,可以需求制导的方式实现数据字典的定义。生产通知单、收料单、领料单、装配单、产品入库单和产品出库单相对比较复杂,特单列图示予以解构,其他各表均做简要说明。

(1)生产通知单数据字典构思。生产通知单反映了企业以市场为导向,根据订单安排产品生产,并规定了关联的订单号和交货日期。由于一个订单具有多个产品,因此,生产通知单具有一对多的非规整表存储关系,现将生产通知单各栏目的次序做图3-15所示的排列,做好标记,顺便规定这些栏目的类型、存储宽度和小数精度,以便后续的设计工作。

为民疫用物资组配公司生产通知单

业务员	[1. C(10)]	订单号	[2. C(20)]	生产编号		[3. C(20)]	交货日期	[4. C(4)]年[5. C(2)]月[6. C(2)]日
货号		产品品名			规格		单位	投产数量
[7. C(20)]	[8. C(50)]				[9. C(20)]		[10. C(10)]	[11. N(16,2)]
		此处为一对多,记 DB1						

审核: [12. C(10)]   日期: [13. C(4)] 年[14. C(2)]月[15. C(2)]日

图 3-15 生产通知单数据字典构思

(2)收料单数据字典构思。收料单由多个材料编号、名称、规格、单位、数量等组成,每个编号记录了多件材料的收库情况,具有一对多的复杂关系,其数据字典构思如图3-16所示。

为民疫用物资组配公司收料单

供应商：[1.C(20)]　　　　[2.C(4)]年[3.C(2)]月[4.C(2)]日　　　　　　NO.［5.C(20)]

编号	材料名称	规格	单位	数量	单价	金额	备注
[6.C(20)]	[7.C(80)]	[8.C(20)]	[9.C(10)]	[10.N(16.2)]	[11.N(16.2)]	[12.N(16.2)]	[13.C(50)]
		此处为一对多，记DB1					
合计				[14.N(16.2)]		[15.N(16.2)]	

仓库：[16.C(20)]　　　　　记账：[17.C(20)]　　　　　　制单：[18.C(10)]

图 3-16　收料单数据字典构思

（3）领料单数据字典构思。领料单和收料单比较类似，可以直接进行数据字典的设计定义，构思时适当考虑冗余，如图 3-17 所示。

为民疫用物资组配公司领料单

车间：[1.C(20)]　　[2.C(4)]年[3.C(2)]月[4.C(2)]日　　　　　　NO.　[6.C(20)]

编号	材料名称	规格	单位	数量	备注
[6.C(20)]	[7.C(80)]	[8.C(20)]	[9.N(16.2)]	[10.N(16.2)]	[11.C(60)]
		此处为一对多，记DB1			
合计				[12.N(16.2)]	

领料员：[13.C(10)]　　　　　记账：[14.C(10)]　　　　　　仓库：[15.C(10)]

图 3-17　领料单数据字典构思

（4）装配单数据字典构思如图 3-18 所示，也要适当考虑冗余。

为民疫用物资组配公司装配单

[1.C(4)]年[2.C(2)]月[3.C(2)]日　　　　　　NO.　[4.C(20)]

产品代码	[5.C(20)]		产品名称	[6.C(80)]	计量单位	[7.C(10)]
编号	材料名称	规格	单位	数量	备注	
[8.C(20)]	[9.C(80)]	[10.C(20)]	[11.C(10)]	[12.N(16.2)]	[13.C(50)]	
		此处为一对多，记DB1				
标准工时		[14.N(16.2)] 分钟		参考价格	[15.N(16.2)] 元	

技术员：[16.C(10)]

图 3-18　装配单数据字典构思

(5)产品入库单数据字典构思如图 3-19 所示。

为民疫用物资组配公司产品入库单

车间：[1.C(20)]　　　　[2.C(4)]年[3.C(2)]月[4.C(2)]日　　　NO. [5.C(20)]

产品代码	产品名称	报产产量	备注
[6.C(20)]	[7.C(80)]	[8.N(16.2)]	[9.C(60)]
	此处为一对多，记 DB1		

车间制单：[10.C(10)]　　　　　　　　　　仓库：[11.C(10)]

图 3-19　产品入库单数据字典构思

(6)成品出库单数据字典构思如图 3-20 所示。

为民疫用物资组配公司成品出库单

[1.C(4)]年[2.C(2)]月[3.C(2)]日　　　　　　NO. [4.C(20)]

购货单位	[5.C(100)]				银行账号	[6.C(80)]		
地址电话	[7.C(200)]				联系人	[8.C(10)]		
产品代码	产品名称	规格	单位	数量	单价	金额	税率	税额
[9.C(20)]	[10.C(80)]	[11.C(20)]	[12.C(10)]	[13.N(16.2)]	[14.N(16.2)]	[15.N(16.2)]	[16.N(8.1)]	[17.N(16.2)]
	此处为一对多，记 DB1							
合计				[18.N(16.2)]		[19.N(16.2)]		[20.N(16.2)]
价税合计					[21.N(16.2)]		元	

开票员：[22.C(10)]　　仓库：[23.C(10)]　　记账：[24.C(10)]　　客户：[25.C(10)]

图 3-20　成品出库单数据字典构思

(7)采购月报数据字典构思。采购月报是比较简单的规整表，可以直接进行数据字典的设计定义，构思时适当考虑冗余，如图 3-21 所示。

为民疫用物资组配公司采购月报

年　　月

原材料代码	原材料名称	上月未完成采购量	本月新增采购量	本月完成采购量	平均价格	本月采购成本	本月完成采购比例(%)	本月未完成采购量
[1.C(20)]	[2.C(80)]	[3.N(16.2)]	[4.N(16.2)]	[5.N(16.2)]	[6.N(16.2)]	[7.N(16.2)]	[8.N(16.2)]	[9.N(16.2)]
合计								

制表日期：

图 3-21　采购月报数据字典构思

（8）原材料收发存月报数据字典构思。原材料收发存月报是规整表，数据字典构思如图 3-22 所示。

为民疫用物资组配公司原材料收发存月报

年　月

材料代码	材料名称	规格	单位	上月结存			当月收入			当月领用			本月结存		
				数量	单价	金额	数量	单价	金额	数量	单价	金额	数量	单价	金额
[1. C(20)]	[2. C(80)]	[3. C(20)]	[4. C(10)]	[5. N(16.2)]	[6. N(16.2)]	[7. N(16.2)]	[8. N(16.2)]	[9. N(16.2)]	[10. N(16.2)]	[11. N(16.2)]	[12. N(16.2)]	[13. N(16.2)]	[14. N(16.2)]	[15. N(16.2)]	[16. N(16.2)]
合计															

制表日期：

图 3-22　原材料收发存月报数据字典构思

（9）车间原材料领用存月报数据字典构思。车间原材料领用存月报是规整表，数据字典构思如图 3-23 所示。

为民疫用物资组配公司车间原材料领用存月报

车间：　　　　　　　　　　　　　　　年　月

材料代码	材料名称	规格	单位	上月结存数量	当月领用数量	当月耗用数量	本月结存数量
[1. C(20)]	[2. C(80)]	[3. C(20)]	[4. C(10)]	[5. N(16.2)]	[6. N(16.2)]	[7. N(16.2)]	[8. N(16.2)]

制表日期：

图 3-23　车间原材料领用存月报数据字典构思

（10）生产月报数据字典构思。生产月报是规整表，数据字典构思如图 3-24 所示。

为民疫用物资组配公司生产月报

年　月

产品代码	产品名称	上月未完成生产量	本月新增需求量	本月完成生产量	本月完成生产比例（%）	本月未完成生产量
[1. C(20)]	[2. C(80)]	[3. N(16.2)]	[4. N(16.2)]	[5. N(16.2)]	[6. N(16.2)]	[7. N(16.2)]
合计						

制表日期：

图 3-24　生产月报数据字典构思

(11)成品收发存月报数据字典构思。成品收发存月报是规整表,数据字典构思如图 3-25 所示。

为民疫用物资组配公司成品收发存月报

年　　月

产品代码	产品名称	上月结存			当月收入			当月发出			本月结存		
		数量	单价	金额	数量	单价	金额	数量	单价	金额	数量	单价	金额
[1. C (20)]	[2. C (80)]	[3. N (16.2)]	[4. N (16.2)]	[5. N (16.2)]	[6. N (16.2)]	[7. N (16.2)]	[8. N (16.2)]	[9. N (16.2)]	[10. N (16.2)]	[11. N (16.2)]	[12. N (16.2)]	[13. N (16.2)]	[14. N (16.2)]
合计													

制表日期:

图 3-25　成品收发存月报数据字典构思

(12)销售月报数据字典构思。销售月报是规整表,数据字典构思如图 3-26 所示。

为民疫用物资组配公司销售月报

年　　月

产品代码	产品名称	上月未完成交付量	本月新增订单量	本月完成交付量	本月完成交付比例(%)	本月未完成交付量
[1. C(20)]	[2. C(80)]	[3. N(16.2)]	[4. N(16.2)]	[5. N(16.2)]	[6. N(16.2)]	[7. N(16.2)]
合计						

制表日期:

图 3-26　销售月报数据字典构思

3.2.4　数据加工逻辑构思

数据加工逻辑是对数字资源进行分析、整理、取舍、编排、计算的过程,由于绝大多数管理类的数字资源,其表现形态为结构化关系表,因此,广义的加工逻辑包括并、交、差、积、插入、删除、修改、投影、选择、连接和除法等谓词演算,对于具体应用来说,则有创建、记录生成、打印输出、导入导出、赋值校验、累计计数、对应取数、合并拼接、排序分类统计、新增行页、删除行页、取代码、代码转译、代码还原、循环调用等加工方法。根据本项目案例,除部分采集录入型的表单外,仅介绍若干主要表格加工逻辑的构思。

(1)采购月报的数据加工逻辑

采购月报的数据来自生产通知单和收料单,其中生产通知单上的产品投产数量,需要通过装配单分解,因此,结合信息处理本体中间件的理论和平台实际,可采用结构化语言进行映射性的描述:

①清空本表并获取上月的未完成采购量及平均价格；

②在装配单草稿上对应获取当月生产通知单上的投产数量；

③在装配单草稿上计算所需的原材料数量；

④从装配单草稿上获取本月需新采购的原材料数量；

⑤从收料单上获取采购完成的原材料数量和金额；

⑥按原材料代码分类合并新增采购量、完成采购量、采购成本（合并"歪八字"）；

⑦计算平均价格、完成采购比例及本月未完成采购量；

⑧表格最后插入合计行；

⑨计算合计。

（2）原材料收发存月报的数据加工逻辑

原材料收发存月报的数据来自收料单和领料单，可采用结构化的语言进行映射性的描述：

①清空本表并获取上月结存的数量、单价和金额；

②从收料单获取采购入库原材料的数量、单价和金额；

③从领料单获取车间领用的原材料的数量；

④按原材料代码分类合并收入数量、金额及领用原材料数量（合并"歪八字"）；

⑤加权核算本月结存的数量、金额及当月领用的金额；

⑥表格最后插入合计行；

⑦计算合计；

⑧计算上月结存、当月收入、当月领用和本月结存各平均价格。

（3）车间原材料领用存月报的数据加工逻辑

车间原材料领用存月报的数据来自领料单和经入库单分解的装配表，现采用结构化的语言进行映射性的描述：

①清空本表并获取上月结存的数量；

②从领料单获取车间领用的原材料的数量；

③在装配单草稿上对应获取当月入库单上的入库产品数量；

④在装配单草稿上计算所消耗的原材料数量；

⑤从装配单草稿上获取本月入库产量所消耗的原材料数量；

⑥按原材料代码分类合并领用、耗用原材料数量（合并"歪八字"）；

⑦计算本月结存的数量；

⑧表格最后插入合计行；

⑨计算合计。

（4）生产月报的数据加工逻辑

生产月报的数据来自生产通知单及产品入库单，可采用结构化的语言进行映射性的描述：

①清空本表并获取上月的未完成生产量；

②从生产通知单上获取新增的生产需求数量；

③从产品入库单上获取本月完工交库的产品数量；

④按产品代码分类合并新增生产需求量和完成生产量(合并"歪八字");

⑤计算完成生产比例及本月未完成生产量;

⑥表格最后插入合计行;

⑦计算合计。

(5)成品收发存月报的数据加工逻辑

成品收发存月报的数据来自产品入库单和产品出库单,可采用结构化的语言进行映射性的描述:

①清空本表并获取上月结存的数量、单价和金额;

②从产品入库单获取入库完工产品的产量;

③从产品出库单获取出库的产品数量;

④按产品代码分类合并收入数量、金额及出库数量(合并"歪八字");

⑤加权核算本月结存的数量、金额及当月出库的金额;

⑥表格最后插入合计行;

⑦计算合计;

⑧计算上月结存、当月收入、当月出库和本月结存各平均价格。

(6)销售月报的数据加工逻辑

销售月报的数据来自生产通知单及产品出库单,可采用结构化的语言进行映射性的描述:

①清空本表并获取上月的未完成交付量;

②从生产通知单上获取新增的订单需求数量;

③从产品出库单上获取本月出库交付的产品数量;

④按产品代码分类合并新增订单需求量和完成交付量(合并"歪八字");

⑤计算完成交付比例及本月未完成交付量;

⑥表格最后插入合计行;

⑦计算合计。

3.2.5　代码

对于抗疫物资来说,和所有信息对象一样,代码的设计和优化过程中,需要遵循以下几项原则:

(1)唯一性。每个代码唯一表示一个信息对象的名称。

(2)扩展性。代码结构必须能够适应信息对象集合不断扩大的需要,留有足够的位置,当扩充和更新新的信息对象时,不致引起整个代码系统的重新设计。

(3)合理性。代码编制必须合理,要与信息分类体系相适应,既要使人工使用时易于识别和记忆,又要使计算机处理时易于识别和分类处理。

(4)简单性。在不影响代码系统的容量和扩充性的情况下,代码应尽量简单,码长尽量短一点,使之易记易用,方便输入,提高效率,减少输入操作中的错误。

(5)标准化。代码设计一定要向标准化靠拢,以减少今后系统更新和维护的工作量,方便信息的交换和共享。尽量采用国家主管部门标准和行业组织标准。

(6)适用性。尽可能反映信息对象的特点,便于使用者了解和掌握,在使用时便于填写、检索,提高运行效率。

(7)规范性。代码格式、类型、组成规则要统一,代码内在逻辑性好,表意直观,便于信息处理。

(8)兼容性。在实际工作中,需要考虑使用其他组织或异构系统的代码和通用符号,使用既有的名称和代码,以便与其他组织、其他系统连接。

防疫物品代码表数据字典构思如图 3-27 所示。

为民疫用物资组配公司物品代码表

年

物品代码	物品名称	规格	计量单位	单价	备注
[1.C(20)]	[2.C(80)]	[3.C(20)]	[4.C(20)]	[5.N(16.2)]	[6.C(100)]

图 3-27 防疫物品代码表数据字典构思

以防疫物资为例,代码设计的工作可按以下步骤进行:

(1)明确代码目的。

(2)决定代码的信息对象,对所要处理的全部信息逐个进行研究分析,决定需要代码化的信息对象。

(3)分析代码对象的特性,包括代码的使用范围和期限、使用频率、变更周期、追加删除情况、输出要求等。

(4)决定代码的组成规则,确定代码结构和码长,保证代码所含信息量丰富、密集,表意直观,简单明了,并具有足够的扩充余地,能够充分满足业务处理要求。

(5)如果代码规则中采用了码元,则应先对码元逐个进行代码编制,列出码元中的信息对象名称和代码值一览表。

(6)对代码的信息对象逐个进行编制,列出对象名称和代码值一览表。

(7)汇总代码一览表及其码元一览表,写明代码组成规则,形成代码文本,规定代码管理制度,便于代码的维护和使用。

3.3 设计(Design)

3.3.1 基础单证的数据字典设计

各个基础单证的数据字典设计,可以通过信息处理本体中间件平台快速地、低代码地进行定义设计,方法见前两章,不再一一赘述,仅将设计的数据字典表呈列如此。

（1）生产通知单数据字典设计

生产通知单数据字典见表 3-1。

表 3-1　生产通知单数据字典（SCTZ，日报）

field_no 序号	fd_ccname 字段含义	field_name 字段名	field_type 类型	field_len 宽度	field_dec 精度	db_name 范式区域	fd_rec 记录数	fd_lin 间隔行数	fd_do 即时计算公式
1	业务员	D001	C	10	4	DBF	1	1	
2	订单号	D002	C	20	4	DBF	1	1	
3	生产编号	D003	C	20	4	DBF	1	1	
4	年	D004	C	4	4	DBF	1	1	
5	月	D005	C	2	4	DBF	1	1	
6	日	D006	C	2	4	DBF	1	1	
7	货号	D007	C	20	4	DB1	7	2	
8	产品名称	D008	C	50	4	DB1	7	2	|BSPDM00[?,2]! FSPDM00[?,1]={.?,7};
9	规格	D009	C	20	4	DB1	7	2	|BSPDM00[?,3]! FSPDM00[?,1]={.?,7};
10	单位	D010	C	10	4	DB1	7	2	|BSPDM00[?,4]! FSPDM00[?,1]={.?,7};
11	投产数量	D011	N	16	2	DB1	7	2	
12	审核	D012	C	10	4	DBF	1	1	
13	年	D013	C	4	4	DBF	1	1	
14	月	D014	C	2	4	DBF	1	1	
15	日	D015	C	2	4	DBF	1	1	

（2）收料单数据字典设计

收料单数据字典见表 3-2。

表 3-2　收料单数据字典（SLPZ，日报）

field_no 序号	fd_ccname 字段含义	field_name 字段名	field_type 类型	field_len 宽度	field_dec 精度	db_name 范式区域	fd_rec 记录数	fd_lin 间隔行数	fd_do 即时计算公式
1	供应商	D005	C	100	4	DBF	1	1	
2	年	D001	C	4	4	DBF	1	1	
3	月	D002	C	2	4	DBF	1	1	
4	日	D003	C	2	4	DBF	1	1	
5	NO.	D004	C	10	4	DBF	1	1	
6	编号	D010	C	20	4	DB1	8	2	

序号	fd_ccname 字段含义	field_name 字段名	field_type 类型	field_len 宽度	field_dec 精度	db_name 范式区域	fd_rec 记录数	fd_lin 间隔行数	fd_do 即时计算公式
7	材料名称	D011	C	80	4	DB1	8	2	|BSPDM00[?,2]! FSPDM00[?,1]={.?,6};
8	规格	D012	C	20	4	DB1	8	2	|BSPDM00[?,3]! FSPDM00[?,1]={.?,6};
9	单位	D015	C	10	4	DB1	8	2	|BSPDM00[?,4]! FSPDM00[?,1]={.?,6};
10	数量	D013	N	16	2	DB1	8	2	
11	单价	D016	N	16	2	DB1	8	2	
12	金额	D017	N	16	2	DB1	8	2	{?,10}＊{?,11}
13	备注	D014	C	50	2	DB1	8	2	
14	合计数量	D020	N	16	4	DBF	1	1	|S{?,10};
15	合计金额	D021	N	16	4	DBF	1	1	|S{?,12};
16	仓库	D022	C	20	4	DBF	1	1	
17	记账	D024	C	20	4	DBF	1	1	
18	制单	D025	C	10	4	DBF	1	1	

（3）领料单数据字典设计

领料单数据字典见表 3-3。

表 3-3　领料单数据字典（SLPZ，日报）

field_no 序号	fd_ccname 字段含义	field_name 字段名	field_type 类型	field_len 宽度	field_dec 精度	db_name 范式区域	fd_rec 记录数	fd_lin 间隔行数	fd_do 即时计算公式
1	车间	D005	C	100	4	DBF	1	1	
2	年	D001	C	4	4	DBF	1	1	
3	月	D002	C	2	4	DBF	1	1	
4	日	D003	C	2	4	DBF	1	1	
5	NO.	D004	C	10	4	DBF	1	1	
6	编号	D010	C	20	4	DB1	8	2	
7	材料名称	D011	C	80	4	DB1	8	2	|BSPDM00[?,2]! FSPDM00[?,1]={.?,6};
8	规格	D012	C	20	4	DB1	8	2	|BSPDM00[?,3]! FSPDM00[?,1]={.?,6};

field_no 序号	fd_ccname 字段含义	field_name 字段名	field_type 类型	field_len 宽度	field_dec 精度	db_name 范式区域	fd_rec 记录数	fd_lin 间隔行数	fd_do 即时计算公式
9	单位	D015	C	10	4	DB1	8	2	|BSPDM00[?,4]! FSPDM00[?,1]={.?,6};
10	数量	D013	N	16	2	DB1	8	2	
11	备注	D014	C	50	2	DB1	8	2	
12	合计数量	D020	N	16	4	DBF	1	1	|S{?,10};
13	领料员	D022	C	20	4	DBF	1	1	
14	记账	D024	C	20	4	DBF	1	1	
15	仓库	D025	C	10	4	DBF	1	1	

（4）装配单数据字典设计

装配单数据字典见表3-4。

表3-4 装配单数据字典（ZPPZ，年报）

field_no 序号	fd_ccname 字段含义	field_name 字段名	field_type 类型	field_len 宽度	field_dec 精度	db_name 范式区域	fd_rec 记录数	fd_lin 间隔行数	fd_do 即时计算公式
1	年	D001	C	4	4	DBF	1	1	
2	月	D002	C	2	4	DBF	1	1	
3	日	D003	C	2	4	DBF	1	1	
4	NO.	D004	C	11	4	DBF	1	1	
5	产品代码	D005	C	20	4	DBF	1	1	
6	产品名称	D016	C	50	2	DBF	8	2	|BSPDM00[?,2]! FSPDM00[?,1]={?,5};
7	计量单位	D017	C	10	2	DBF	8	2	|BSPDM00[?,4]! FSPDM00[?,1]={?,5};
8	编号	D010	C	20	4	DB1	7	2	
9	材料名称	D011	C	80	4	DB1	7	2	|BSPDM00[?,2]! FSPDM00[?,1]={.?,8};
10	规格	D012	C	20	4	DB1	7	2	|BSPDM00[?,3]! FSPDM00[?,1]={.?,8};
11	单位	D015	C	10	4	DB1	7	2	|BSPDM00[?,4]! FSPDM00[?,1]={.?,8};
12	数量	D013	N	16	2	DB1	7	2	

field_no 序号	fd_ccname 字段含义	field_name 字段名	field_type 类型	field_len 宽度	field_dec 精度	db_name 范式区域	fd_rec 记录数	fd_lin 间隔行数	fd_do 即时计算公式
13	备注	D014	C	50	2	DB1	7	2	
14	标准工时	D020	N	16	4	DBF	1	1	|S{?,10};
15	参考价格	D018	N	16	2	DBF	1	1	
16	技术员	D022	C	20	4	DBF	1	1	

（5）入库单数据字典设计

入库单数据字典见表 3-5。

表 3-5　入库单数据字典（CPRK，日报）

field_no 序号	fd_ccname 字段含义	field_name 字段名	field_type 类型	field_len 宽度	field_dec 精度	db_name 范式区域	fd_rec 记录数	fd_lin 间隔行数	fd_do 即时计算公式
1	车间	D005	C	100	4	DBF	1	1	
2	年	D001	C	4	4	DBF	1	1	
3	月	D002	C	2	4	DBF	1	1	
4	日	D003	C	2	4	DBF	1	1	
5	NO.	D004	C	10	4	DBF	1	1	
6	产品代码	D010	C	20	4	DB1	8	2	
7	产品名称	D011	C	80	4	DB1	8	2	|BSPDM00[?,2]! FSPDM00[?,1]={.?,6};
8	报产数量	D013	N	16	2	DB1	8	2	
9	备注	D014	C	50	2	DB1	8	2	
10	车间制单	D022	C	20	4	DBF	1	1	
11	仓库	D025	C	10	4	DBF	1	1	

（6）出库单数据字典设计

出库单数据字典见表 3-6。

表 3-6　出库单数据字典（CPCK，日报）

field_no 序号	fd_ccname 字段含义	field_name 字段名	field_type 类型	field_len 宽度	field_dec 精度	db_name 范式区域	fd_rec 记录数	fd_lin 间隔行数	fd_do 即时计算公式
1	年	D001	C	4	4	DBF	1	1	
2	月	D002	C	2	4	DBF	1	1	
3	日	D003	C	2	4	DBF	1	1	
4	NO.	D004	C	10	4	DBF	1	1	
5	购货单位	D005	C	100	4	DBF	1	1	
6	银行账号	D019	C	80	4	DBF	1	1	

续表

field_no 序号	fd_ccname 字段含义	field_name 字段名	field_type 类型	field_len 宽度	field_dec 精度	db_name 范式区域	fd_rec 记录数	fd_lin 间隔行数	fd_do 即时计算公式
7	地址电话	D023	C	200	4	DBF	1	1	
8	联系人	D026	C	20	4	DBF	1	1	
9	产品代码	D010	C	20	4	DB1	5	2	
10	产品名称	D011	C	80	4	DB1	5	2	|BSPDM00[?,2]! FSPDM00[?,1]={.?,9};
11	规格	D012	C	20	4	DB1	5	2	|BSPDM00[?,3]! FSPDM00[?,1]={.?,9};
12	单位	D015	C	10	4	DB1	5	2	|BSPDM00[?,4]! FSPDM00[?,1]={.?,9};
13	数量	D013	N	16	2	DB1	5	2	
14	单价	D016	N	16	2	DB1	5	2	
15	金额	D017	N	16	2	DB1	5	2	{?,13}*{?,14}
16	税率	D027	N	10	1	DB1	5	2	13
17	税额	D014	N	16	2	DB1	5	2	{?,15}*{?,16}/100
18	合计数量	D020	N	16	4	DBF	1	1	|S{?,13};
19	合计金额	D021	N	16	4	DBF	1	1	|S{?,15};
20	合计税额	D028	N	16	2	DBF	1	1	|S{?,17};
21	价税合计	D029	N	16	2	DBF	1	1	{?,19}+{?,20}
22	开票员	D025	C	20	4	DBF	1	1	
23	仓库	D030	C	20	4	DBF	1	1	
24	记账	D024	C	20	4	DBF	1	1	
25	客户	D022	C	20	4	DBF	1	1	

3.3.2 分析报表的数据字典设计

(1)采购月报数据字典设计

采购月报数据字典见表3-7。

表3-7 采购月报数据字典(CGYB,月报)

field_no 序号	fd_ccname 字段含义	field_name 字段名	field_type 类型	field_len 宽度	field_dec 精度	sfd_len 显示宽度	sfd_dec 显示精度
1	原材料代码	D000	C	20	4	20	0

field_no 序号	fd_ccname 字段含义	field_name 字段名	field_type 类型	field_len 宽度	field_dec 精度	sfd_len 显示宽度	sfd_dec 显示精度
2	原材料名称	D001	C	80	4	40	0
3	上月未完成采购量	D002	N	16	2	16	2
4	本月新增采购量	D003	N	16	2	16	2
5	本月完成采购量	D004	N	16	2	16	2
6	平均价格	D005	N	16	2	16	2
7	本月采购成本	D006	N	16	2	16	2
8	本月完成采购比例(%)	D007	N	16	2	16	2
9	本月未完成采购量	D008	N	16	2	16	2

（2）原材料收发存月报数据字典设计

原材料收发存月报数据字典见表 3-8。

表 3-8　原材料收发存月报数据字典(CLSF,月报)

field_no 序号	fd_ccname 字段含义	field_name 字段名	field_type 类型	field_len 宽度	field_dec 精度	sfd_len 显示宽度	sfd_dec 显示精度
1	材料代码	D000	C	20	4	20	0
2	材料名称	D001	C	80	4	40	0
3	规格	D002	C	20	4	20	0
4	单位	D003	C	10	4	10	0
5	上月结存数量	D004	N	16	2	16	2
6	上月结存单价	D005	N	16	2	16	2
7	上月结存金额	D006	N	16	2	16	2
8	当月收入数量	D007	N	16	2	16	2
9	当月收入单价	D008	N	16	2	16	2
10	当月收入金额	D009	N	16	2	16	2
11	当月领用数量	D010	N	16	2	16	2
12	当月领用单价	D011	N	16	2	16	2
13	当月领用金额	D012	N	16	2	16	2
14	本月结存数量	D013	N	16	2	16	2
15	本月结存单价	D014	N	16	2	16	2
16	本月结存金额	D015	N	16	2	16	2

（3）车间领用存月报数据字典设计

车间领用存月报数据字典见表 3-9。

表 3-9　车间领用存月报数据字典(LYCB,月报)

field_no 序号	fd_ccname 字段含义	field_name 字段名	field_type 类型	field_len 宽度	field_dec 精度	sfd_len 显示宽度	sfd_dec 显示精度
1	材料代码	D000	C	20	4	20	0
2	材料名称	D001	C	80	4	40	0
3	规格	D002	C	20	4	20	0
4	单位	D003	C	10	4	10	0
5	上月结存数量	D004	N	16	2	16	2
6	当月领用数量	D007	N	16	2	16	2
7	当月耗用数量	D010	N	16	2	16	2
8	本月结存数量	D013	N	16	2	16	2

(4)生产月报数据字典设计

生产月报数据字典见表 3-10。

表 3-10　生产月报数据字典(SCYB,月报)

field_no 序号	fd_ccname 字段含义	field_name 字段名	field_type 类型	field_len 宽度	field_dec 精度	sfd_len 显示宽度	sfd_dec 显示精度
1	产品代码	D000	C	20	4	20	0
2	产品名称	D001	C	80	4	40	0
3	上月未完成产量	D002	N	16	2	16	2
4	本月新增需求量	D003	N	16	2	16	2
5	本月完成生产量	D004	N	16	2	16	2
6	本月完成生产比例(%)	D007	N	16	2	16	2
7	本月未完成生产量	D008	N	16	2	16	2

(5)成品收发存月报数据字典设计

成品收发存月报数据字典见表 3-11。

表 3-11　成品收发存月报数据字典(CPYB,月报)

field_no 序号	fd_ccname 字段含义	field_name 字段名	field_type 类型	field_len 宽度	field_dec 精度	sfd_len 显示宽度	sfd_dec 显示精度
1	产品代码	D000	C	20	4	20	0
2	产品名称	D001	C	80	4	40	0
3	上月结存数量	D004	N	16	2	16	2
4	上月结存单价	D005	N	16	2	16	2
5	上月结存金额	D006	N	16	2	16	2
6	当月收入数量	D007	N	16	2	16	2

field_no 序号	fd_ccname 字段含义	field_name 字段名	field_type 类型	field_len 宽度	field_dec 精度	sfd_len 显示宽度	sfd_dec 显示精度
7	当月收入单价	D008	N	16	2	16	2
8	当月收入金额	D009	N	16	2	16	2
9	当月发出数量	D010	N	16	2	16	2
10	当月发出单价	D011	N	16	2	16	2
11	当月发出金额	D012	N	16	2	16	2
12	本月结存数量	D013	N	16	2	16	2
13	本月结存单价	D014	N	16	2	16	2
14	本月结存金额	D015	N	16	2	16	2

（6）销售月报数据字典设计

销售月报数据字典见表3-12。

表3-12　销售月报数据字典（XSYB，月报）

field_no 序号	fd_ccname 字段含义	field_name 字段名	field_type 类型	field_len 宽度	field_dec 精度	sfd_len 显示宽度	sfd_dec 显示精度
1	产品代码	D000	C	20	4	20	0
2	产品名称	D001	C	80	4	40	0
3	上月未交付产量	D002	N	16	2	16	2
4	本月新增订单量	D003	N	16	2	16	2
5	本月完成交付量	D004	N	16	2	16	2
6	本月完成交付比例（%）	D007	N	16	2	16	2
7	本月未完成交付量	D008	N	16	2	16	2

（7）物品代码表数据字典设计

物品代码表数据字典见表3-13。

表3-13　物品代码表数据字典（SPDM，年报）

field_no 序号	fd_ccname 字段含义	field_name 字段名	field_type 类型	field_len 宽度	field_dec 精度	sfd_len 显示宽度	sfd_dec 显示精度
1	物品代码	D000	C	20	1	20	0
2	物品名称	D001	C	100	1	30	0
3	规格	D002	C	20	1	12	0
4	计量单位	D003	C	10	1	10	0
5	单价	D004	N	16	2	16	2
6	备注	D005	C	100	4	20	0

3.3.3 分析报表的加工逻辑字典设计

（1）采购月报加工逻辑字典设计

采购月报加工逻辑字典，即计算公式见表 3-14。

表 3-14　采购月报计算公式（CGYB_JSS，计算菜单名：采购计划）

公式名称	公式左边	公式右边	公式条件	精度	注释
获取上月的未完成采购量	{?,:}	|UCGYB01[?,:]! OZ;	{?,1},{?,2},{?,3}＝[?,1],[?,2],[?,9]	0	
利用上一年的采购月报形成生产任务草稿	CGYB(010000)[!,?,:]	|USCTZ(0000OA－0000CA)[!,?,:]! OZ;	[?,1],[?,2],[?,3]＝[?,7],[?,8],[?,11]	0	*
合并当月生产任务	CGYB(010000)[?,:]	|PCGYB(010000)[?,1]! FALL! OS;		0	*
在装配单草稿上对应获取投产数量	ZPPZ00[?,14]	| BCGYB（010000）[?,3]! FZPPZ00[?,5]＝CGYB(010000)[?,1];		2	*
在装配单草稿上计算所需的原材料数量	ZPPZ00[!,?,12]	ZPPZ00[!,?,12]＊ZPPZ00[!,?,14]		2	*
从装配单草稿上获取本月需采购原料数量	{?,:}	|UZPPZ00[?,:]! OA;	{?,1},{?,2},{?,4}＝[?,8],[?,9],[?,12]	2	
从收料单上获取采购的原料数量和金额	{?,:}	| USLPZ（0000OA－0000CA)[?,:]! OA;	{?,1},{?,2},{?,5},{?,7}＝[?,6],[?,7],[?,10],[?,12]	2	
按原材料代码分类合并	{?,:}	|P{?,1}! FALL! OS;		2	
计算平均价格	{?,6}	{?,7}/{?,5}		2	
计算本月未完成采购量	{?,9}	{?,3}＋{?,4}－{?,5}		2	
删除冗余行	{?,:}	|Z{:,:}! FEMPTY({?,1});		0	
插入合计行	{?,:}	|I{:,:}! O{?,2}＝'合计'A;		2	
计算合计	{E?,:}	|S{:,:};		2	
计算完成采购比例	{?,8}	{?,5}＊100/({?,3}＋{?,4})		2	

（2）原材料收发存月报加工逻辑字典设计

原材料收发存月报加工逻辑字典，即计算公式见表 3-15。

表 3-15　原材料收发存月报计算公式（CLSF_JSS，计算菜单名：收发存统计）

公式名称	公式左边	公式右边	公式条件	精度	注释
获取上月结存的数量、单价和金额	{?,:}	|UCLSF01[?,:]! F. NOT. EMPTY(CLSF01 [?,1])! OZ;	{?,1},{?,2},{?,3},{?,4}, {?,5},{?,6},{?,7}=[?, 1],[?,2],[?,3],[?,4],[?, 14],[?,15],[?,16]	2	
从收料单获取原材料的数量、单价和金额	{?,:}	| USLPZ（0000OA－ 0000CA)[?,:]! OA;	{?,1},{?,2},{?,3},{?,4}, {?,8},{?,9},{?,10}=[?, 6],[?,7],[?,8],[?,9],[?, 10],[?,11],[?,12]	2	
从领料单获取原材料的数量	{?,:}	| ULLPZ（0000OA－ 0000CA)[?,:]! OA;	{?,1},{?,2},{?,3},{?,4}, {?,11}=[?,6],[?,7],[?, 8],[?,9],[?,10]	2	
按原材料代码分类合并	{?,:}	|P{?,1}! FALL! OS;		2	
本月结存的数量	{?,14}	{?,5}+{?,8}－{?,11}		2	
本月结存的金额	{?,16}	{?,14}*({?,7}+{?, 10})/({?,5}+{?,8})		2	
领用金额	{?,13}	{?,7}+{?,10}－{?,16}		2	
删除冗余行	{?,:}	|Z{:,:}! FEMPTY ({?,1});		0	
最后插入合计行	{?,:}	|I{:,:}! O{?,2}= '合计'A;		0	
计算合计	{E?,:}	|S{:,:};		2	
本月结存的单价	{?,15}	{?,16}/{?,14}		2	
领用单价	{?,12}	{?,13}/{?,11}		2	
收料单价	{?,9}	{?,10}/{?,8}		2	
上月结存单价	{?,6}	{?,7}/{?,5}		2	

（3）车间领用存月报加工逻辑字典设计

车间领用存月报加工逻辑字典，即计算公式见表 3-16。

表 3-16　车间领用存月报计算公式（LYCB_JSS，计算菜单名：领用存统计）

公式名称	公式左边	公式右边	公式条件	精度	注释
获取上月结存数量	{?,:}	| ULYCB01[?,:]! F. NOT. EMPTY（LY- CB01[?,1])! OZ;	{?,1},{?,2},{?,3},{?, 4},{?,5}=[?,1],[?,2], [?,3],[?,4],[?,8]	2	
从领料单获取领用数量	{?,:}	|ULLPZ(0000OA－0000 CA)[?,:]! OA;	{?,1},{?,2},{?,3},{?, 4},{?,6}=[?,6],[?,7], [?,8],[?,9],[?,10]	2	

公式名称	公式左边	公式右边	公式条件	精度	注释
在上年领用月报形成入库产量草稿	LYCB(010000)[?,:]	|UCPRK(0000OA−0000CA)[!,?,:]! OZ;	[?,1],[?,2],[?,5]=[?,6],[?,7],[?,8]	2	*
合并当月产量	LYCB(010000)[?,:]	| PLYCB（010000）[?,1]! FALL! OS;		2	*
装配单草稿上对应获取当月产品产量	ZPPZ00[?,14]	| BLYCB（010000）[?,5]! FZPPZ00[?,5]=LYCB(010000)[?,1];		2	*
在装配单草稿上计算所耗原材料数量	ZPPZ00[!,?,12]	ZPPZ00[!,?,12]＊ZPPZ00[!,?,14]		2	*
从装配单草稿上获取本月耗用原料数量	{?,:}	|UZPPZ00[?,:]! OA;	{?,1},{?,2},{?,3},{?,4},{?,7}=[?,8],[?,9],[?,10],[?,11],[?,12]	2	
按原材料代码分类合并	{?,:}	|P{?,1}! FALL! OS;		2	
删除冗余行	{?,:}	|Z{:,:}! FEMPTY({?,1});		0	
计算本月结存数量	{?,8}	{?,5}+{?,6}−{?,7}		2	
插入合计行	{?,:}	|I{:,:}! O{?,2}='合计'A;		0	
计算合计	{E?,:}	|S{:,:};		2	

（4）生产月报加工逻辑字典设计

生产月报加工逻辑字典，即计算公式见表 3-17。

表 3-17 生产月报计算公式(SCYB_JSS,计算菜单名:生产统计)

公式名称	公式左边	公式右边	公式条件	精度	注释
获取上月未完成生产量	{?,:}	|USCYB01[?,:]! OZ;	{?,1},{?,2},{?,3}=[?,1],[?,2],[?,7]	0	
获取新增的生产需求量	{?,:}	|USCTZ(0000OA−0000CA)[?,:]! OA;	{?,1},{?,2},{?,4}=[?,7],[?,8],[?,11]	0	
获取本月完工交库产品数量	{?,:}	|UCPRK(0000OA−0000CA)[?,:]! OA;	{?,1},{?,2},{?,5}=[?,6],[?,7],[?,8]	2	
按产品代码分类合并生产量	{?,:}	|P{?,1}! FALL! OS;		2	
计算本月未完成生产量	{?,7}	{?,3}+{?,4}−{?,5}		2	
删除冗余行	{?,:}	|Z{:,:}! FEMPTY({?,1});		0	
插入合计行	{?,:}	|I{:,:}! O{?,2}='合计'A;		0	

公式名称	公式左边	公式右边	公式条件	精度	注释
计算合计	{E?,:}	|S{:,:};		2	
计算完成生产比例	{?,6}	{?,5} * 100/({?,3}+{?,4})		2	

（5）成品收发存月报加工逻辑字典设计

成品收发存月报加工逻辑字典，即计算公式见表3-18。

表 3-18　成品收发存月报计算公式（CPYB_JSS，计算菜单名：成品收发存统计）

公式名称	公式左边	公式右边	公式条件	精度	注释
获取上月结存的数量、单价和金额	{?,:}	|UCPYB01[?,:]! F. NOT. EMPTY(CPYB01[?,1])! OZ;	{?,1},{?,2},{?,3},{?,4},{?,5}=[?,1],[?,2],[?,12],[?,13],[?,14]	2	
获取入库完工产品产量	{?,:}	|UCPRK(0000OA−0000CA)[?,:]! OA;	{?,1},{?,2},{?,6}=[?,6],[?,7],[?,8]	2	
从产品出库单上获取出库产品数量	{?,:}	|UCPCK(0000OA−0000CA)[?,:]! OA;	{?,1},{?,2},{?,9}=[?,9],[?,10],[?,13]	2	
按原料码分类合并	{?,:}	|P{?,1}! FALL! OS;		2	
获取产品的参考单价	{?,7}	| BZPPZ00 [?, 15]! FZPPZ00[?,5]={?,1};		2	
计算收入金额	{?,8}	{?,6} * {?,7}		2	
计算结存数量	{?,12}	{?,3}+{?,6}−{?,9}		2	
核算结存金额	{?,14}	{?,12} * ({?,5}+{?,8})/({?,3}+{?,6})		2	
核算发出金额	{?,11}	{?,5}+{?,8}−{?,14}		2	
删除冗余行	{?,:}	|Z{:,:}! FEMPTY({?,1});		0	
最后插入合计行	{?,:}	|I{:,:}! O{?,2}='合计'A;		0	
计算合计	{E?,:}	|S{:,:};		2	
本月结存的单价	{?,13}	{?,14}/{?,12}		2	
领用单价	{?,10}	{?,11}/{?,9}		2	

（6）销售月报加工逻辑字典设计

销售月报加工逻辑字典，即计算公式见表3-19。

表 3-19　销售月报计算公式（XSYB_JSS，计算菜单名：销售统计）

公式名称	公式左边	公式右边	公式条件	精度	注释
获取上月未完成交付量	{?,:}	|UXSYB01[?,:]! OZ;	{?,1},{?,2},{?,3}=[?,1],[?,2],[?,7]	0	

续表

公式名称	公式左边	公式右边	公式条件	精度	注释
获取新增的订单需求量	{?,:}	|USCTZ(0000OA−0000CA)[?,:]! OA;	{?,1},{?,2},{?,4}=[?,7],[?,8],[?,11]	0	
获取本月完工交付产品数量	{?,:}	|UCPCK(0000OA−0000CA)[?,:]! OA;	{?,1},{?,2},{?,5}=[?,9],[?,10],[?,13]	2	
按产品代码分类合并交付量	{?,:}	|P{?,1}! FALL! OS;		2	
计算本月未完成生产量	{?,7}	{?,3}+{?,4}−{?,5}		2	
删除冗余行	{?,:}	|Z{:,:}! FEMPTY({?,1});		0	
插入合计行	{?,:}	|I{:,:}! O{?,2}='合计'A;		0	
计算合计	{E?,:}	|S{:,:};		2	
计算完成生产比例	{?,6}	{?,5}*100/({?,3}+{?,4})		2	

3.4　实现(Implement)

3.4.1　为民疫用物资组配系统界面

运用信息处理本体中间件系统,可以迅速构建系统框架,开发表格单证,编制流程逻辑,完成系统开发,如图 3-28 所示。由图可见,系统已经具备查询、计算、录入等功能。

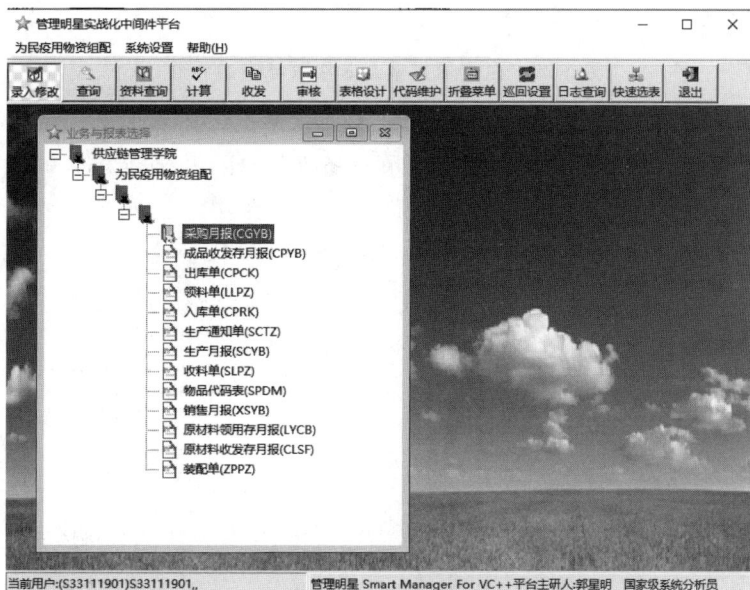

图 3-28　为民疫用物资组配系统主界面

3.4.2 基础单证的录入与查询

各类基础单证在表格设计完成后便可直接操作使用,本体中间件当即提供这些单证的录入、查询、修改、删除、复制、追加、打印等功能。

(1)生产通知单的录入与查询

在主菜单界面选择生产通知单(SCTZ)的"录入修改"功能,并确定相应的操作日期和报告期后,如图 3-29 所示,系统已经具备查询、录入、计算功能。按 F10 或点击"浏览"切换到"录入"状态,即可实现追加页、删除页、插入页等修改录入功能。

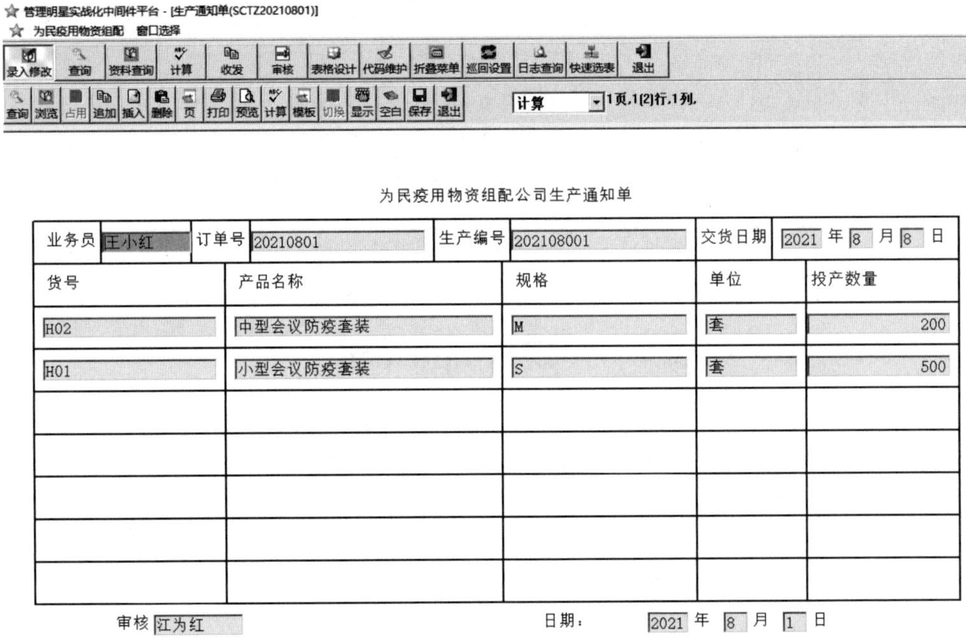

图 3-29　生产通知单录入修改与查询界面

(2)收料单的录入与查询

在主菜单界面选择收料单(SLPZ)的"录入修改"功能,并确定相应的操作日期和报告期后,如图 3-30 所示,系统已经具备查询、录入、计算功能。按 F10 或点击"浏览"切换到"录入"状态,即可实现追加页、删除页、插入页等修改录入功能。

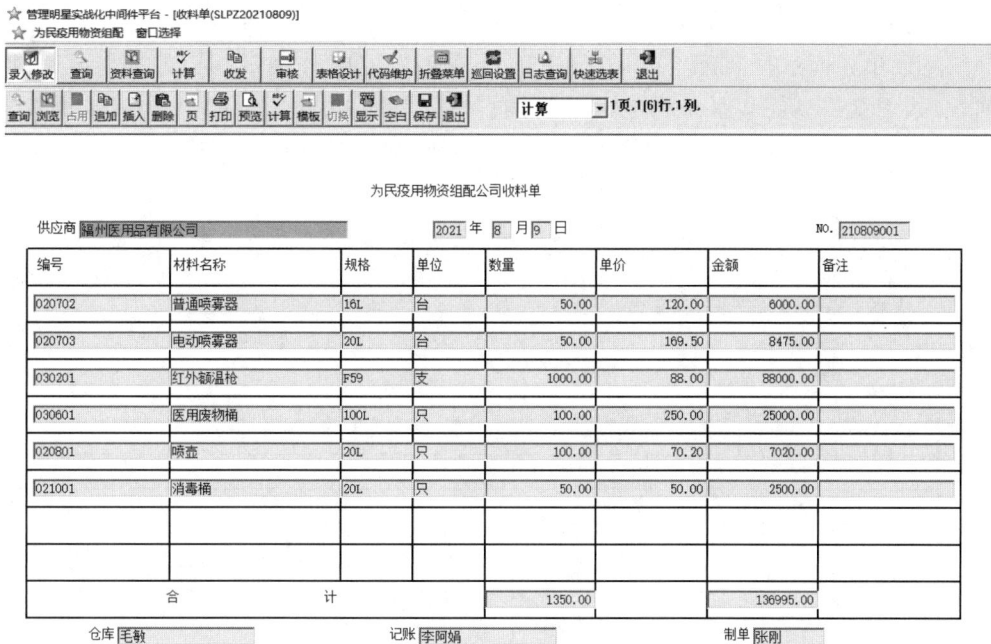

图 3-30　收料单录入修改与查询界面

（3）领料单的录入与查询

在主菜单界面选择领料单（LLPZ）的"录入修改"功能，并确定相应的操作日期和报告期后，如图 3-31 所示，系统已经具备查询、录入、计算功能。按 F10 或点击"浏览"切换到"录入"状态，即可实现追加页、删除页、插入页等修改录入功能。

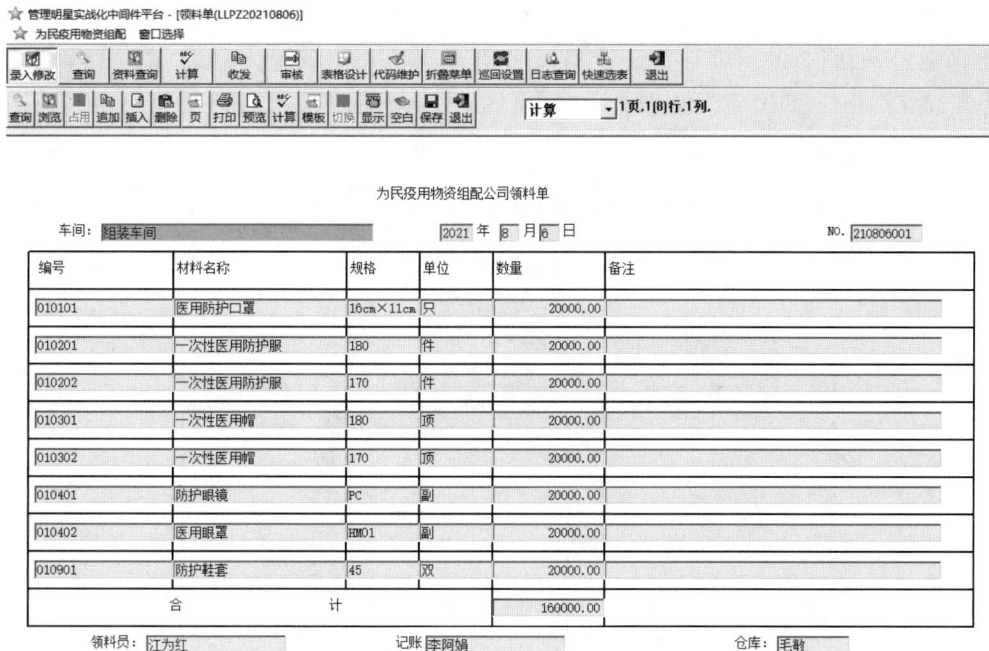

图 3-31　领料单录入修改与查询界面

（4）装配单的录入与查询

在主菜单界面选择装配单（ZPPZ）的"录入修改"功能，并确定相应的操作日期和报告期后，如图 3-32 所示，系统已经具备查询、录入、计算功能。按 F10 或点击"浏览"到"录入"状态，即可实现追加页、删除页、插入页等修改录入功能。

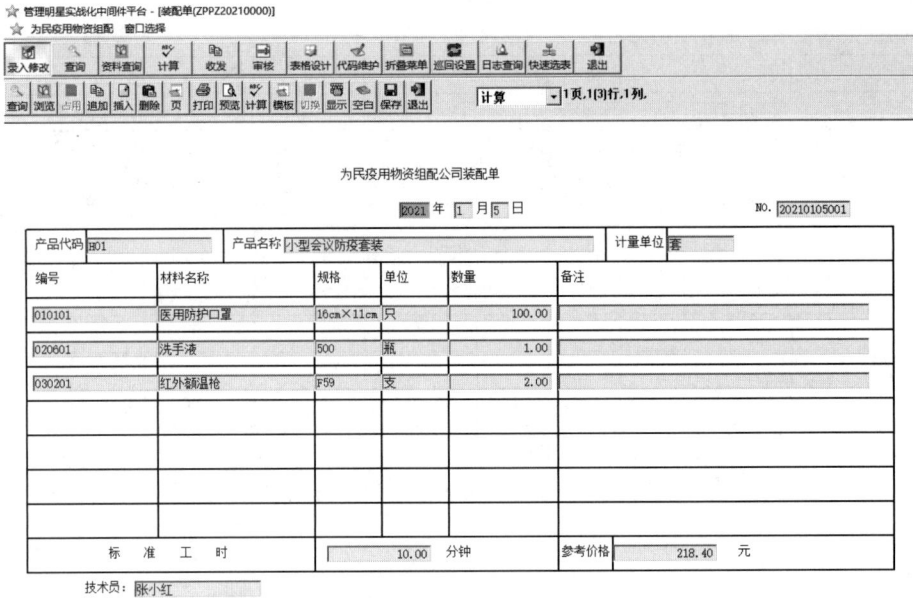

图 3-32　装配单录入修改与查询界面

（5）入库单的录入与查询

在主菜单界面选择产品入库单（CPRK）的"录入修改"功能，并确定相应的操作日期和报告期后，如图 3-33 所示，系统已经具备查询、录入、计算功能。按 F10 或点击"浏览"到"录入"状态，即可实现追加页、删除页、插入页等修改录入功能。

图 3-33　入库单录入修改与查询界面

（6）出库单的录入与查询

在主菜单界面选择产品出库单（CPCK）的"录入修改"功能，并确定相应的操作日期和报告期后，如图3-34所示，系统已经具备查询、录入、计算功能。按F10或点击"浏览"切换到"录入"状态，即可实现追加页、删除页、插入页等修改录入功能。

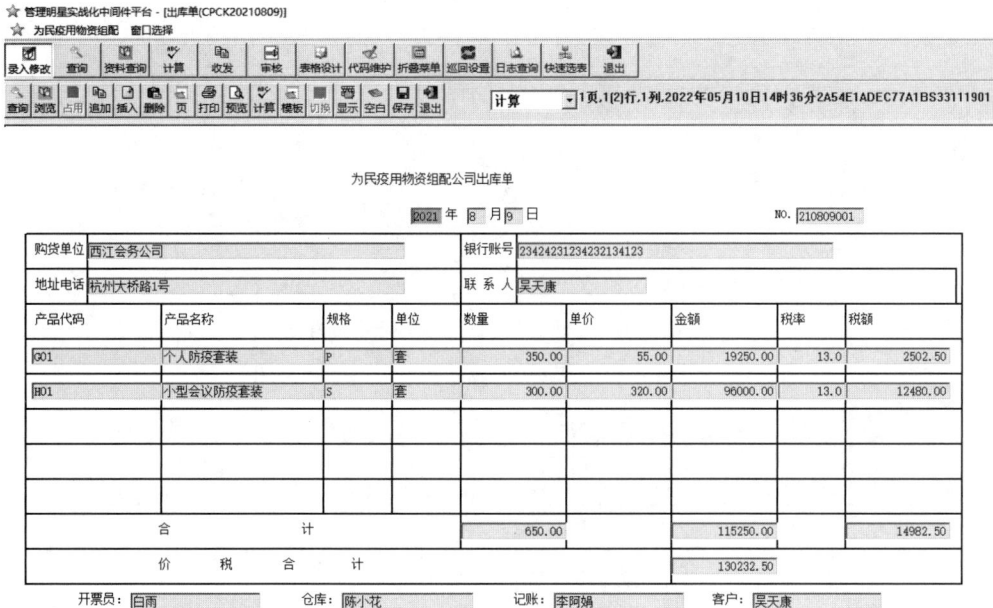

图3-34 出库单录入修改与查询界面

3.4.3 分析报表的生成与打印

基础单证录入后，需要通过加工计算才能获得分析结果，信息处理本体中间件系统提供了十分灵活便捷的数据加工逻辑工具和打印预览工具。借助结构化的加工逻辑表达，便可快捷地建立和开发分析流程与计算公式。本体中间件提供计算公式的维护、调试与实际运用一体化平台，计算公式建成即可运行，大大提高了系统的开发效率。本体中间件同时提供打印定义一体化平台，对于规整型分析报表来说，高参数、高缺省、未经定义也可以打印，略加定义便可实现打印的满意效果，大大提高了系统的开发效率。

（1）采购月报的生成与打印

在主菜单界面选择采购月报（CGYB）的"录入修改"功能，按F5键，或点击工具栏中的"计算"按钮进入，或点击工具栏中的"计算"下拉菜单选择"采购计划"（或"计算本表"）即可完成计算，计算菜单与结果如图3-35所示。但其中的"计算"按钮对无维护权限的人不开放。

在采购月报的录入修改界面，点击工具栏中的"预览"按钮进入，再点击"其他参数"，便可对规格表的表格打印参数进行调节，确定打印参数后，点击"刷新"，可浏览打印效果，如图3-36所示。

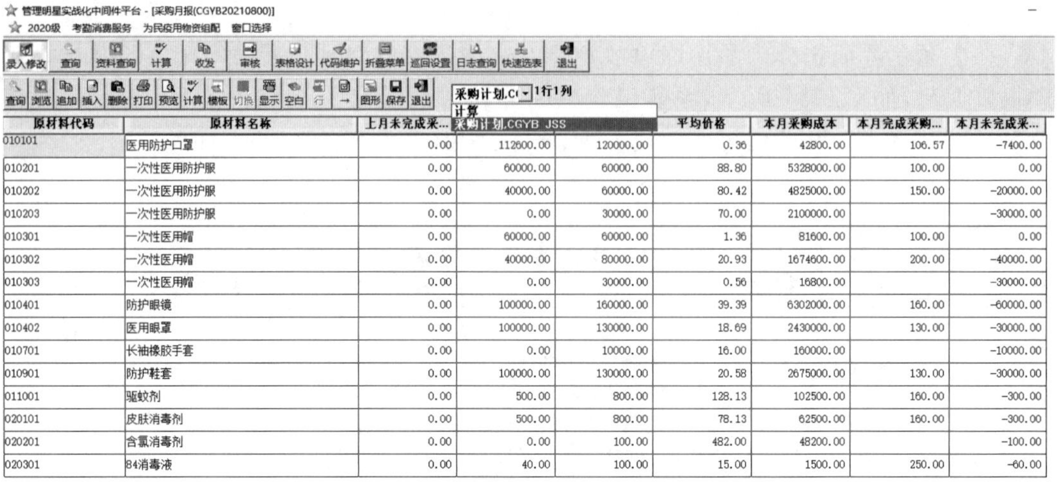

原材料代码	原材料名称	上月未完成采...			平均价格	本月采购成本	本月完成采购...	本月未完成采...
010101	医用防护口罩	0.00	112600.00	120000.00	0.36	42800.00	106.57	-7400.00
010201	一次性医用防护服	0.00	60000.00	60000.00	88.80	5328000.00	100.00	0.00
010202	一次性医用防护服	0.00	40000.00	60000.00	80.42	4825000.00	150.00	-20000.00
010203	一次性医用防护服	0.00	0.00	30000.00	70.00	2100000.00		-30000.00
010301	一次性医用帽	0.00	60000.00	60000.00	1.36	81600.00	100.00	0.00
010302	一次性医用帽	0.00	40000.00	80000.00	20.93	1674600.00	200.00	-40000.00
010303	一次性医用帽	0.00	0.00	30000.00	0.56	16800.00		-30000.00
010401	防护眼镜	0.00	100000.00	160000.00	39.39	6302000.00	160.00	-60000.00
010402	医用眼罩	0.00	100000.00	130000.00	18.69	2430000.00	130.00	-30000.00
010701	长袖橡胶手套	0.00	0.00	10000.00	16.00	160000.00		-10000.00
010901	防护鞋套	0.00	100000.00	130000.00	20.58	2675000.00	130.00	-30000.00
011001	驱蚊剂	0.00	500.00	800.00	128.13	102500.00	160.00	-300.00
020101	皮肤消毒剂	0.00	500.00	800.00	78.13	62500.00	160.00	-300.00
020201	含氯消毒剂	0.00	0.00	100.00	482.00	48200.00		-100.00
020301	84消毒液	0.00	40.00	100.00	15.00	1500.00	250.00	-60.00

图 3-35 采购月报计算菜单与结果

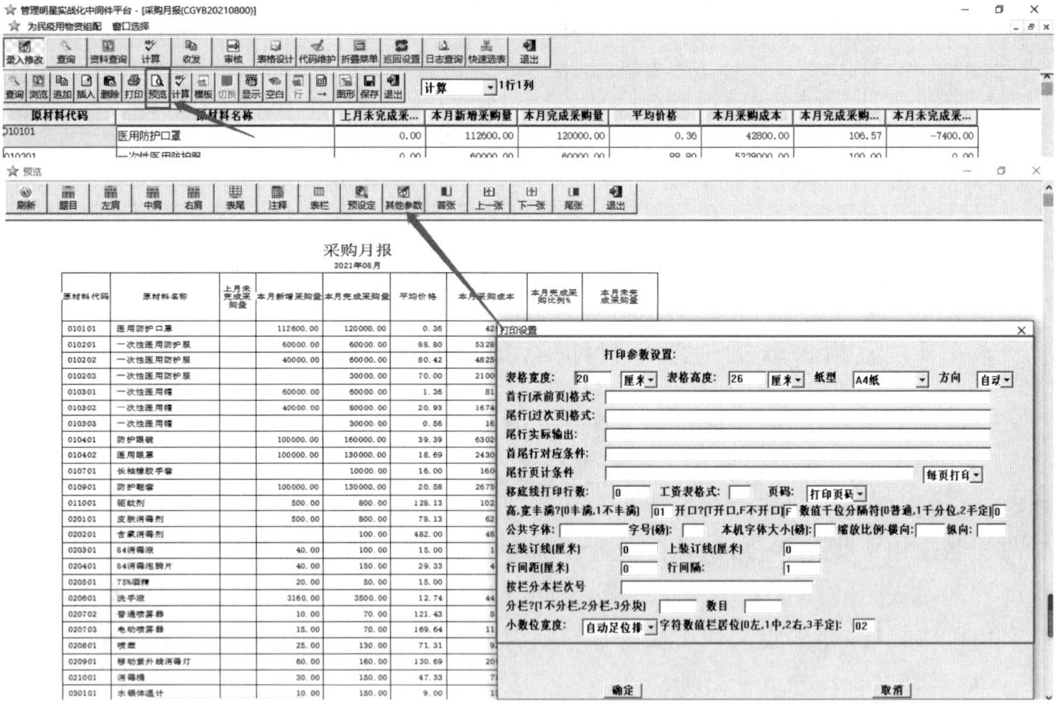

图 3-36 采购月报打印预览效果

(2)原材料收发存月报的生成与打印

在主菜单界面选择原材料收发存月报(CLSF)的“录入修改”功能，按 F5 键，或点击工具栏中的“计算”按钮进入，或点击工具栏中的“计算”下拉菜单选择“收发存统计”，即可完成计算，计算菜单与结果如图 3-37 所示。

图 3-37　原材料收发存月报计算菜单与结果

在原材料收发存月报的录入修改界面,点击工具栏中的"预览"按钮进入,再点击"表栏"对打印栏目进行定义,便可对规格表的表格打印参数进行调节,确定打印参数后,点击"刷新",可浏览打印效果,如图 3-38 所示。

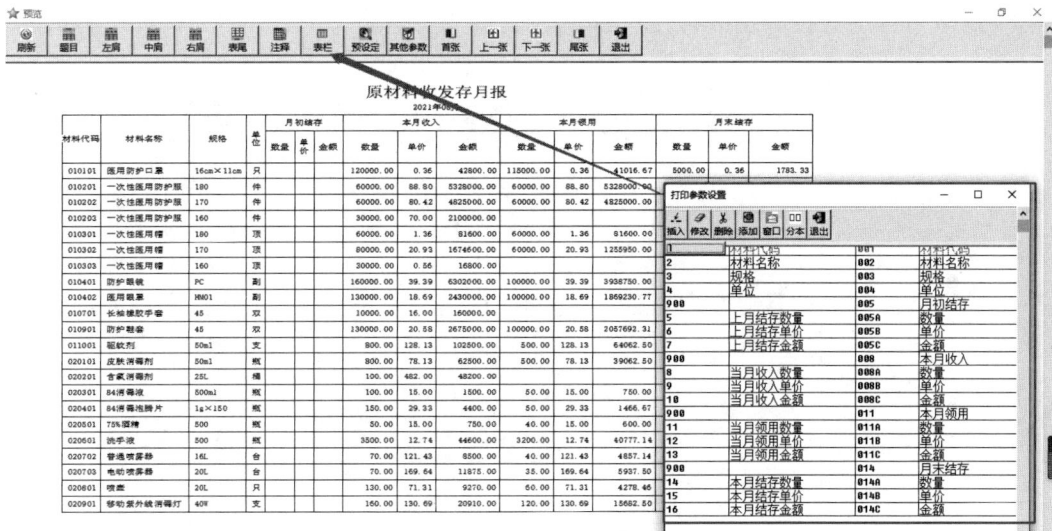

图 3-38　原材料收发存月报打印预览效果

(3)车间原材料领用存月报的生成与打印

在主菜单界面选择车间原材料领用存月报(LYCB)的"录入修改"功能,按 F5 键,或点击工具栏中的"计算"按钮进入,或点击工具栏中的"计算"下拉菜单选择"领用存统计",即可完成计算,计算菜单与结果如图 3-39 所示。

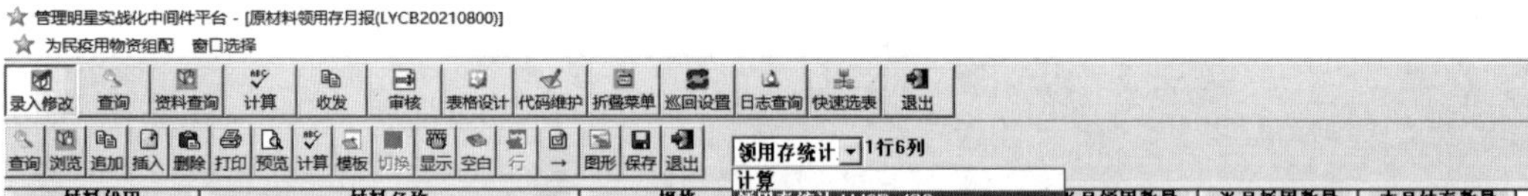

材料代码	材料名称	规格			当月领用数量	当月耗用数量	本月结存数量
010101	医用防护口罩	16cm×11cm	只	0.00	115000.00	112600.00	2400.00
010201	一次性医用防护服	180	件	0.00	60000.00	60000.00	0.00
010202	一次性医用防护服	170	件	0.00	60000.00	40000.00	20000.00
010301	一次性医用帽	180	顶	0.00	60000.00	60000.00	0.00
010302	一次性医用帽	170	顶	0.00	60000.00	40000.00	20000.00
010401	防护眼镜	PC	副	0.00	100000.00	100000.00	0.00
010402	医用眼罩	HM01	副	0.00	100000.00	100000.00	0.00
010901	防护鞋套	45	双	0.00	100000.00	100000.00	0.00
011001	驱蚊剂	50ml	支	0.00	500.00	500.00	0.00
020101	皮肤消毒剂	50ml	瓶	0.00	500.00	500.00	0.00
020301	84消毒液	500ml	瓶	0.00	50.00	40.00	10.00
020401	84消毒泡腾片	1g×150	瓶	0.00	50.00	40.00	10.00

图 3-39　车间原材料领用存月报计算菜单与结果

在车间原材料领用存月报的录入修改界面，点击工具栏中的"预览"按钮进入，再点击相关按钮进行打印维护，便可对规格表的表格打印参数进行调节，确定打印参数后，点击"刷新"，可浏览打印效果，如图 3-40 所示。

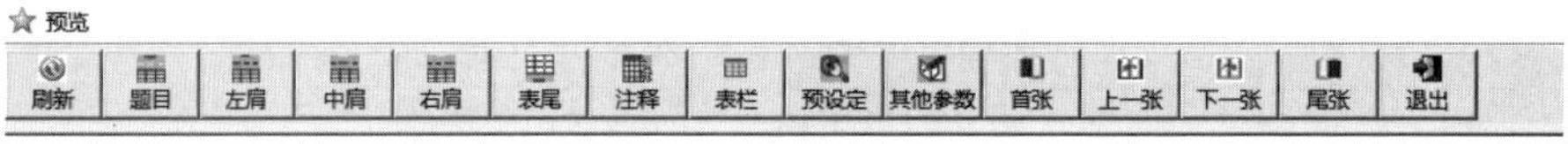

原材料领用存月报

2021年08月

材料代码	材料名称	规格	单位	上月结存数量	当月领用数量	当月耗用数量	本月结存数量
010101	医用防护口罩	16cm×11cm	只		115000.00	112600.00	2400.00
010201	一次性医用防护服	180	件		60000.00	60000.00	
010202	一次性医用防护服	170	件		60000.00	40000.00	20000.00
010301	一次性医用帽	180	顶		60000.00	60000.00	
010302	一次性医用帽	170	顶		60000.00	40000.00	20000.00
010401	防护眼镜	PC	副		100000.00	100000.00	
010402	医用眼罩	HM01	副		100000.00	100000.00	
010901	防护鞋套	45	双		100000.00	100000.00	
011001	驱蚊剂	50ml	支		500.00	500.00	
020101	皮肤消毒剂	50ml	瓶		500.00	500.00	
020301	84消毒液	500ml	瓶		50.00	40.00	10.00
020401	84消毒泡腾片	1g×150	瓶		50.00	40.00	10.00
020501	75%酒精	500	瓶		40.00	20.00	20.00
020601	洗手液	500	瓶		3200.00	3160.00	40.00
020702	普通喷雾器	16L	台		40.00	10.00	30.00
020703	电动喷雾器	20L	台		35.00	15.00	20.00
020801	喷壶	20L	只		60.00	25.00	35.00
020901	移动紫外线消毒灯	40W	支		120.00	60.00	60.00
021001	消毒桶	20L	只		50.00	30.00	20.00
030101	水银体温计	CRW11	支		10.00	10.00	
030201	红外额温枪	F59	支		4280.00	2635.00	1645.00
030601	医用废物桶	100L	只		35.00	15.00	20.00
040401	毛巾	100g	块		11100.00	11010.00	90.00
040501	肥皂	125g	块		550.00	510.00	40.00
	合计				675620.00	631180.00	44440.00

图 3-40　车间原材料领用存月报打印预览效果

(4)生产月报的生成与打印

在主菜单界面选择生产月报(SCYB)的"录入修改"功能，按 F5 键，或点击工具栏中的"计算"按钮进入，或点击工具栏中的"计算"下拉菜单选择"生产统计"，即可完成计算，计算菜单与结果如图 3-41 所示。

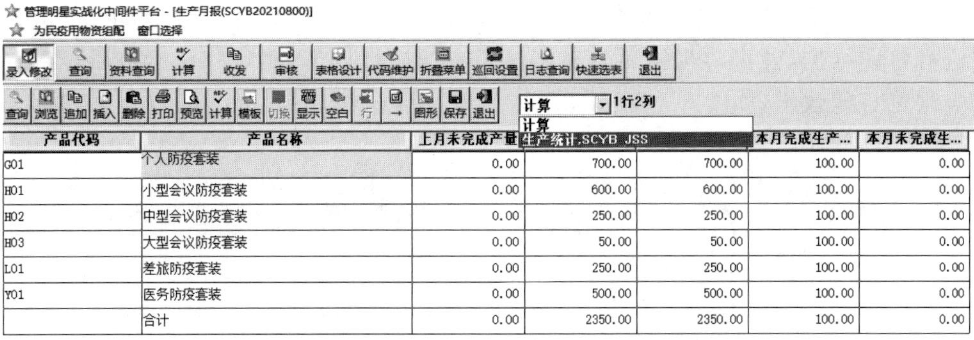

图 3-41 生产月报计算菜单与结果

在生产月报的录入修改界面,点击工具栏中的"预览"按钮进入,再点击相关按钮进行打印维护,便可对规格表的表格打印参数进行调节,确定打印参数后,点击"刷新",可浏览打印效果,如图 3-42 所示。

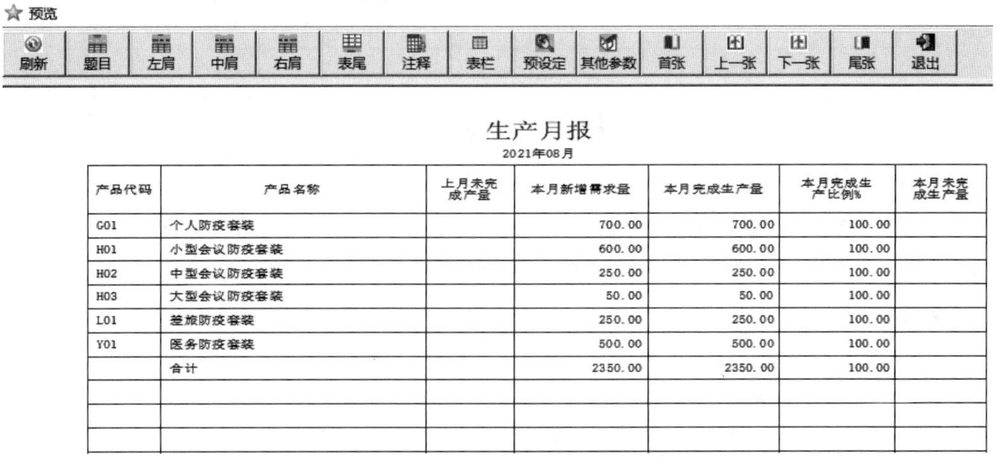

图 3-42 生产月报打印预览效果

(5)成品收发存月报的生成与打印

在主菜单界面选择成品收发存月报(CPYB)的"录入修改"功能,按 F5 键,或点击工具栏中的"计算"按钮进入,或点击工具栏中的"计算"下拉菜单选择"成品收发存统计",即可完成计算,计算菜单与结果如图 3-43 所示。

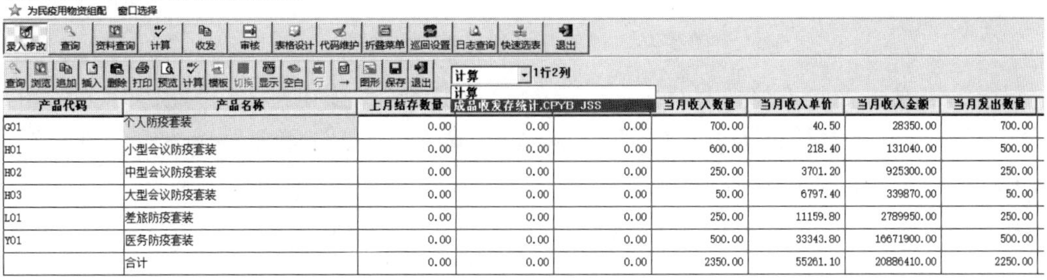

图 3-43 成品收发存月报计算菜单与结果

在成品收发存月报的录入修改界面,点击工具栏中的"预览"按钮进入,再点击相关按钮进行打印维护,便可对规格表的表格打印参数进行调节,确定打印参数后,点击"刷新",可浏览打印效果,如图 3-44 所示。

☆ 预览

| 刷新 | 题目 | 左肩 | 中肩 | 右肩 | 表尾 | 注释 | 表栏 | 预设定 | 其他参数 | 首张 | 上一张 | 下一张 | 尾张 | 退出 |

成品收发存月报
2021年08月

产品代码	产品名称	上月结存数量	上月结存单价	上月结存金额	当月收入数量	当月收入单价	当月收入金额	当月发出数量	当月发出单价	当月发出金额	本月结存数量	本月结存单价	本月结存金额
G01	个人防疫套装				700.00	40.50	28350.00	700.00	40.50	28350.00			
H01	小型会议防疫套装				600.00	218.40	131040.00	500.00	218.40	109200.00	100.00	218.40	21840.00
H02	中型会议防疫套装				250.00	3701.20	925300.00	250.00	3701.20	925300.00			
H03	大型会议防疫套装				50.00	6797.40	339870.00	50.00	6797.40	339870.00			
L01	差旅防疫套装				250.00	11159.80	2789950.00	250.00	11159.80	2789950.00			
Y01	医务防疫套装				500.00	33343.80	16671900.00	500.00	33343.80	16671900.00			
	合计				2350.00	55261.10	20886410.00	2250.00	9273.14	20864570.00	100.00	218.40	21840.00

图 3-44 成品收发存月报打印预览效果

(6)销售月报的生成与打印

在主菜单界面选择销售月报(XSYB)的"录入修改"功能,按 F5 键,或点击工具栏中的"计算"按钮进入,或点击工具栏中的"计算"下拉菜单选择"销售统计",即可完成计算,计算菜单与结果如图 3-45 所示。

☆ 管理明星实战化中间件平台 - [销售月报(XSYB20210800)]
☆ 为民应用物资组配 窗口选择

| 录入修改 | 查询 | 资料查询 | 计算 | 收发 | 审核 | 表格设计 | 代码维护 | 折叠菜单 | 巡回设置 | 日志查询 | 快速选表 | 退出 |

| 查询 | 浏览 | 追加 | 插入 | 删除 | 打印 | 预览 | 计算 | 模板 | 切换 | 显示 | 空白 | 行 | 图形 | 保存 | 退出 |

计算 ▾ 1行2列
计算
销售统计.XSYB JSS

产品代码	产品名称	上月未交付产量			本月完成交付...	本月未完成交...
G01	个人防疫套装	0.00	700.00	700.00	100.00	0.00
H01	小型会议防疫套装	0.00	600.00	500.00	83.33	100.00
H02	中型会议防疫套装	0.00	250.00	250.00	100.00	0.00
H03	大型会议防疫套装	0.00	50.00	50.00	100.00	0.00
L01	差旅防疫套装	0.00	250.00	250.00	100.00	0.00
Y01	医务防疫套装	0.00	500.00	500.00	100.00	0.00
	合计	0.00	2350.00	2250.00	95.74	100.00

图 3-45 销售月报计算菜单与结果

在销售月报的录入修改界面,点击工具栏中的"预览"按钮进入,再点击相关按钮进行打印维护,便可对规格表的表格打印参数进行调节,确定打印参数后,点击"刷新",可浏览打印效果,如图 3-46 所示。

销售月报
2021年08月

产品代码	产品名称	上月未交付产量	本月新增订单量	本月完成交付量	本月完成交付比例%	本月未完成交付量
G01	个人防疫套装		700.00	700.00	100.00	
H01	小型会议防疫套装		600.00	500.00	83.33	100.00
H02	中型会议防疫套装		250.00	250.00	100.00	
H03	大型会议防疫套装		50.00	50.00	100.00	
L01	差旅防疫套装		250.00	250.00	100.00	
Y01	医务防疫套装		500.00	500.00	100.00	
	合计		2350.00	2250.00	95.74	100.00

图 3-46　销售月报打印预览效果

（7）物品代码表的录入与查询

物品代码表（SPDM）是供录入基础单证用的代码对照表，在主菜单界面选择物品代码表的"录入修改"功能，并确定相应的操作日期和报告期后，如图 3-47 所示，系统已经具备查询、录入、计算功能。按 F10 或点击"浏览"到"录入"状态，即可实现追加行、删除行、插入行等修改录入功能。

☆ 管理明星实战化中间件平台 - [物品代码表(SPDM20210000)]
☆ 为民疫用物资组配　窗口选择

物品代码	物品名称	规格	计量单位	单价	备注
010101	医用防护口罩	16cm×11cm	只	0.30	
010201	一次性医用防护服	180	件	88.00	
010202	一次性医用防护服	170	件	80.00	
010203	一次性医用防护服	160	件	68.00	
010301	一次性医用帽	180	顶	1.30	
010302	一次性医用帽	170	顶	0.90	
010303	一次性医用帽	160	顶	0.50	
010401	防护眼镜	PC	副	39.00	
010402	医用眼罩	HM01	副	18.90	
010403	护目镜	3M	副	16.90	
010501	乳胶手套	9″	双	0.50	

图 3-47　物品代码表的录入界面

按 F1，或者点击"查询"，可以实现任何字段的 Key-Value 式查询，操作符关系包括等于、不等于、大于、小于、包含、不包含和居首等，并可进行多个 Key-Value 式的"与""或"联合查询，确定查询条件后，点击"简易查询"即可实现查询，如图 3-48 所示。

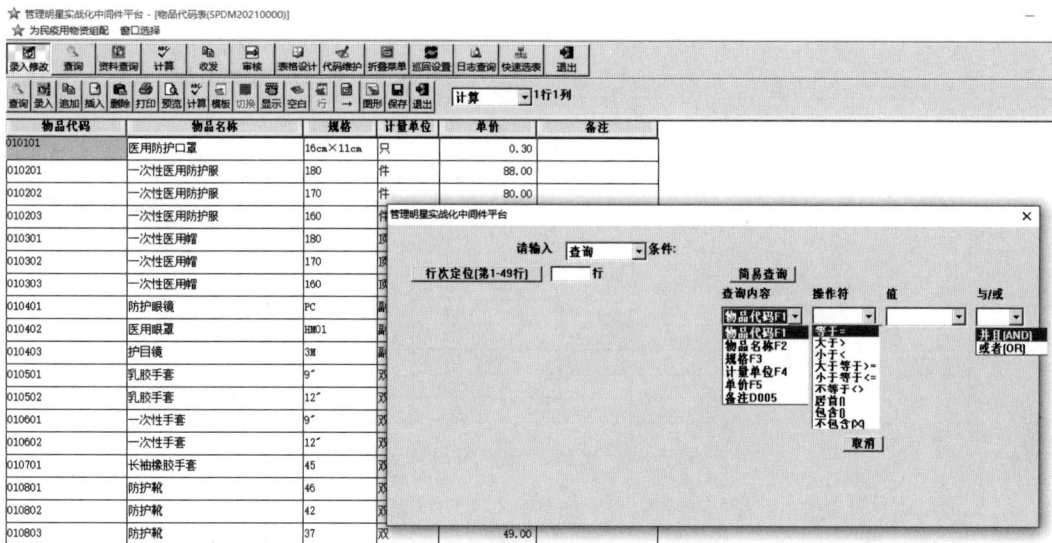

图 3-48　物品代码表的查询界面

3.5　运作(Operate)

3.5.1　实验一:为民疫用物资组配系统单证设计与实施

(1)实验目的与要求

①了解为民疫用物资组配系统的基本功能与流程。

②结合抗疫精神,了解为民疫用物资组配系统开发应用的目的、任务、过程。

③掌握非规整表格的设计方法。

④了解基本的单证代码转换、打印设计和单证内栏目间的即时计算处理命令。

(2)实验环境

①信息处理本体中间件平台——"管理明星"。

②疫用物资原材料和组配成品的进、出库与装配生产关联单证。

③打印输出设备。

(3)实验课时

2~6 课时。

(4)实验内容

①生产通知单。

为民疫用物资组配公司生产通知单

业务员		订单号		生产编号		交货日期	年 月 日
货号	产品品名			规格	单位	投产数量	

审核： 　　　　　　　日期： 　　　　　　　年 月 日

②收料单。

为民疫用物资组配公司收料单

供应商： 　　　　　　　年 月 日 　　　　　　　NO.

编号	材料名称	规格	单位	数量	单价	金额	备注
	合计						

仓库： 　　　　　　　记账： 　　　　　　　制单：

③领料单。

为民疫用物资组配公司领料单

车间： 　　　　　　　年 月 日 　　　　　　　NO.

编号	材料名称	规格	单位	数量	备注
	合计				

领料员： 　　　　　　　记账： 　　　　　　　仓库：

④装配单。

为民疫用物资组配公司装配单

年　月　日　　　　　　　　　　NO.

产品代码		产品名称		计量单位	
编号	材料名称	规格	单位	数量	备注
标准工时			分钟	参考价格	元

技术员：

⑤产品入库单。

为民疫用物资组配公司产品入库单

车间：　　　　　　　　　年　月　日　　　　　　　NO.

产品代码	产品名称	报产产量	备注

车间制单：　　　　　　　　　　仓库：

⑥成品出库单。

为民疫用物资组配公司成品出库单

年　月　日　　　　　　　　　　NO.

购货单位					银行账号			
地址电话					联系人			
产品代码	产品名称	规格	单位	数量	单价	金额	税率	税额
	合计							
	价税合计							元

开票员：　　　　仓库：　　　　记账：　　　　客户：

⑦抗疫物资（产品）清单。

为民疫用物资组配公司成品代码表

2021 年度

成品代码	成品名称	计量单位
G01	个人防疫套装	套
H01	小型会议防疫套装	套
H02	中型会议防疫套装	套
H03	大型会议防疫套装	套
L01	差旅防疫套装	套
Y01	医务防疫套装	套

⑧抗疫物资（原材料）清单。

为民疫用物资组配公司物品代码表

2021 年度

类别	代码	名称	规格	计量单位	单价(元)	备注
个人防护类 01	010101	医用防护口罩	16cm×11cm	只	0.3	
	010201	一次性医用防护服	180	件	88	
	010202	一次性医用防护服	170	件	80	
	010203	一次性医用防护服	160	件	68	
	010301	一次性医用帽	180	顶	1.3	
	010302	一次性医用帽	170	顶	0.9	
	010303	一次性医用帽	160	顶	0.5	
	010401	防护眼镜	PC	副	39	
	010402	医用眼罩	HM01	副	18.9	
	010403	护目镜	3M	副	16.9	
	010501	乳胶手套	9"	双	0.5	
	010502	乳胶手套	12"	双	0.8	
	010601	一次性手套	9"	双	0.2	
	010602	一次性手套	12"	双	0.3	
	010701	长袖橡胶手套	45	双	15.8	
	010801	防护靴	46	双	69	
	010802	防护靴	42	双	59	
	010803	防护靴	37	双	49	
	010901	防护鞋套	45	双	20	
	011001	驱蚊剂	50mL	支	128	

续表

类别	代码	名称	规格	计量单位	单价(元)	备注
消毒用品类 02	020101	皮肤消毒剂	50mL	瓶	78	
	020201	含氯消毒剂	25L	桶	480	
	020301	84 消毒液	500mL	瓶	14.9	
	020401	84 消毒泡腾片	1g×150	瓶	27.9	
	020501	75％酒精	500	瓶	11	
	020601	洗手液	500	瓶	12.8	
	020701	喷洒器	LZS200	台	398	
	020702	普通喷雾器	16L	台	125	
	020703	电动喷雾器	20L	台	168	
	020801	喷壶	20L	只	71	
	020901	移动紫外线消毒灯	40W	支	128	
	021001	消毒桶	20L	只	45	
医疗用品类 03	030101	水银体温计	CRW11	支	8.8	
	030201	红外额温枪	F59	支	87.8	
	030301	退热药	100mL	瓶	114	
	030401	广谱抗生素	5g	剂	325	
	030501	R-干扰素	6 枚	盒	195	
	030601	医用废物桶	100L	只	255	
其他 04	040101	蚊帐	3×6	顶	49.9	
	040201	洗手盆	460mm	只	21	
	040301	盆架	201S	只	59	
	040401	毛巾	100g	块	9.9	
	040501	肥皂	125g	块	6	

⑨抗疫物资组配表。

为民疫用物资组配公司成品组配表

2021 年度

成品名称	计量单位	所用原材料				组配所需工时	参考售价（元）
		名称	规格	计量单位	组配数量		
个人防疫套装	套	医用防护口罩	16cm×11cm	只	10.00	10.0000	40.50
		洗手液	500	瓶	1.00		
		水银体温计	CRW11	支	1.00		

成品名称	计量单位	所用原材料				组配所需工时	参考售价（元）
		名称	规格	计量单位	组配数量		
		毛巾	100g	块	1.00		
		肥皂	125g	块	1.00		
小型会议防疫套装	套	医用防护口罩	16cm×11cm	只	100.00	10.0000	218.40
		洗手液	500	瓶	1.00		
		红外额温枪	F59	支	2.00		
中型会议防疫套装	套	医用防护口罩	16cm×11cm	只	300.00	10.0000	3701.20
		84消毒液	500mL	瓶	1.00		
		84消毒泡腾片	1g×150	瓶	1.00		
		洗手液	500	瓶	4.00		
		普通喷雾器	16L	台	1.00		
		喷壶	20L	只	1.00		
		红外额温枪	F59	支	4.00		
		毛巾	100g	块	300.00		
大型会议防疫套装	套	医用防护口罩	16cm×11cm	只	500.00	15.0000	6797.40
		84消毒液	500mL	瓶	2.00		
		84消毒泡腾片	1g×150	瓶	2.00		
		洗手液	500	瓶	6.00		
		电动喷雾器	20L	台	1.00		
		喷壶	20L	只	1.00		
		移动紫外线消毒灯	40W	支	4.00		
		消毒桶	20L	只	2.00		
		红外额温枪	F59	支	5.00		
		医用废物桶	100L	只	1.00		
		毛巾	100g	块	500.00		
差旅防疫套装	套	医用防护口罩	16cm×11cm	只	100.00	10.0000	11159.80
		驱蚊剂	50mL	支	50.00		
		皮肤消毒剂	50mL	瓶	50.00		
		75%酒精	500	瓶	2.00		
		洗手液	500	瓶	1.00		
		毛巾	100g	块	50.00		
		肥皂	125g	块	50.00		

成品名称	计量单位	所用原材料				组配所需工时	参考售价（元）
		名称	规格	计量单位	组配数量		
医务防疫套装	套	医用防护口罩	16cm×11cm	只	200.00	20.0000	33343.80
		一次性医用防护服	180	件	120.00		
		一次性医用防护服	170	件	80.00		
		一次性医用帽	180	顶	120.00		
		一次性医用帽	170	顶	80.00		
		防护眼镜	PC	副	200.00		
		医用眼罩	HM01	副	200.00		
		防护鞋套	45	双	200.00		
		洗手液	500	瓶	6.00		
		红外额温枪	F59	支	5.00		

（5）实验思考题

①请使用原型工具"管理明星"（或其他工具）完成生产通知单、收料单、领料单、装配单、入库单、出库单的录入设计，要求带有代码转换和单证内栏目间的即时计算功能。

②完成生产通知单、收料单、领料单、装配单、入库单、出库单的打印设计，所有单证的打印宽度都控制在20厘米左右，栏目的宽度和高度自行测量。

③设计完成物品代码表，栏目参照提供的清单，可将成品和原材料合在一起设计。

④各单证、报表的表代码可以自行设计，也可以参照本章介绍设计。

⑤各个单证的每一页录入完成后，校验当前页录入是否正确，要求校验如下内容，校验正确后在"制证"或相关责任人一栏中签上自己的姓名：

单证号不能为空白

相关合计＝各行相关栏目之和

⑥根据提供的物品代码表录入清单信息，并与单证相关联，可将成品和原材料合在一起设计。

⑦按组配清单要求，在自行设计完成的装配单中录入组配表。

⑧在实训报告上写出生产通知单、收料单、领料单、装配单、入库单、出库单、物品代码表的数据字典，其中要求写明即时计算公式和校验定义。

⑨在实训报告上写出校验公式的数据字典。

⑩模拟录入各个单证，在相关栏目署上自己的姓名，并上传打印效果图。

3.5.2 实验二：为民疫用物资组配系统报表设计与打印

（1）实验目的与要求

①了解为民疫用物资组配系统的基本功能与分析处理流程。

②结合抗疫精神，了解为民疫用物资组配系统开发应用的目的、任务、过程。

③掌握规整表设计和打印的设计方法。

④掌握分析报表与单证间的关联性。

（2）实验环境

①信息处理本体中间件平台——"管理明星"。

②疫用物资原材料采购、组配生产和成品出入库关联报表。

③打印输出设备。

④网络与数据库系统。

（3）实验课时

2～4 课时。

（4）实验内容

①采购月报。

为民疫用物资组配公司采购月报

年　月

原材料代码	原材料名称	上月未完成采购量	本月新增采购量	本月完成采购量	平均价格	本月采购成本	本月完成采购比例（%）	本月未完成采购量
合计								

制表人：　　　　　　　　　　　　　　　　制表日期：

②原材料收发存月报。

为民疫用物资组配公司原材料收发存月报

年　月

材料代码	材料名称	规格	单位	上月结存			当月收入			当月领用			本月结存		
				数量	单价	金额	数量	单价	金额	数量	单价	金额	数量	单价	金额
合计															

制表人：　　　　　　　　　　　　　　　　制表日期：

③车间原材料领用存月报。

为民疫用物资组配公司车间原材料领用存月报

车间：   年   月

材料代码	材料名称	规格	单位	上月结存数量	当月领用数量	当月耗用数量	本月结存数量
合计							

制表人：   制表日期：

④生产月报。

为民疫用物资组配公司生产月报

年   月

产品代码	产品名称	上月未完成生产量	本月新增需求量	本月完成生产量	本月完成生产比例(%)	本月未完成生产量
合计						

制表人：   制表日期：

⑤成品收发存月报。

为民疫用物资组配公司成品收发存月报

年   月

产品代码	产品名称	上月结存			当月收入			当月发出			本月结存		
		数量	单价	金额	数量	单价	金额	数量	单价	金额	数量	单价	金额
合计													

制表人：   制表日期：

⑥销售月报。

为民疫用物资组配公司销售月报

年　月

产品代码	产品名称	上月未完成交付量	本月新增订单量	本月完成交付量	本月完成交付比例(%)	本月未完成交付量
合计						

制表人：　　　　　　　　　　　　　制表日期：

(5)实验思考题

①使用原型工具"管理明星"(或其他工具)完成采购月报、原材料收发存月报、车间原材料领用存月报、生产月报、成品收发存月报、销售月报的表格设计。

②完成采购月报、原材料收发存月报、车间原材料领用存月报、生产月报、成品收发存月报、销售月报的表格设计,所有单证的打印宽度都控制在20厘米宽、26厘米高左右,或横向26厘米宽、20厘米高左右。

③各单证、报表的表代码可以自行设计,也可以参照本章介绍设计。

④在实训报告上写出各分析报表与实验一中的哪些单证具有关联关系。

⑤在实训报告上写出采购月报、原材料收发存月报、车间原材料领用存月报、生产月报、成品收发存月报、销售月报的数据字典,并上传打印的效果页面。

3.5.3 实验三：为民疫用物资组配系统加工处理流程设计与实施

(1)实验目的与要求

①了解并掌握为民疫用物资组配系统的基本分析处理流程。

②结合抗疫精神,了解为民疫用物资组配系统开发应用的目的、任务、过程。

③掌握信息系统的设计和处理方法。

④熟练掌握实验一、实验二的内容与方法。

⑤了解掌握一批加工处理逻辑和计算公式、命令。

(2)实验环境

①信息处理本体中间件平台——"管理明星"。

②疫用物资原材料采购、组配生产和成品出入库关联的全部单证与报表。

③打印输出设备。

④网络与数据库系统。

(3)实验课时

2～6课时。

（4）实验内容

①某年 8 月防疫物资的订单信息。

为民疫用物资组配公司订单信息

接单日期	交货期	防疫物资名称	规格	计量单位	订单数量
8 月 1 日	8 月 8 日	小型会议防疫套装	S	套	500.00
8 月 1 日	8 月 8 日	中型会议防疫套装	M	套	200.00
8 月 6 日	8 月 18 日	个人防疫套装	P	套	500.00
8 月 6 日	8 月 18 日	医务防疫套装	P	套	500.00
8 月 9 日	8 月 20 日	小型会议防疫套装	S	套	100.00
8 月 9 日	8 月 20 日	大型会议防疫套装	L	套	50.00
8 月 9 日	8 月 23 日	中型会议防疫套装	M	套	50.00
8 月 9 日	8 月 23 日	差旅防疫套装	P	套	150.00
8 月 19 日	8 月 25 日	个人防疫套装	P	套	200.00
8 月 19 日	8 月 25 日	差旅防疫套装	P	套	100.00

②各原材料供应商单位信息。

为民疫用物资组配公司供应商信息

原材料代码	原材料名称	规格	计量单位	供货单位	平均供货价格/元
010101	医用防护口罩	16cm×11cm	只	杭州医用防护品有限公司	0.29
010101	医用防护口罩	16cm×11cm	只	合肥医用防护服装有限公司	0.42
010101	医用防护口罩	16cm×11cm	只	上海医疗用品三厂	0.34
010201	一次性医用防护服	180	件	杭州医用防护品有限公司	90.00
010201	一次性医用防护服	180	件	合肥医用防护服装有限公司	87.60
010202	一次性医用防护服	170	件	杭州医用防护品有限公司	80.50
010202	一次性医用防护服	170	件	合肥医用防护服装有限公司	80.50
010203	一次性医用防护服	160	件	杭州医用防护品有限公司	70.00
010301	一次性医用帽	180	顶	杭州医用防护品有限公司	1.32
010301	一次性医用帽	180	顶	合肥医用防护服装有限公司	1.40
010302	一次性医用帽	170	顶	杭州医用防护品有限公司	1.00
010302	一次性医用帽	170	顶	合肥医用防护服装有限公司	0.88
010303	一次性医用帽	160	顶	杭州医用防护品有限公司	0.56
010401	防护眼镜	PC	副	杭州大光明眼镜有限公司	40.00
010401	防护眼镜	PC	副	杭州毛源昌眼镜有限公司	39.40
010401	防护眼镜	PC	副	杭州医用防护品有限公司	40.00

续表

原材料代码	原材料名称	规格	计量单位	供货单位	平均供货价格/元
010402	医用眼罩	HM01	副	杭州大光明眼镜有限公司	19.00
010402	医用眼罩	HM01	副	杭州医用防护品有限公司	18.50
010402	医用眼罩	HM01	副	合肥医用防护服装有限公司	19.00
010701	长袖橡胶手套	45	双	杭州医用防护品有限公司	16.00
010901	防护鞋套	45	双	杭州医用防护品有限公司	19.50
010901	防护鞋套	45	双	合肥医用防护服装有限公司	22.00
010901	防护鞋套	45	双	南京医用防护品有限公司	20.00
011001	驱蚊剂	50mL	支	杭州医用防护品有限公司	125.00
011001	驱蚊剂	50mL	支	南京化工有限公司一分公司	130.00
011001	驱蚊剂	50mL	支	上虞日用化工有限公司	130.00
020101	皮肤消毒剂	50mL	瓶	杭州萧山洗涤有限公司	77.00
020101	皮肤消毒剂	50mL	瓶	杭州医用防护品有限公司	80.00
020101	皮肤消毒剂	50mL	瓶	上虞日用化工有限公司	77.00
020201	含氯消毒剂	25L	桶	浙江金华化学有限公司	482.00
020301	84消毒液	500mL	瓶	南京化工有限公司一分公司	15.00
020401	84消毒泡腾片	1g×150	瓶	浙江金华化学有限公司	30.00
020401	84消毒泡腾片	1g×150	瓶	上虞日用化工有限公司	28.00
020501	75%酒精	500	瓶	南京化工有限公司一分公司	15.00
020601	洗手液	500	瓶	杭州萧山洗涤有限公司	13.00
020601	洗手液	500	瓶	杭州医用防护品有限公司	13.10
020601	洗手液	500	瓶	南京化工有限公司一分公司	12.50
020702	普通喷雾器	16L	台	福州医用品有限公司	120.00
020702	普通喷雾器	16L	台	杭州喷雾器有限公司	125.00
020703	电动喷雾器	20L	台	福州医用品有限公司	169.50
020703	电动喷雾器	20L	台	杭州喷雾器有限公司	170.00
020801	喷壶	20L	只	福州医用品有限公司	70.20
020801	喷壶	20L	只	杭州喷雾器有限公司	75.00
020901	移动紫外线消毒灯	40W	支	富阳医用灯具有限公司	132.00
020901	移动紫外线消毒灯	40W	支	杭州灯具有限公司	128.50
021001	消毒桶	20L	只	福州医用品有限公司	50.00
021001	消毒桶	20L	只	上海医疗用品三厂	46.00
030101	水银体温计	CRW11	支	杭州温度计有限公司	9.00

原材料代码	原材料名称	规格	计量单位	供货单位	平均供货价格/元
030101	水银体温计	CRW11	支	丽水温度表有限公司	9.00
030201	红外额温枪	F59	支	北京温度计八厂	91.00
030201	红外额温枪	F59	支	福州医用品有限公司	88.00
030201	红外额温枪	F59	支	杭州温度计有限公司	88.00
030201	红外额温枪	F59	支	杭州医用防护品有限公司	87.00
030201	红外额温枪	F59	支	丽水温度表有限公司	87.00
030401	广谱抗生素	5g	剂	上海医疗用品三厂	320.00
030601	医用废物桶	100L	只	福州医用品有限公司	250.00
030601	医用废物桶	100L	只	上虞日用化工有限公司	255.00
040101	蚊帐	3×6	顶	杭州针织品有限公司	55.00
040401	毛巾	100g	块	杭州针织品有限公司	10.00
040401	毛巾	100g	块	丽水日用品有限公司	10.00
040501	肥皂	125g	块	杭州萧山洗涤有限公司	6.10
040501	肥皂	125g	块	丽水日用品有限公司	6.50

(5)实验思考题

①根据生产通知单的订单信息,使用原型工具"管理明星"(或其他工具)实施完成:

a.生成采购月报,分析需要采购原材料的量。

b.将采购的原材料信息录入收料单,入库。收料单上的供货单位和采购价格参考本实验提供的案例,不能为零。

c.将已入库的原材料信息录入领料单,领出到车间。

d.将组配完成的成品抗疫物资录入入库单,进入成品仓库。

e.根据生产通知单的订单信息,录入出库单,交付顾客,注意满足交付日期要求。

②根据正确完成的生产通知单、收料单、领料单、装配单、入库单、出库单录入信息,完成原材料收发存月报、车间原材料领用存月报、生产月报、成品收发存月报、销售月报的计算,编制计算公式,实现信息加工处理流程,在实训报告上写出各表(包括采购月报)的计算加工逻辑数据字典。

③企业经营是永续进行的,自行模拟次月的生产任务单,并进一步录入相关的系列单证,完成相关的系列报表,注意分析报表中的月初数应该和上月的月末数是相同的。

④设计一张规整表,为每个组配的防疫成品物资核算价格,表格样式自拟,材料价格可参考实验一。

⑤思考一下,如果公司提供的产品中,有一部分是材料代购代销的,不需要组织生产组配,那么生产通知单、收料单、领料单、装配单、入库单、出库单,以及采购月报、原材料收发存月报、车间原材料领用存月报、生产月报、成品收发存月报、销售月报等单证报表的流程需要做哪些改动?请用数据流程图和文字加以表述。

3.6 总结（Summary）

3.6.1 信息本体与行业特点

各行各业的管理都是非常复杂且有其内在规律的，但是只要以信息处理的观点去进行分析，就会发现再复杂的行业和企业管理也不过就是一些表及对这些表的处理，这就是总结出来的信息本体特征。

新冠疫情，以及其他突发的事件，都需要社会做出快速，甚至是紧急的响应。在当代信息社会，面对突发事件，虽然有可能通过事先预案的形式做好准备，但也可能出现无法预料的情形，需要临时对信息架构和流程进行新的定义。因此，信息处理本体中间件系统可以作为各行各业应急预案平台之一，在应急事件中发挥更大的作用，从而和我们国家的体制优势很好地结合起来，为人民生活和经济发展的稳定保驾护航。

为民疫用物资组配信息系统，是根据国家在新冠疫情中的管理组织需要而收集整理形成的信息需求，涉及的一些表格，以及它们之间的信息处理关系，可以通过映射的方式在本体中间件平台中一一定义，可以快速地得到一个管理信息系统，这就是信息处理本体中间件平台无代码开发的魅力所在。

本体中间件简化了信息处理系统开发的过程和难度，所以我们可以将主要精力用于信息管理需求的挖掘。也就是说，简单的信息处理已经实现了，但经过一段时间，数据大量积累了，那么怎么样才能更好地利用和分析这些数据以便为企业服务？怎样为企业带来更多的效益？这是数据挖掘的基本内涵。在信息化已经普遍的今天，数据挖掘分析的低代码开发会越来越成为信息化真正的价值所在。

3.6.2 信息处理系统实施

我们有没有可能，将信息处理系统的开发过程规范化、低代码化为像搭积木那样简单、快速？采取传统的面向过程的开发方法，这几乎不可能实现，采取面向对象的开发方法，也难以实现，而要实现这个过程，只有采取面向需求的开发方法。从本章实例可以看出，任何一个信息处理系统，只要获得其表单及其流程的需求，便可以直接在平台上进行需求制导式的定义，定义完毕，系统即基本完成，而且这样完成的系统还可以不断进行演进型的完善，这是符合人类认识发展的辩证规律的。

3.6.3 区域经济服务

信息处理系统是为行业、企业的经济发展和社会建设服务的，一个地区、一个行业、一个企业、一个地方的管理都有其各自的要求和特色，有些可以加以规范，形成统一的模式，有些则不能或无法形成固定的模式，需要在事态的发展过程中逐步认识清楚，加以完善。是"企业适应软件"？还是"软件适应企业"？抑或是"软件适应事态"？这是一个两难的选择，也是一个永恒的命题，我们认为，正确、高效运用信息处理本体中间件系统，就可以破解这个难题，让有效的解决方案固化为智慧数据库，同时又能够让企业的优秀经验成为软件充实、完善、提高的台阶，可以相信这种在软件开发者和使用者间的互动能够让软件更好地为企业服务，也为我们国家未来的建设提供一个有效的工具。

4 制造执行系统分析与实施

本章全面介绍和指导制造执行系统的分析与实施,展示制造企业生产信息系统从需求调查到具体实施,最后完成交付使用的全过程,重点在于文档的撰写与完善。

4.1 任务(Task)

4.1.1 业务需求

任何一个信息系统,都是为人们的生产和生活服务的。没有调查就没有发言权,信息系统要实现什么样的功能,需要事先向用户做需求调查,这是信息系统开发实施的第一步。调查得来的信息,又要根据信息技术的特点、所能达到的水平,以及用户投入的多寡,通过分析给出信息系统的解决方案,这个方案即"系统分析设计书",这是信息系统开发的第二步。系统分析设计书也是程序设计人员、设备采购人员、网络布线人员等各类工程技术人员所依据的蓝本,经过技术团队的共同努力完成第三步信息系统项目的开发之后,又需要向用户做出书面的指导,指导用户怎么安装、使用和维护这个信息系统,并据此对用户开展必要的培训,这个书面的指导,就是"操作使用说明书",这是信息系统开发实施的第四步。

从"系统分析设计书"到"操作使用说明书",贯彻的是我党一贯以来所坚持的"从群众中来,到群众中去"的思想路线,每一位信息系统开发实施人员,都应该老老实实地按照这一思想路线,要当先生,先做学生,深入基层,学会倾听,同时又要融会贯通,学以致用,最后回馈用户,报答社会,在实践中检验是否满足了用户需求,并不断完善和改进,使人们的认识在不断沟通和交流中实现螺旋上升和波浪推进,使人们的工作效率越来越高,生活越来越好。

当前,全国人民齐心协力,正迈向第二个百年强国复兴伟大中国梦的征程,新的技术日新月异,层出不穷,工业互联网、智能制造、数字化工厂等已经成为第二个百年征程上的新时代的重要技术特征。结合专业研究和项目运用,深入了解社会对新技术的需求,是十分有利于每一个人的职业生涯成长的。

面对错综复杂的国际环境和艰巨繁重的国内改革发展稳定任务,特别是在新冠疫情及中美贸易争端的严重冲击下,中国制造业经受住了巨大考验。但必须清醒地认识到,中国制造业的发展得益于完整工业体系优势、广阔市场优势等,而质量效益仍有待提升,发展不平衡不协调不充分的问题依然突出。在结构性、体制性、周期性问题相互交织的大背景下,中国制造业要着眼长远、抓好当前,解决脱实向虚、市场资金、观念作风、决策机制、人才结构等一系列外部和内部问题,坚定不移靠数字信息技术,推进制造业转型升级。

本项目案例所涉及的制造执行系统问题如下:

现有杭州富强制造有限公司,以生产机械标准件为主营业务,现根据业务发展需要拟开发制造执行系统(Manufacturing Execution System,MES),从各个部门了解到的问题如下。

(1)订单生产前

材料采购与生产需求不对等;来料检验控制不良导致生产过程中争议较多;生产计划安排不合理;临时插单导致生产混乱;工单下发不明确,不能具体到个人或班组;图纸传递不及时,工人不能随时查看图纸。

(2)订单生产中

上、下序生产信息传达不到位,上序完工后下序无法第一时间了解;车间领料没有依据,造成物料浪费严重;物料不良或物料不齐全,影响生产进度;质检人员不完善,导致当前工序完工后质检员不能立即质检而影响下一工序生产;生产过程中经常会出现返修或不合格产品的情况;不能实时了解生产进度。

(3)订单生产后

无法有效统计工人工时;不能对生产订单进行详细的材料消耗统计;无法按照设备统计生产情况;生产统计与分析不完善,难以评估公司生产情况;出现问题时无法追溯原因;无法准确计算出生产成本。

企业希望以市场需求为导向,针对工期拖延、原料需求不明确、仓库原料积压、生产效率与良品率低、车间管理混乱、资金流转迟滞等问题,推出 MES 生产管理系统,有效解决生产制造企业在生产过程中遇到的各种问题,帮助企业实现数字化转型,有效提高生产效率,降低生产成本。

4.1.2　功能需求

制造执行系统的功能需求和其他信息系统一样,需要基本的输入输出、计算生成等功能。

(1)报价管理

原材料按照方料和棒料自动核算价格,报价记录可存档、可查询、可追溯。

(2)生产排产

制作生产清单,进行生产排产。根据图纸设定工艺路线、工时、提成等,自动生成清单,自动下发车间。

(3)外购管理

清晰统计核算外购账目,工单是否开始,是否完成,是否到厂。

（4）车间管理

订单生产状态实时更新，员工实时报工，原料到厂第一时间了解。上、下工序之间相互制约，首序卡料，下序卡上序。

（5）财务管理

项目收款账目，材料采购账目，标准件采购账目，发票开具状态、生产成本核算、项目成本核算。

（6）订单管理

统计订单价格、批次收款情况，管理发票状态。

（7）生产看板

清晰了解项目节点、各道工艺生产状态、每道工艺报工时间，有效提升员工效率，让企业明了项目进度与实际产能。

（8）BOM 管理

清晰管理企业内部所有产品的物料清单，并且支持多阶 BOM，为生产车间领料、采购部门采购材料、财务核算成本、工人计件工资核算等提供准确依据。

（9）存货档案管理

清晰管理厂内所有的原材料、半成品、产成品数据，为后续搭建 BOM、采购材料、核算成本等提供基础资料。

（10）工具库管理

入库、出库、借出、归还，状态实时可见。

4.2　构思（Conceive）

4.2.1　管理信息系统开发流程

任何一个信息系统的诞生，从最初萌发意向开始，到最后成功实施运行为止，都需要经过一系列的阶段和过程。首先要进行需求调查，而后再进行系统分析、系统设计、系统实施、运行测试和系统维护，这个过程称为信息系统的生命周期。对于一个复杂的大型信息系统来说，系统设计部分又包括概要设计、详细设计、程序设计和数据库设计等过程，它们的开发流程和任务工作量如图 4-1 所示。

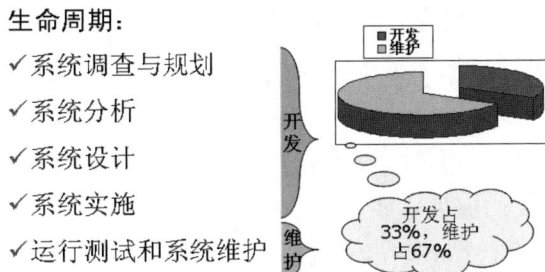

图 4-1　管理信息系统生命周期

制造执行系统就应当从需求调查开始,了解企业的业务流程、组织机构的职能,并收集和整理相关的单证、报表,形成系统开发所需要的所有基础材料。

4.2.2　需求调查

在任何信息系统项目的实施中,需求调查都是十分重要的,它是系统规划分析设计的前提,需求调查的内容主要包括单位概况、组织机构、部门职能、系统目标、现行状况、与外界关系、领导态度、可用资源、约束条件等。调查的方式包括查阅历史资料、召开调查会、面谈调查、发调查表、参加业务实践等。

在实际操作中,调查也不会一次完成,有时需要反复调查多次,甚至针对某一个人都会有多次的调查。具体到制造执行系统的需求调查,可供参考的调查提纲如下。

(1)调查对象为公司总经理

问题1:总经理您好,富强制造执行系统开发项目已立项,请您介绍一下公司现状。

问题2:正如总经理所说,信息系统的开发一定会提高企业的生产管理水平,请问总经理,您对富强制造执行系统的开发有什么样的总体要求呢?

问题3:总经理,您在项目投入方面,有何考虑? 是否有特殊的要求?

问题4:总经理,根据您的要求,我们提出"总体设计,分步实施"的系统开发原则,以市场需求为导向,设计好系统的总体架构,然后根据企业的实际情况和需求,对关键性的环节首先实施信息化,在系统开发过程中,有效解决企业在生产过程中遇到的各种问题,帮助企业实现数字化转型,有效提高生产效率,降低生产成本。对于这样一种信息化建设思想,您是否同意?

问题5:我们的"演进型"原型开发技术完全能够满足您的这一要求,这个过程的特点是在总体系统设计框架下,以少量投入建立一个可以实际使用的"原型"系统,然后根据信息化规模的扩大,逐步增加表格,局部调整接口,最大限度地保护既有的信息化投入,让所有的投入发挥最大的效益,可以从很大程度上避免投入的风险。

(2)调查对象为公司办公室王主任

问题1:王主任您好,关于富强制造执行系统开发项目一事,打算向您了解一些公司部门机构方面的情况,您方便吗?

问题2:王主任,这些部门有各自的职能职责规定吗? 管理人手充足吗?

问题3:谢谢王主任为我们做的详细介绍。我们还想了解一下,公司与外部有哪些联系?

(3)调查对象为公司办公室王主任(第二次补充调查)

问题1:王主任您好,前一段时间,我们走访了贵公司的相关部门,就富强制造执行系统开发项目一事,做了充分的需求调查,感谢公司各个部门的配合。在接下来的一段时间中,我们会抓紧进行系统开发,今天打算向您收集一些具体的流程数据,能否请您协调一下有关部门,为我们提供一些测试数据?

问题2:从我们调查的情况来看,系统所涉及的单证有收料单、领料单、装配单、入库单和出库单,所涉及的报表有原材料收发存月报、车间原材料领用存月报、成品收发存月报和车间成本表,我们希望这些单证和报表能够提供两个月的数据,以便我们在开发好系统后进行测试模拟。

(4)调查对象为供应科金科长

问题1:金科长您好,关于富强制造执行系统开发项目一事,打算向您了解一些供应科职能和具体运作流程方面的情况,您方便吗?

问题2:能否说说原料需求不明确、仓库原料积压的具体现象吗?

问题3:你们收料处理的信息量大吗?

问题4:能给我们一些单证的样张吗?

问题5:能否介绍一下这些单证是怎么填制、使用的?

(5)调查对象为销售科李科长

问题1:李科长您好,关于富强制造执行系统开发项目一事,打算向您了解一些销售科职能和具体运作流程方面的情况,您方便吗?

问题2:能给我们一张订单和出库单的样张吗?

问题3:李科长,能否具体说说订单和出库单的流程?

问题4:能否介绍一下订单和出库单是怎么填制使用的?

问题5:录入时有什么要求吗?

问题6:李科长,根据您多年来的经验,能否再明确一下各个栏目的宽度?

问题7:你们一个月出库量大吗?

(6)调查对象为生产部钱部长

问题1:钱部长您好,关于富强制造执行系统开发项目一事,我们前几天已到生产部下属的各个部门了解到工期拖延、原料需求不明确、生产效率与良品率低、车间管理混乱等方面的问题。今天我们想向您了解一下,生产部是否有数字化转型、图表化管理、系统化排产等方面的改进,以提升生产管理水平?

问题2:钱部长有没有具体一点的单证、流程等方面的要求?

问题3:钱部长有这些统计报表的样张吗?

问题4:钱部长能否为我们讲解一下原材料收发存月报制作的流程?

问题5:我们看了一下,领料单上的单价是缺的,这是怎么回事?

问题6:谢谢,请您再讲解一下车间领用存报表制作的流程,好吗?

问题7:能不能为我们举一个例子?

问题8:哦,知道了。那么领用存报表和其他的单证、报表有什么关系呢?

问题9:听了您的介绍,本月结存是算出来的,而上面您又讲了盘存是盘点出来的,两者有什么关系,万一不一致怎么办?

问题10:好的,接下来是成品收发存月报,它的制作流程是怎么样的?

问题11:车间成本表是怎么制作的呢?

问题12:车间成本表上的产量是不是就是成品收发存月报上的收入数呢?

问题13:车间成本表上的料、工、费是怎么计算的?

问题14:好的,钱部长,代码方面公司有什么要求吗?

问题15:钱部长您看还有别的要求吗?

问题16:钱部长,刚才听了您的介绍,如果我们有更好的解决方案,允许调整吗?

(7)调查对象为生产车间马主任

问题1:马主任您好,生产车间是富强制造执行系统中的核心部分,能否请您介绍一下生产车间职能和具体运作流程方面的情况?

问题2:马主任,听了您的介绍,感觉这个流程还是蛮复杂的,这么复杂的流程应该有相应的单证吧?

问题3:领料单,装配单,还有入库单,那么多啊,能不能给我们些样张?

问题4:马主任,领料单的流程是怎么样的呢?

问题5:能否介绍一下领料单是怎么录入的?

问题6:这个单证和收料单好像差不多吧?

问题7:录入领料单有什么要求吗?

问题8:领料单执行计划价,会不会产生材料成本差异?

问题9:你们一个月的领料量大吗?

问题10:马主任,那么装配单的流程又是怎么样的呢?

问题11:能否介绍一下装配单是怎么录入的?

问题12:你们一个月的装配量大吗?

问题13:入库单的流程是怎么样的?

问题14:入库单的流量大概有多少?

(8)调查对象为原材料仓库丁班长

问题1:丁班长您好,为配合富强制造执行系统开发,想请您介绍一下原材料仓库的具体运作流程,好吗?

问题2:那么,有哪些单证要经过你们仓库呢?

(9)调查对象为成品仓库洪班长

问题1:洪班长您好,为配合富强制造执行系统开发,想请您介绍一下成品仓库的具体运作流程,好吗?

问题2:有哪些单证经过你们的仓库呢?

(10)调查对象为检验室赵主任

问题1:赵主任您好,为配合富强制造执行系统开发,想请您介绍一下检验室的具体运作流程,好吗?

问题2:有哪些单证经过你们车间呢?

4.2.3 附:调查结果

需求调查之后会收集一系列的客户资料,这是进一步实施系统开发设计的重要素材。现模拟 A、B、C 三个小组对杭州富强制造有限公司展开需求调查,并将调查得到的素材汇总提供如下。请注意,需求调查工作未必是一次性完成的,会伴随系统开发不断深化,提出新的需求,并持续开展调查和分析整理。

本月5日,阴,A小组调查,调查对象为公司总经理

答1:我们杭州富强制造有限公司是一家专门为机械电子行业提供标准件的企业,主要产品分大、中、小号各类标准件,产品主要行销江浙地区。近年来,市场稳步扩大,销售额逐年增加,企业原材料和产成品的生产量与吞吐量越来越大,移动终端使用越来越普遍,还在延续的传统手工管理模式已经越来越不能适应企业发展的需求,希望借助制造执行系统的开发,全面提高公司的生产管理水平。

答2:生产车间全透明化管理,办公室WEB端与手机App同步在线,无须企业花费巨额成本开发,简单部署,即时启用。随时随地了解工单进度、查看工厂数据,丰富的后台功能设定,一次设置,长久使用。无须聘用专业操作人员,能够输入数字操作鼠标者便可使用。简单易用的客户端,丰富友好的功能设置,把"实体空间"和"虚拟呈现"融合在一起,通过传感器采集"实体空间"生产制造过程中的所有实时数据,给予直观详尽的数据可视化面板。同时有安全的数据容灾机制,保证数据万无一失。

答3:一般来说,信息系统开发所带来的是管理效能的提高,鉴于公司发展的实际状况,规避失败可能带来的风险,我想分阶段进行信息化建设,先以少量的投资、较短的时间解决当前最迫切的生产管理问题,希望能够立竿见影,效果好的话,再逐步延伸到财务系统、人事系统、营销系统,以及与银行、财税、客户等外部系统的联系,做到生产管理数字化、生产数据图表化、生产排产系统化、人力物料数据化、财务统计透明化。

答4:分期投入信息化的目的是这么考虑的:这个制造执行系统建设好后,先解决管理人员不足和管理不到位的问题,逐步提升生产管理水平,把企业员工的管理能力提高。员工的管理能力提高了,对于下一步信息化规模的扩大也是有明显好处的。希望在目前阶段的制造执行系统建设过程中,要考虑好未来数字化转型的几个接口,避免将来信息化规模扩大后,重新返工,使目前的投入过于浪费。

本月8日,小雨,A小组调查,调查对象为公司办公室王主任

答1:我们公司是专门从事标准件生产的。现有部门除总经理外,包括办公室、生产部、财务科、供应科、销售科、人事科、总务科,其中生产部下设有生产车间、检验室、原材料仓库和成品仓库。

答2:下面我为你们简单介绍一下部门职能职责规定。我们公司不设副总经理,总经理负责公司的全面工作。

公司办公室在总经理领导下,负责协调公司其他各个部门的关系,具体负责公司的文案起草、会议安排、计划落实,配合公司有关部门做好对外宣传和联络工作。公司办公室还负责公司的党委、工会、团委、妇女方面的具体工作。此次配合你们进行制造执行系统项目建设具体工作的就是我们办公室的小李。

生产部是公司较大的一个部门,它下面设有生产部门,如装配车间、检验室等,也设有物流部门,包括原材料仓库和成品仓库。这个部门的职能比较复杂,我改天安排生产部钱部长给你们详细介绍。

财务科是公司负责资金管理、账务结算和费用核算的部门,是企业的利润中心,也是公司管理中的一个核心部门，考虑到财务管理的复杂性和对供应链的依赖性，这次制造执行系统建设要先解决项目收款、材料采购、标准件采购、发票开具、生产成本核算、项目成本核算等功能，不过多地涉及账务处理内容，希望你们在系统建设中充分预留好接口，为下一步的财务管理子系统创造有利的条件。

供应科是公司原材料采购的部门，它根据公司生产部的生产需求和原材料仓库的实际库存，安排采购计划，落实采购人员和采购资金，通过比价和招标选定合适的供应商、加工商，确保在合适的时间，由合适的供应商、加工商提供合适质量和合适数量的原材料，负责原材料质量的检验和款项的对外支付。

销售科是公司产品销售的部门，它根据市场需求，向公司生产部提供订单，然后在产成品库存充足的情况下，开具出库单，向客户发货和提供产品服务。销售科的业务员除负责产品的推销外，还负责应收款项的回笼，以及受理产品质量的投诉。

人事科负责公司全体职员的人事档案、工资考核和劳动人事统计管理。除按国家政策规定确定每个人的基本工资、岗位工资和技术津贴等基本收入外，还根据公司绩效考核评分确定每个人的评价工资，再根据每个人的出勤等情况扣除掉应扣的工资，最后结算每人当月的实发工资，报财务科发放。

总务科负责公司固定资产和生活设施的管理，除公司固定资产外，比如公司食堂膳食、环境卫生、水电气等设施的管理，还有公司职员的福利发放，也要具体操办，所发生的费用均要造表报财务入账。

这次公司办公会议议定，制造执行系统是公司整个信息化建设的第一阶段工作，界定范围暂时只包括生产部，其他部门信息化均待未来再实施，只是希望此次在预留接口上有所考虑。

答3：公司与外部的联系是很多的，比如财务科需要向政府财税部门每月申报财税报表，人事科需要向政府劳动人事部门申报从业人员人数及其报酬，总务科需要向安全部门每季申报设备和人员的安全生产状况，生产部需要向统计局每月申报产值、产量等数据。此外，我们的工资现在通过银行发放，每月的工资清单要造册报银行，款项由公司账户划转到员工个人账户上，就连我们办公室也要向上级党委和工、青、妇部门每个季度申报一次数据。

为配合公司未来发展，我们打算在适当时候，对委托加工的单位进行管理，形成我公司生产制造的网络布局，到时候你们开发的制造执行系统就不仅仅是覆盖一个厂区了，而是要考虑到跨地区的生产管理。

本月 20 日，晴，A 小组调查，调查对象为公司办公室王主任

答1：今天配合你们做个主要业务流转模拟，模拟时间定为今年 5、6 月份，其中 5 月份 2 次收料，2 次领料，1 次生产，1 次入库，1 次发货；6 月份 2 次收料，1 次领料，1 次生产，1 次入库，各次物流流转如下（所有物料均以"个"为计量单位）：

第一次收料：2021 年 5 月 8 日

型号	GB30 方形料			GB52 棒形料			GB97 球形料		
	M6X20	M10X30	M20X45	M6	M10	M20	Φ6	Φ10	Φ20
数量	11	3	4	12	2	2	24	9	3

第一次领料：2021 年 5 月 10 日

型号	GB30 方形料			GB52 棒形料			GB97 球形料		
	M6X20	M10X30	M20X45	M6	M10	M20	Φ6	Φ10	Φ20
数量	4	3	2	1	2	0	5	9	0

第二次收料：2021 年 5 月 15 日

型号	GB30 方形料			GB52 棒形料			GB97 球形料		
	M6X20	M10X30	M20X45	M6	M10	M20	Φ6	Φ10	Φ20
数量	9	3	3	8	6	5	11	6	10

第二次领料：2021 年 5 月 20 日

型号	GB30 方形料			GB52 棒形料			GB97 球形料		
	M6X20	M10X30	M20X45	M6	M10	M20	Φ6	Φ10	Φ20
数量	6	2	1	8	5	4	10	6	6

第一次装配生产：2021 年 5 月 30 日

型号	标准件（方形料：棒形料：球形料＝1：1：2）		
	C6 小号标准件	C10 中号标准件	C20 大号标准件
数量	7	5	3

第一次入库：2021 年 5 月 30 日

型号	标准件		
	C6 小号标准件	C10 中号标准件	C20 大号标准件
数量	7	5	3

第一次出库：2021 年 5 月 31 日

型号	标准件		
	C6 小号标准件	C10 中号标准件	C20 大号标准件
数量	6	5	3

第三次收料:2021 年 6 月 3 日

型号	GB30 方形料			GB52 棒形料			GB97 球形料		
	M6X20	M10X30	M20X45	M6	M10	M20	Φ6	Φ10	Φ20
数量	5	3	1	13	3	6	7	7	4

第四次收料:2021 年 6 月 20 日

型号	GB30 方形料			GB52 棒形料			GB97 球形料		
	M6X20	M10X30	M20X45	M6	M10	M20	Φ6	Φ10	Φ20
数量	6	3	1	8	3	3	21	8	1

第三次领料:2021 年 6 月 21 日

型号	GB30 方形料			GB52 棒形料			GB97 球形料		
	M6X20	M10X30	M20X45	M6	M10	M20	Φ6	Φ10	Φ20
数量	12	3	1	10	1	2	22	7	3

第二次装配生产:2021 年 6 月 30 日

型号	标准件(方形料:棒形料:球形料＝1:1:2)		
	C6 小号标准件	C10 中号标准件	C20 大号标准件
数量	8	3	1

第二次入库:2021 年 6 月 30 日

型号	标准件		
	C6 小号标准件	C10 中号标准件	C20 大号标准件
数量	6	2	1

答2:假定 5 月为新生产的第一个月,则我们手工完成的两个月报表供参考。

杭州富强制造有限公司
原材料收发存月报
2021 年 5 月

编号	材料名称	规格	单位	月初结存	本月收入	本月发出	本月结存
GB97	球形料	Φ6	个	0	35	15	20
GB97	球形料	Φ10	个	0	15	15	0
GB97	球形料	Φ20	个	0	13	6	7
GB30	方形料	M6X20	个	0	20	10	10
GB30	方形料	M10X30	个	0	6	5	1

编号	材料名称	规格	单位	月初结存	本月收入	本月发出	本月结存
GB30	方形料	M20X45	个	0	7	3	4
GB52	棒形料	M6	个	0	20	9	11
GB52	棒形料	M10	个	0	8	7	1
GB52	棒形料	M20	个	0	7	4	3
合计				0	131	74	57

填表日期:2021 年 5 月 31 日　　　　　　　　　　　　制表人:陈琨瑛

杭州富强制造有限公司
原材料收发存月报
2021 年 6 月

编号	材料名称	规格	单位	月初结存	本月收入	本月发出	本月结存
GB97	球形料	Φ6	个	20	28	22	26
GB97	球形料	Φ10	个	0	15	7	8
GB97	球形料	Φ20	个	7	5	3	9
GB30	方形料	M6X20	个	10	11	12	9
GB30	方形料	M10X30	个	1	6	3	4
GB30	方形料	M20X45	个	4	2	1	5
GB52	棒形料	M6	个	11	21	10	22
GB52	棒形料	M10	个	1	6	1	6
GB52	棒形料	M20	个	3	9	2	10
合计				57	103	61	99

填表日期:2021 年 6 月 30 日　　　　　　　　　　　　制表人:陈琨瑛

杭州富强制造有限公司
车间原材料领用存月报
2021 年 5 月

编号	材料名称	规格	单位	月初结存	本月领入	本月耗用	本月结存
GB97	球形料	Φ6	个	0	15	14	1
GB97	球形料	Φ10	个	0	15	10	5
GB97	球形料	Φ20	个	0	6	6	0
GB30	方形料	M6X20	个	0	10	7	3
GB30	方形料	M10X30	个	0	5	5	0
GB30	方形料	M20X45	个	0	3	3	0
GB52	棒形料	M6	个	0	9	7	2

编号	材料名称	规格	单位	月初结存	本月领入	本月耗用	本月结存
GB52	棒形料	M10	个	0	7	5	2
GB52	棒形料	M20	个	0	4	3	1
合计				0	74	60	14

填表日期:2021 年 5 月 31 日　　　　　　　　　　　　　　　制表人:洪丽

杭州富强制造有限公司

车间原材料领用存月报

2021 年 6 月

编号	材料名称	规格	单位	月初结存	本月领入	本月耗用	本月结存
GB97	球形料	Φ6	个	1	22	16	7
GB97	球形料	Φ10	个	5	7	6	6
GB97	球形料	Φ20	个	0	3	2	1
GB30	方形料	M6X20	个	3	12	8	7
GB30	方形料	M10X30	个	0	3	3	0
GB30	方形料	M20X45	个	0	1	1	0
GB52	棒形料	M6	个	2	10	8	4
GB52	棒形料	M10	个	2	1	3	0
GB52	棒形料	M20	个	1	2	1	2
合计				14	61	48	27

填表日期:2021 年 6 月 30 日　　　　　　　　　　　　　　　制表人:洪丽

杭州富强制造有限公司

成品收发存月报

2021 年 5 月

编号	产品名称	规格	单位	月初结存	本月收入	本月发出	本月结存
C6	小号标准件	M6	个	0	7	6	1
C10	中号标准件	M10	个	0	5	5	0
C20	大号标准件	M20	个	0	3	3	0
合计				0	15	14	1

填表日期:2021 年 5 月 31 日　　　　　　　　　　　　　　　制表人:陈旭蓓

杭州富强制造有限公司
成品收发存月报
2021 年 6 月

编号	产品名称	规格	单位	月初结存	本月收入	本月发出	本月结存
C6	小号标准件	M6	个	1	6	0	7
C10	中号标准件	M10	个	0	2	0	2
C20	大号标准件	M20	个	0	1	0	1
合计				1	9	0	10

填表日期:2021 年 6 月 30 日　　　　　　　　　　　　　　制表人:陈旭蓓

杭州富强制造有限公司
车间产量月报
2021 年 5 月

编号	产品名称	规格	单位	本月数量	本年累计	去年同期	备注
C6	小号标准件	M6	个	7	7	0	
C10	中号标准件	M10	个	5	5	0	
C20	大号标准件	M20	个	3	3	0	
合计				15	15	0	

填表日期:2021 年 5 月 31 日　　　　　　　　　　　　　　制表人:洪丽

杭州富强制造有限公司
车间产量月报
2021 年 6 月

编号	产品名称	规格	单位	本月数量	本年累计	去年同期	备注
C6	小号标准件	M6	个	8	15	0	
C10	中号标准件	M10	个	3	8	0	
C20	大号标准件	M20	个	1	4	0	
合计				12	27	0	

填表日期:2021 年 6 月 30 日　　　　　　　　　　　　　　制表人:洪丽

本月 9 日,晴,B 小组调查,调查对象为供应科金科长

答 1:我们供应科在与制造执行系统有关具体运作方面,只承担收料单的录入工作。

答 2:我们公司的收料单是一式三联,一联由我们科留存,一联随货物交仓库,一联交财务科入账。我们公司目前的收料单通常是随发票一起到达的,也就是在货物到达的同时,发票也同时到达,因此科里的管理人员凭发票录入收料单,然后由仓库确认,月底一并交财务科。

答 3:目前阶段,收料处理的信息量一个月有个百来张。

杭州富强制造有限公司
收料单

仓库： 年 月 日 NO.

编号	材料名称	规格	单位	数量	单价	金额	备注
	合计						

仓库： 记账： 制单员：

答4：仓库一栏一般指原材料仓库，年月日是指收料的日期，NO. 按 YYMMXXX 连续编号。编号一栏指的是材料代码，用 GB30 表示方形料，它们有 M6X20、M10X30、M20X45 三种规格；用 GB52 表示棒形料，它们有 M6、M10、M20 三种规格；用 GB97 表示球形料，它们有 Φ6、Φ10、Φ20 三种规格。计量单位一般都用"个"表示，单价保留两位小数，金额由数量和单价计算而得。我们科录入人员的签名一栏放在制单员中。

答5：首先，我们希望材料名称能够自动转换，规格能够挑选，金额要能够自动计算，然后下面的合计一栏要能自动计算数量和金额。数量合计虽然不具备实际的意义，但可以帮助录入人员核对录入数量的正确性。

本月 12 日，小雨，B 小组调查，调查对象为销售科李科长

答1：销售科主要承担出库单的录入工作。

杭州富强制造有限公司
成品出库单

年 月 日 NO.

购货单位			银行账号					
地址电话			联系人					
产品代码	产品名称	规格	单位	数量	单价	金额	税率	税额
	合计							
	价税合计							

开票员： 仓库签字： 记账： 客户签字：

答2：出库单是一式四联，一联由我们科留存，一联随货物交仓库，一联交财务科入账，还有一联交客户收执。我们科录入出库单后，仓库凭出库单发货，并在单子上签字，出库单随货物送达客户后，客户签字返回。月底凭仓库确认的出库单统计销售业绩，并报财务入账。

答3：年月日是指出库发货的日期，NO.按YYMMXXX连续编号，购货单位通常包括对方的全称（按印章上的标准），同时要录入该单位的银行账号、地址电话和联系人，产品代码有C20、C10、C6，名称分别为大号标准件、中号标准件、小号标准件，大、中、小规格分别为M20、M10、M6，计量单位用"套"表示，单价保留两位小数，金额由数量和单价计算而得，税率一律取13％，税额由金额和税率计算而得。我们科录入人员的签名一栏放在开票员中。

答4：首先，我们希望产品名称能够自动转换，规格能够挑选，金额、税额能够自动计算，合计的数量、金额、税额也要能自动计算，价税合计则由合计金额和合计税额相加而得。数量合计虽然不具备实际的意义，但可以帮助录入人员核对录入数量的正确性。

答5：年月日、NO.和各项签名不必说了，要考虑复姓的情况，购货单位最多时大约40个汉字，地址电话一栏要考虑得多一点，按100个汉字算吧，银行账号通常包括大约20个汉字的支行名称和12位数字的账号，产品代码、名称、规格和计量单位之类的就按刚才的内容考虑，数量、价格、金额、税额要考虑得充分一点，免得到时候位数不够而麻烦。

答6：出库单，一个月千张左右。

本月18日，雷雨，B小组调查，调查对象为生产部钱部长

答1：我们要对每个月的原材料和成品进出情况进行分析与统计，在此之前，由于计算机应用不太普及，统计人员基本上还是依靠手工方式进行统计分析，数据经常有差错，时间也得不到保证，所以公司这次下了决心要上制造执行系统，希望借助现代科学技术大大提高公司的管理水平。

答2：有了计算机以后，可以集成生产运营、安全环保、产品质量、视频监控等各种静、动态数据和各种专业信息管理系统的结果数据，特别是制造执行系统开发完成后，我要求提供生产运营准确数据支持，实现生产过程可视化和高效的指挥调度。至少每月第一天就能把上月的原材料收发情况、车间盘存情况和成品收发情况及时造表报到我这里，由我审核后再上报公司经理、财务科和其他有关部门，还可以以图表形式呈现，实现企业的精细化与智能化管理。车间的成本表可以在五日前完成，报到我这里，我审核后报财务科。

答3：原材料收发存报表的样张如下：

杭州富强制造有限公司
原材料收发存月报
年　月

材料代码	材料名称	规格	单位	上月结存			当月收入			当月领用			本月结存		
				数量	单价	金额	数量	单价	金额	数量	单价	金额	数量	单价	金额
合计															

制表日期：

车间原材料领用存报表的样张如下：

杭州富强制造有限公司
车间原材料领用存月报
车间：　　　　　　　　　　年　月

材料代码	材料名称	规格	单位	上月结存			当月领用			当月耗用			本月结存		
				数量	单价	金额	数量	单价	金额	数量	单价	金额	数量	单价	金额
合计															

制表日期：

成品收发存报表的样张如下：

杭州富强制造有限公司
成品收发存月报
年　月

产品代码	产品名称	上月结存			当月收入			当月发出			本月结存		
		数量	单价	金额	数量	单价	金额	数量	单价	金额	数量	单价	金额
合计														

制表日期：

车间成本表的样张如下：

杭州富强制造有限公司

车间成本表

车间：　　　　　　　　　　　　　　　　年　月

产品代码	产品名称	产量	原材料成本	工时成本				总计
				时间	系数	工费	总成本	单位成本
	合计							

制表日期：

答4：顾名思义，原材料收发存月报表一个月只做一次，报表上的数据反映了公司原材料采购和车间领用的状况，所以它的数据来源一是收料单，二是领料单。

收料单上的材料代码、名称、规格和计量单位，以及经仓库确认的收入数量，分别列入报表上的材料代码、名称、规格、计量单位和收入数量栏目，收料单上的单价和金额也分别列入报表上收入的单价和金额一栏。

同样道理，领料单上的材料代码、名称、规格和计量单位，以及经仓库确认的领料数量，分别列入报表上的材料代码、名称、规格、计量单位和领料数量栏目，领料单上的单价和金额也分别列入报表上领用的单价和金额一栏。

报表上的上月结存各栏是从上个月报表的本月结存取过来的。

报表上的本月结存则通过下列公式计算：

本月结存数量＝上月结存数量＋收入数量－领用数量

本月结存金额＝上月结存金额＋收入金额－领用金额

本月结存单价＝本月结存金额/本月结存数量，保留两位小数

最后完成的报表上，相同的原材料要做归并，不能出现类似"歪八字"的现象，而且最后要有"合计"一行，即将各行的数量、金额进行汇总统计（包括上月结存、本月收入、本月领用、本月结存），要注意的是最后一行的单价一定是重新计算的，不能将各行的单价简单累加。

答5：目前财务子系统没有上，所以领料单上的价格一下子出不来，有的企业是用计划价格代替，我们公司也暂时以计划价代替，我要求车间配合你们执行。

答6：车间原材料领用存报表也是一个月只做一次，报表上的数据反映了车间原材料的领用、耗用和盘存情况。在我们公司，凡月底留在车间的原材料，不管有没有装配成型，只要还没有报产进入仓库的，一律在统计报表上拆解成原材料盘存，这一点和其他公司采取半成品、在制品盘存有点不一样。

答7：比如，本月车间生产了10个大号标准件，但报仓库只有9个，车间还余1个（假定月初没有），另外，车间可能还余大号方形料3个（也假定没有了），那么在盘存时，

有些企业会盘存说车间有半成品(在制品)大号标准件1个,大号方形料3个,但我们公司不行,按车间管理制度规定,必须在统计报表上把那个未报产的大号方形料拆解(注意:只是报表上拆开表述,而不是真的将实物拆解),盘存数是大号方形料4个(3个散的,外加1个已装配好的产品上面的那一个),大号棒形料1个,大号球形料2个(每个产品的方形料:棒形料:球形料=1:1:2)。

答8:车间原材料领用存月报表的数据来源有两个,一个是领料单,一个是装配单。领料单上的材料代码、名称、规格和计量单位,以及仓库确认的领用数量,分别列入报表上的材料代码、名称、规格、计量单位和领用数量栏目,领料单上的单价和金额也分别列入报表上领用的单价和金额一栏(可暂时不考虑)。

装配单上的材料代码(编号)、名称、规格和计量单位,分别列入报表上的材料代码、名称、规格、计量单位和耗用数量栏目,单价和金额暂时不考虑。

报表上的上月结存各栏是从上个月领用存报表的本月结存取过来的。

报表上的本月结存则通过下列公式计算:

本月结存数量=上月结存数量+收入数量-领用数量

本月结存金额=上月结存金额+收入金额-领用金额

本月结存单价=本月结存金额/本月结存数量,保留两位小数

最后完成的报表上,相同的原材料要做归并,最后要有"合计"一行,即将各行的数量、金额进行汇总统计(包括上月结存、本月收入、本月领用、本月结存),要注意的是最后一行的单价一定是重新计算的,不能将各行的单价简单累加。

答9:车间实际盘存数和原材料领用存月报表结存计算数确实会有不一致的问题。我们现在要求车间加强管理,必须保证实际的盘存数和计算的结存相一致,用了这个软件后,我要求根据报表计算出来的结存数去盘点一下实际的数量,如果不一致,则要求他们查找原因,使得报表与实际相符。

另外,领用存报表上的领用数和原材料收发存报表上的领用数应该是完全一致的,希望在系统中能够予以考虑。

答10:成品收发存月报表一个月只做一次,报表上的数据反映了公司成品生产和销售的状况,所以它的数据来源一是入库单,二是出库单。

入库单上的产品代码、名称,以及经仓库确认的入库数量,分别列入报表上的产品代码、名称和收入数量栏目,单价和金额暂时不考虑。

出库单上的产品代码、名称,以及经仓库确认的出库数量,分别列入报表上的产品代码、名称和发出数量栏目,发出单上的单价和金额分别列入报表上发出的单价和金额一栏。

报表上的上月结存各栏是从上个月报表的本月结存取过来的。

报表上的本月结存则通过下列公式计算:

本月结存数量=上月结存数量+收入数量-发出数量

本月结存金额=上月结存金额+收入金额-发出金额

本月结存单价=本月结存金额/本月结存数量,保留两位小数

最后完成的报表上,相同的产品要做归并,最后要有"合计"一行,即将各行的数量、

金额进行汇总统计(包括上月结存、本月收入、本月发出、本月结存),要注意的是最后一行的单价一定是重新计算的,不能将各行的单价简单累加。

答 11:车间成本表是生产成本核算的中心环节,由于财务子系统还没有上,所以这张表目前需要车间独立核算完成,其原材料单位生产成本来自车间原材料领用存月报,车间生产产量和工时统计的数据来源是装配单。

装配单上的产品代码、名称、产量和工时分别列入报表的产品代码、名称、产量和工时,相同的产品要做归并,最后要有"合计"一行,即将各行的产量、工时进行汇总统计。

答 12:车间成本表上的产量和成品收发存月报上的收入数,在有些公司是一致的,而在我们公司两者可以不一致,当车间生产的产品未全部报仓库时,两者就会有偏差。

答 13:目前财务子系统没上,工费还算不出来,所以工时系数暂定为 1 元/分钟,工费为工时与工时系数之乘积。

答 14:我公司建议代码分成原材料代码、规格代码和成品代码,其中原材料代码有行业参考如下:

GB30 方形料,它的规格有 M6X20、M10X30、M20X45 三种;

GB52 棒形料,它的规格有 M6、M10、M20 三种;

GB97 球形料,它的规格有 Φ6、Φ10、Φ20 三种;

成品代码是我公司自己编制的,为 C20、C10、C6,分别代表大号标准件、中号标准件、小号标准件。

答 15:上面和你们介绍的都是报表数据流程方面的要求,在报表打印输出时,希望各表要有时间(中肩)、车间(左肩)和制作时间(表尾),当然表名更是不可缺少,这样才符合统计的要求,并且要求报表有可视化呈现。

本月 9 日,晴,C 小组调查,调查对象为装配车间马主任

答 1:和其他企业一样,生产车间拥有将原材料转换成产品的"点金之术",我们装配车间的主要任务是将领进来的原材料,按照生产计划和生产工艺的要求,把它们分别装配成不同规格的标准件,装配完成后,将产成品经检验后报成品仓库。

答 2:领原材料,要填写领料单,生产完工后要填写装配单,经检验合格后报仓,要填写入库单才能进仓。

答 3：领料单的样张如下：

杭州富强制造有限公司
领料单

车间：　　　　　　　　　　　　　　年　月　日　　　　　　　　　NO.

编号	材料名称	规格	单位	数量	单价	金额	备注
	合计						

领料员：　　　　　　记账：　　　　　　仓库：

装配单的样张如下：

杭州富强制造有限公司
车间装配单

车间：　　　　　　　　　　　　　　年　月　日　　　　　　　　　NO.

产品代码		产品名称		产量	只
编号	材料名称	规格	单位	数量	备注
	耗费工时			分钟	

装配工签字：

入库单的样张如下：

杭州富强制造有限公司

产品入库单

车间：　　　　　　　　　　年　月　日　　　　　　　　NO.

产品代码	产品名称	报产产量	备注

车间制单：　　　　　　　　　　　　　仓库签字：

答4：领料单是企业内部的单证，一式三联，一联由我们车间留存，一联归仓库留存，还有一联交财务科入账。我们车间填写领料单后，到仓库凭单领取原材料，仓库发料后在单子上签字。月底凭仓库确认的领料单报财务入账。

答5：领料单上的领用车间目前就我们一家，年月日是指领料的日期，NO.按YYM-MXXX连续编号，编号一栏指的是材料代码，用GB30表示方形料，它们有M6X20、M10X30、M20X45三种规格，用GB52表示棒形料，它们有M6、M10、M20三种规格，用GB97表示球形料，它们有Φ6、Φ10、Φ20三种规格。计量单位一般都用"只"表示，单价按计划价执行，保留两位小数，金额由数量和单价计算而得。我们车间录入人员的签名一栏放在领料员中。

答6：形式上领料单和收料单是有点相似的，但两种单证所承载的功能是大大不同的，一个是指原材料的"进"，而另一个是指原材料的"出"，所以不能搞混了。

答7：首先，我们希望录入领料单时，材料名称能够自动转换，规格能够挑选，金额要能够自动计算，然后下面的合计一栏要能自动计算数量和金额。数量合计虽然不具备实际的意义，但可以帮助录入人员核对录入数量的正确性。

答8：目前财务子系统暂时不上，材料成本差异也暂不考虑，我们就按计划价执行吧，不考虑材料的实际成本，成本差异的处理待以后财务子系统上时再考虑。

答9：领料量，一个月数百张单子吧。

答10：车间装配单的功能就是在数量上反映企业如何把原材料转换成产品的，许多企业称为物料清单（BOM）或配方，一些企业还视其为机密。我们公司的标准件装配无技术机密可言，可也要填写清楚每个产品的实际用料情况。这个单子也是我们车间内部考核的依据，按装配工计件、计时考核他们的工资。

答11：车间装配单上的车间指的就是我们装配车间，年月日是指装配完工的日期，NO按YYMMXXX连续编号，产品代码有C20、C10、C6，名称分别为大号标准件、中号标准件、小号标准件，下面的耗用材料填写可参照收料单、领料单，耗费工时按分钟填写,最后由装配工签字。

答 12:装配量,一个月一千多张单子。

答 13:入库单一式二联,一联由我们车间留存,一联随检验合格的成品交仓库。我们车间完工的产品经检验室检验合格后,由我们录入入库单,仓库凭入库单清点进仓,并在单子上签字。月底凭仓库确认的入库单统计产量。

答 14:一个月大概要填千把张入库单。

本月 10 日,阴转雨,C 小组调查,调查对象为原材料仓库丁班长

答 1:原材料仓库在基础单证流转上是"过路财神",自己不填写任何单证,主要是对其他部门送来的单证进行确认并签名,这些单证通常都是多联单,其他部门要留一联,给我们一联,现在用电脑了,就希望能够资源共享,直接在网上看到各个部门所填的单证,我们确认就可以了。

答 2:一个是收料单,收料单是供应科填的,随原材料一同进来,我们清点数量(顺带要检验一下质量)后进仓,单子上仓库一栏是由我们签名的。

再一个是领料单,车间填写以后到我们这里发料,料发出后,我们就要在仓库一栏签名。

本月 13 日,雨止转阴天,C 小组调查,调查对象为成品仓库洪班长

答 1:成品仓库也和原材料仓库一样,自己不填写任何单证,主要是对其他部门送来的单证进行确认并签名,这些单证也是多联单,其他部门要留一联,给我们一联。制造执行系统上线后,资源可以共享,我们能看到所有部门填写的单子,只要确认就可以了。

答 2:一个是入库单,入库单由装配车间填写,随合格的产成品一同进库,我们清点数量后进仓,单子上仓库一栏是由我们签名的。

再一个是发货单,销售科填写以后到我们这里发货,货发出后,我们就要在仓库一栏签名。

本月 15 日,晴,C 小组调查,调查对象为检验室赵主任

答 1:检验室的任务是对完工的产成品进行质量检验,车间会把装配好的产品报到我们这里,由我们逐一进行检验,其中不合格产品要退回车间重新加工,然后下一批再做检验。

答 2:有一个报检单是跟着待检品过来的,待检单和物流没有关系,只在我们两个车间流转,可以不考虑纳入制造执行系统。

4.3 设计(Design)

4.3.1 系统分析设计书的体例

系统分析设计书是在需求调查的基础上形成的用于指导信息系统开发的重要文档,它除了组织机构的职能、系统的目标、设备配置、开发的进度等部分外,通常必须包括业务流程图、功能模块图和数据字典三个关键部分。一个可供参考的系统分析设计书主要目录如下:

1 前言

2 企业管理与信息系统需求分析

2.1 系统建设的必要性

2.2 业务管理主要职能和组织机构

2.3 业务数据流程图

2.4 网络拓扑结构

2.5 终端硬件配置

3 系统建设目标

3.1 系统建设总目标

3.2 系统建设原则

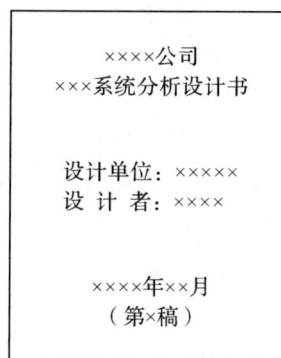

图 4-2 系统分析设计书参考封面

4 新系统的概要设计

4.1 功能模块图

4.2 系统主要功能

4.3 信息的来源去向

4.4 系统的软硬件设计

4.5 系统代码设计

4.6 主要单证报表的数据字典

5 系统实施

5.1 安全可靠性对策

5.2 实施进度安排

5.3 系统价格估算

系统分析设计书的封面则要求注明项目建设单位、项目名称、开发设计单位、开发设计人员、时间和版本等,字号一般要大,用黑体或粗体,如图 4-2 所示。

4.3.2 操作使用说明书的体例

系统操作说明书通常介绍系统的操作事项,系统使用说明书则介绍与系统运行环境相关的一些注意事项,为简便计,操作使用说明书将系统操作说明书和使用说明书合并编制,通常是系统开发完成后,在交付用户使用时,必须向用户提供的重要文档。操作使用说明书除介绍与系统运行环境相关的内容外,更重要的是必须通俗易懂地介绍系统各个部分的操作步骤,介绍过程必须以表格或界面为主线,逐表逐界面地叙述进出、录入、打印、计算、审核等主要操作功能,条理要清楚,图文并茂,一步步地引导操作人员进行管理业务的操作。不同业务、不同表、不同界面中一些雷同的操作,忌用"与×××相同""见×××"等字样。系统操作说明书的参考目录如下:

1　运行环境

2　安装说明

3　功能介绍

4　系统登录

5　A 子系统

5.1　A1 表

5.1.1　进入表

5.1.2　录入操作

5.1.3　勾稽关系及审核

5.1.4　查询

5.1.5　计算

5.1.6　打印预览

5.2　A2 表

5.2.1　进入表

5.2.2　录入操作

5.2.3　勾稽关系及审核

5.2.4　查询

5.2.5　计算

5.2.6　打印预览

……

6　B 子系统

6.1　B1 表

6.1.1　进入表

6.1.2　录入操作

6.1.3　勾稽关系及审核

6.1.4　查询

6.1.5　计算

6.1.6　打印预览

6.2　B2 表

……

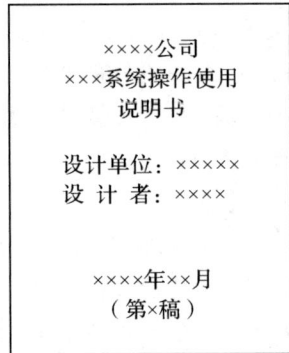

图 4-3　操作使用说明书参考封面

操作使用说明书的封面也应该注明项目建设单位、项目名称、开发设计单位、开发设计人员、时间和版本等,字号要大,用黑体或粗体,如图 4-3 所示。

4.3.3 收料单、领料单、装配单、入库单、出库单的数据字典

由于比较复杂,数据加工逻辑(也称管理信息业务流程)在系统分析设计书和操作使用说明书中通常只作文字的概要说明,而无法将数据加工逻辑字典一一列出,更不可能将加工处理的源代码罗列出来。但借助管理信息本体中间件映射性的描述方法,我们可以将供应链的数据加工逻辑字典明确地描述,而且这部分的修改与维护是透明的,只要授权许可,维护人员随时可以查询和修改数据加工逻辑字典。这就符合用户要求的"简单部署,即时启用""一次设置,长久使用",以及"无须聘用专业操作人员,能够输入数字操作鼠标者便可使用"。

在制造执行系统中,收料单、领料单、装配单、入库单、出库单属于基础单证,主要提供录入数据,而原材料收发存月报、车间原材料领用存月报、车间成本表、成品收发存月报则是可以自动生成的,它们与基础单证既是管理业务流程的来源与流向关系,也是统计计算过程的数据源与生成表关系。为将生成报表的加工逻辑关系说明清楚,表4-1至表4-5分别列出收料单、领料单、装配单、入库单、出库单的数据字典。

表 4-1　数据字典:SLPZ,收料单,月报(日做)

NO.	字段名	类型	宽度	精度	显示宽度	显示精度	范式区域	记录数	备注	空白页初值	即时公式
1	D000	C	10	0	10	0	DBF	1	仓库		
2	D001	C	4	0	4	0	DBF	1	年	_NYY	
3	D002	C	2	0	2	0	DBF	1	月	_NMM	
4	D003	C	2	0	2	0	DBF	1	日	_NMD	
5	D004	C	8	0	8	0	DBF	1	NO.		
6	D005	C	10	0	10	0	DB1	3	编号		
7	D006	C	50	0	24	0	DB1	3	材料名称		IN11({?,6},'GB97','GB30','GB52','球形料','方形料','棒形料',{?,7})
8	D007	C	10	0	8	0	DB1	3	规格		
9	D008	C	6	0	6	0	DB1	3	单位		
10	D009	N	12	2	12	2	DB1	3	数量		
11	D010	N	12	2	12	2	DB1	3	单价		
12	D011	N	12	2	12	2	DB1	3	金额		{?,10}*{?,11}
13	D012	C	20	0	14	0	DB1	3	备注		
14	D013	N	12	2	12	2	DBF	1	合计数量		|S{?,10};

续表

NO.	字段名	类型	宽度	精度	显示宽度	显示精度	范式区域	记录数	备注	空白页初值	即时公式
15	D014	N	12	2	12	2	DBF	1	合计金额		|S{?,12};
16	D015	C	8	0	8	0	DBF	1	仓库员		
17	D016	C	8	0	8	0	DBF	1	记账员		
18	D017	C	8	0	8	0	DBF	1	制单员		

表 4-2　数据字典：LLPZ，领料单，月报（日做）

NO.	字段名	类型	宽度	精度	显示宽度	显示精度	范式区域	记录数	备注	空白页初值	即时公式
1	D000	C	10	0	10	0	DBF	1	车间		
2	D001	C	4	0	4	0	DBF	1	年	_NYY	
3	D002	C	2	0	2	0	DBF	1	月	_NMM	
4	D003	C	2	0	2	0	DBF	1	日	_NMD	
5	D004	C	8	0	8	0	DBF	1	NO.		
6	D005	C	10	0	10	0	DB1	3	编号		
7	D006	C	50	0	24	0	DB1	3	材料名称		IN11（{?,6},'GB97','GB30','GB52','球形料','方形料','棒形料',{?,7}）
8	D007	C	10	0	8	0	DB1	3	规格		
9	D008	C	6	0	6	0	DB1	3	单位		
10	D009	N	12	2	12	2	DB1	3	数量		
11	D010	N	12	2	12	2	DB1	3	单价		
12	D011	N	12	2	12	2	DB1	3	金额		{?,10}＊{?,11}
13	D012	C	20	0	14	0	DB1	3	备注		
14	D013	N	12	2	12	2	DBF	1	合计数量		|S{?,10};
15	D014	N	12	2	12	2	DBF	1	合计金额		|S{?,12};
16	D015	C	8	0	8	0	DBF	1	领料员		
17	D016	C	8	0	8	0	DBF	1	记账员		
18	D017	C	8	0	8	0	DBF	1	仓库员		

表 4-3 数据字典：ZPPZ, 装配单, 月报（日做）

NO.	字段名	类型	宽度	精度	显示宽度	显示精度	范式区域	记录数	备注	空白页初值	即时公式
1	D000	C	10	0	10	0	DBF	1	车间		
2	D001	C	4	0	4	0	DBF	1	年	_NYY	
3	D002	C	2	0	2	0	DBF	1	月	_NMM	
4	D003	C	2	0	2	0	DBF	1	日	_NMD	
5	D004	C	8	0	8	0	DBF	1	NO.		
6	D005	C	10	0	10	0	DBF	1	产品代码		
7	D006	C	30	0	10	0	DBF	1	产品名称		IN11({?,6},'C6','C10','C20','小号标准件','中号标准件','大号标准件',{?,7})
8	D007	N	6	1	6	1	DBF	1	产量		
9	D008	C	10	0	10	0	DB1	3	编号		
10	D009	C	50	0	24	0	DB1	3	材料名称		IN11({?,9},'GB97','GB30','GB52','球形料','方形料','棒形料',{?,10})
11	D010	C	10	0	8	0	DB1	3	规格		
12	D011	C	6	0	6	0	DB1	3	单位		
13	D012	N	12	2	12	2	DB1	3	数量		
14	D013	C	20	0	14	0	DB1	3	备注		
15	D014	N	12	1	12	1	DBF	1	工时		
16	D015	C	8	0	8	0	DBF	1	装配工		

表 4-4 数据字典：JKPZ, 入库单, 月报（日做）

NO.	字段名	类型	宽度	精度	显示宽度	显示精度	范式区域	记录数	备注	空白页初值	即时公式
1	D000	C	10	0	10	0	DBF	1	车间		
2	D001	C	4	0	4	0	DBF	1	年	_NYY	
3	D002	C	2	0	2	0	DBF	1	月	_NMM	
4	D003	C	2	0	2	0	DBF	1	日	_NMD	
5	D004	C	8	0	8	0	DBF	1	NO.		
6	D005	C	10	0	10	0	DB1	3	产品代码		

续表

NO.	字段名	类型	宽度	精度	显示宽度	显示精度	范式区域	记录数	备注	空白页初值	即时公式
7	D006	C	30	0	16	0	DB1	3	产品名称		IN11({?,6},'C6','C10','C20','小号标准件','中号标准件','大号标准件',{?,7})
8	D007	N	6	1	6	1	DB1	3	产量		
9	D008	C	20	0	14	0	DB1	3	备注		
10	D009	C	8	0	8	0	DBF	1	制单员		
11	D010	C	8	0	8	0	DBF	1	仓库员		

表 4-5 数据字典:FHPZ,出库单,月报(日做)

NO.	字段名	类型	宽度	精度	显示宽度	显示精度	范式区域	记录数	备注	空白页初值	即时公式
1	D000	C	4	0	4	0	DBF	1	年	_NYY	
2	D001	C	2	0	2	0	DBF	1	月	_NMM	
3	D002	C	2	0	2	0	DBF	1	日	_NMD	
4	D003	C	8	0	8	0	DBF	1	NO.		
5	D004	C	60	0	16	0	DBF	1	购货单位		
6	D005	C	80	0	16	0	DBF	1	地址		
7	D006	C	15	0	15	0	DBF	1	银行账号		
8	D007	C	8	0	8	0	DBF	1	联系人		
9	D008	C	10	0	10	0	DB1	3	产品代码		
10	D009	C	30	0	20	0	DB1	3	产品名称		IN11({?,9},'C6','C10','C20','小号标准件','中号标准件','大号标准件',{?,10})
11	D010	C	6	0	6	0	DB1	3	规格		
12	D011	C	6	0	6	0	DB1	3	单位		
13	D012	N	10	1	10	1	DB1	3	数量		
14	D013	N	10	2	10	2	DB1	3	单价		
15	D014	N	12	2	12	2	DB1	3	金额		{?,13} * {?,14}
16	D015	N	4	0	4	0	DB1	3	税率		17
17	D016	N	12	2	12	2	DB1	3	税额		{?,15} * 0.17
18	D017	N	12	2	12	1	DBF	1	合计数量		|S{?,13};

NO.	字段名	类型	宽度	精度	显示宽度	显示精度	范式区域	记录数	备注	空白页初值	即时公式
19	D018	N	12	2	12	2	DBF	1	合计金额		|S{?,15};
20	D019	N	10	2	10	2	DBF	1	合计税额		|S{?,17};
21	D020	N	12	2	12	2	DBF	1	价税合计		{?,19}+{?,20}
22	D021	C	8	0	8	0	DBF	1	开票员		
23	D022	C	8	0	8	0	DBF	1	仓库员		
24	D023	C	8	0	8	0	DBF	1	记账员		
25	D024	C	8	0	8	0	DBF	1	客户		

4.3.4 原材料收发存月报的数据与加工逻辑字典

原材料收发存月报是生成报表,它的数据字典见表 4-6,它生成之数据来源是收料单和领料单,自身应当有结存数的核算,它的加工逻辑字典见表 4-7。

表 4-6 数据字典:CLSF,原材料收发存月报,月报

NO.	字段名	类型	宽度	精度	显示宽度	显示精度	备注
1	D000	C	10	0	10	0	材料代码
2	D001	C	40	0	20	0	材料名称
3	D002	C	10	0	10	0	规格
4	D003	C	10	0	10	0	单位
5	D004	N	16	2	12	2	上月数量
6	D005	N	16	2	12	2	上月单价
7	D006	N	16	2	12	2	上月金额
8	D007	N	16	2	12	2	收入数量
9	D008	N	16	2	12	2	收入单价
10	D009	N	16	2	12	2	收入金额
11	D010	N	16	2	12	2	领用数量
12	D011	N	16	2	12	2	领用单价
13	D012	N	16	2	12	2	领用金额
14	D013	N	16	2	12	2	结存数量
15	D014	N	16	2	12	2	结存单价
16	D015	N	16	2	12	2	结存金额

表 4-7　加工逻辑字典:CLSF_JSS,原材料收发存月报,月报

公式名称	公式左边	公式右边	公式条件	精度
删除所有	{?,:}	|Z{:,,:};		2
取上月期末数	{?,:}	|UCLSF01[?,:]! OZ;	{?,1},{?,2},{?,3},{?,4},{?,5},{?,6},{?,7}=[?,1],[?,2],[?,3],[?,4],[?,14],[?,15],[?,16]	2
取收料单的数据	{!,?,:}	|USLPZ00[!,?,:]! OA;	{?,1},{?,2},{?,3},{?,4},{?,8},{?,9},{?,10}=[?,6],[?,7],[?,8],[?,9],[?,10],[?,11],[?,12]	2
取领料单的数据	{!,?,:}	|ULLPZ00[!,?,:]! OA;	{?,1},{?,2},{?,3},{?,4},{?,11},{?,12},{?,13}=[?,6],[?,7],[?,8],[?,9],[?,10],[?,11],[?,12]	2
删除空行	{?,:}	|Z{:,,:}! F{?,1}+{?,2}=";		2
同产品汇总	{?,:}	|P{?,1}+{?,2}! FALL! OS;		2
数量结存	{?,14}	{?,5}+{?,8}−{?,11}		2
金额结存	{?,16}	{?,7}+{?,10}−{?,13}		2
单价结存	{?,15}	{?,16}/{?,14}		2
新增合计行	{?,:}	|I{:,,:}! O{?,2}='合计'A;		2
求合计	{E?,:}	|S{:,,:};	INLI(:,5,7,8,10,11,13,14,16)	2

INLI 是枚举包含函数,INLI(:,5,7,8,10,11,13,14,16)表示列:符合 5,7,8,10,11,13,14,16 这些条件中的至少一个。

4.3.5　原材料领用存月报的数据与加工逻辑字典

原材料领用存月报是车间的生成报表,它的数据字典见表 4-8,它生成的数据来源是领料单(车间收入材料)和装配单(耗用材料),自身应当有结存数的核算,它的加工逻辑字典见表 4-9。

表 4-8　数据字典:CLLY,原材料领用存月报,月报

NO.	字段名	类型	宽度	精度	显示宽度	显示精度	备注
1	D000	C	10	0	10	0	材料代码
2	D001	C	40	0	20	0	材料名称
3	D002	C	10	0	10	0	规格
4	D003	C	10	0	10	0	单位
5	D004	N	16	2	12	2	上月数量
6	D005	N	16	2	12	2	上月单价
7	D006	N	16	2	12	2	上月金额

NO.	字段名	类型	宽度	精度	显示宽度	显示精度	备注
8	D007	N	16	2	12	2	领用数量
9	D008	N	16	2	12	2	领用单价
10	D009	N	16	2	12	2	领用金额
11	D010	N	16	2	12	2	耗用数量
12	D011	N	16	2	12	2	耗用单价
13	D012	N	16	2	12	2	耗用金额
14	D013	N	16	2	12	2	结存数量
15	D014	N	16	2	12	2	结存单价
16	D015	N	16	2	12	2	结存金额

表 4-9　加工逻辑字典:CLLY_JSS,原材料领用存月报,月报

公式名称	公式左边	公式右边	公式条件	精度
删除所有	{?,:}	|Z{:,:};		2
取上月期末数	{?,:}	|UCLLY01[?,:]! OZ;	{?,1},{?,2},{?,3},{?,4},{?,5},{?,6},{?,7}=[?,1],[?,2],[?,3],[?,4],[?,14],[?,15],[?,16]	2
取收料单的数据	{!,?,:}	|ULLPZ00[!,?,:]! OA;	{?,1},{?,2},{?,3},{?,4},{?,8},{?,9},{?,10}=[?,6],[?,7],[?,8],[?,9],[?,10],[?,11],[?,12]	2
取领料单的数据	{!,?,:}	|UZPPZ00[!,?,:]! OA;	{?,1},{?,2},{?,3},{?,4},{?,11}=[?,9],[?,10],[?,11],[?,12],[?,13]	2
删除空行	{?,:}	|Z{:,:}! F{?,1}+{?,2}=";		2
同产品汇总	{?,:}		P {?,1}+{?,2}! FALL! OS;		2
数量结存	{?,14}	{?,5}+{?,8}−{?,11}		2
金额结存	{?,16}	{?,14} * ({?,7}+{?,10})/({?,5}+{?,8})		2
单价结存	{?,15}	{?,16}/{?,14}		2
耗用金额	{?,13}	{?,7}+{?,10}−{?,16}		2
耗用单价	{?,12}	{?,13}/{?,11}		2
新增合计行	{?,:}	|I{:,:}! O{?,2}='合计'A;		2
求合计	{E?,:}	|S{:,:};	INLI(:,5,7,8,10,11,13,14,16)	2

　　原材料领用存月报按照先进先出加权移动平均法的原则已经核算出了当月的材料耗用价格,为车间成本表的计算提供了核算的依据。

4.3.6 车间成本表的数据与加工逻辑字典

车间成本表也是车间的生成报表,它的数据字典见表 4-10,它生成的数据来源是装配单,由于原材料领用存月报已有耗用的成本,故车间成本表完全能够核算出当月的产品成本,它的加工逻辑字典见表 4-11。

表 4-10 数据字典:CJCB,车间成本月报,月报

NO	字段名	类型	宽度	精度	显示宽度	显示精度	备注
1	D000	C	10	0	10	0	产品代码
2	D001	C	40	0	20	0	产品名称
3	D002	N	10	1	10	1	产量
4	D003	N	12	2	12	2	原材料成本
5	D004	N	10	1	10	1	工时
6	D005	N	8	2	8	2	工时系数
7	D006	N	16	2	12	2	工费
8	D007	N	16	2	12	2	总成本
9	D008	N	16	2	12	2	单位成本

表 4-11 加工逻辑字典:CJCB_JSS,车间成本月报,月报

公式名称	公式左边	公式右边	公式条件	精度	备注
删除所有	{?,:}	|Z{:,:};		2	
取装配单产量	{!,?,:}	|UZPPZ00[!,?,:]! F?=1! OZ;	{?,1},{?,2},{?,3},{?,5},{?,6}=[?,6],[?,7],[?,8],[?,15],1	2	
装配单草稿计算材料成本	ZPPZ00[!,?,13]	ZPPZ00[!,?,13] * |BCLLY00[?,12]! FCLLY00[?,1]=ZP-PZ00[!,?,9];		2	*
取装配单草稿成本	{!,?,:}	|UZPPZ00[!,?,:]! OA;	{?,1},{?,2},{?,4}=[?,6],[?,7],[?,13]	2	
计算工费	{?,7}	{?,5}*{?,6}		2	
删除空行	{?,:}	|Z{:,:}! F{?,1}+{?,2}=";		2	
同产品汇总	{?,:}	|P{?,1}+{?,2}! FALL! OS;		2	
总成本	{?,8}	{?,4}+{?,7}		2	
单位成本	{?,9}	{?,8}/{?,3}		2	
新增合计行	{?,:}	|I{:,:}! O{?,2}='合计'A;		2	
求合计	{E?,:}	|S{:,:};	INLI(:,3,4,5,7,8)	2	

车间成本表计算中,通过草稿在车间装配表上获取原材料领用存月报上的耗用单位成本是关键一步,其所获得的每个材料的成本可合并拼接到车间成本表,从而完成材料成本核算。

4.3.7 成品收发存月报的数据与加工逻辑字典

成品收发存月报是生成报表,它的数据字典见表 4-12,它生成的数据来源是入库单和出库单,并有结存数核算,它的加工逻辑字典见表 4-13。

表 4-12 数据字典:CPSF,成品收发存月报,月报

NO	字段名	类型	宽度	精度	显示宽度	显示精度	备注
1	D000	C	10	0	10	0	产品代码
2	D001	C	40	0	20	0	产品名称
3	D002	N	16	2	12	2	上月数量
4	D003	N	16	2	12	2	上月单价
5	D004	N	16	2	12	2	上月金额
6	D005	N	16	2	12	2	收入数量
7	D006	N	16	2	12	2	收入单价
8	D007	N	16	2	12	2	收入金额
9	D008	N	16	2	12	2	发出数量
10	D009	N	16	2	12	2	发出单价
11	D010	N	16	2	12	2	发出金额
12	D011	N	16	2	12	2	结存数量
13	D012	N	16	2	12	2	结存单价
14	D013	N	16	2	12	2	结存金额

表 4-13 加工逻辑字典:CPSF_JSS,成品收发存月报,月报

公式名称	公式左边	公式右边	公式条件	精度	备注	提示
删除所有	{?,:}	|Z{:,:};		2		
取上月期末数	{?,:}	|UCPSF01[?,:] ! OZ;	{?,1},{?,2},{?,3}, {?,4},{?,5}=[?,1], [?,2],[?,12],[?, 13],[?,14]	2		
取车间成本表数据	{?,:}	|UCJCB00[?,:] ! OA;	{?,1},{?,2},{?,6}, {?,7},{?,8}=[?,1], [?,2],[?,3],[?,9], [?,8]	2		
取入库单的数据	{!,?,:}	|UJKPZ00[!,?,:] ! OA;	{?,1},{?,2},{?,12} =[?,6],[?,7],[?,8]	2		

公式名称	公式左边	公式右边	公式条件	精度	备注	提示
取出库单的数据	{!,?,:}	|UFHPZ00[!,?,:]! OA;	{?,1},{?,2},{?,9}＝[?,9],[?,10],[?,13]	2		
删除空行	{?,:}	|Z{:,:}! F{?,1}+{?,2}＝";		2		
同产品汇总	{?,:}	|P{?,1}+{?,2}! FALL! OS;		2		
入库单与车间成本表产量校验	{?,12}	{?,6}		2	—	{?,1}{?,2}的入库单与车间成本表产量不一致
数量结存	{?,12}	{?,3}+{?,6}－{?,9}		2		
核算金额结存	{?,14}	(({?,5}+{?,8})/{?,3}+{?,6})*{?,12}		2		
结存单价	{?,13}	{?,14}/{?,12}		2		
核算发出金额	{?,11}	{?,14}－{?,5}－{?,8}		2		
核算发出单价	{?,10}	{?,11}/{?,9}		2		
新增合计行	{?,:}	|I{:,:}! O{?,2}＝'合计'A;		2		
求合计	{E?,:}	|S{:,:};	INLI(:,3,5,6,8,9,11,12,14)	2		

在表 4-13 所示的加工过程中,有几点需要注意:

(1)车间成本表和入库单均有产量显示,这在车间填表时是分别填制的,符合一般企业的生产实际情况,但到月底统计时,必须检查它们是否一致,因此,在加工逻辑字典中专门从车间成本表(CJCB)和入库单(JKPZ)中分别获取了数据,并进行了相等的校验,对于不相等的产品,应明确列出警示信息。

(2)出库单(FHPZ)中除了有产品的数量外,还有产品的价格与金额,但这个价格与金额是指产品的销售单价与金额,而不是产品收发存月报上所指的发出单价和金额,产品收发存月报上的发出单价和金额需要重新核算,这是会计销售成本核算的重要工作,这个核算过程一般按照先进先出的加权移动平均法进行。

(3)核算结存金额后才能核算结存单位,核算发出金额后才能核算发出单价。

4.3.8　硬件设计

为了随时随地了解工单进度、查看工厂数据,需要设计监测控制与数据采集系统(SCADA),实时采集现场数据,对现场进行本地或远程的自动控制,对工艺流程进行全面、动态和实时的监视。杭州富强制造有限公司的控制与采集点包括装配车间、原材料车间和成品车间三处,所需硬件包括服务器一台、采集工作站三台、监测工作站一台、数据采集终端三台,以及相关的交换机和网络设施。相关性能参数应当满足现场管理需要,性价比合适。

SCADA 的主要功能应当包括:数据采集与管网监测功能、电子值班功能、移动办公功能、事故处理复盘功能、电动阀门控制功能、WEB 发布功能、视频监控功能、抢修预案管理功能、看板显示功能、画图操作功能、报警管理功能、打印功能、权限功能、报表功能、人员角色管理功能、组态定义功能、自诊断恢复功能、冗余容错功能、扩展接口功能、远程诊断维护功能等。

4.3.9　网页设计

由制造执行系统完成的生产管理所有信息均可通过移动端访问查阅,为此需要开发 WEB 网页,以供移动端查询。WEB 开发采用 JAVA＋HTML,与制造执行系统共享数据资源,WEB 服务器部署在云端,可方便用户全天候访问。客户端显示的页面,可参照前面各节的设计。

4.4　实现(Implement)

4.4.1　系统分析设计书

业务流程图、功能模块图和数据字典是系统分析设计书的三个关键内容,是需要经过全面的需求调查和规划分析才能完成的。针对杭州富强制造有限公司的需求调查,系统分析设计书见本章附 1。

4.4.2　操作使用说明书

操作使用说明书是管理信息系统开发完成交付用户使用的重要文档,也是今后系统运行维护的重要技术文档。系统操作的具体步骤与要求,系统使用的环境要求,均在其中得到反映,针对杭州富强制造有限公司开发完成的富强制造执行系统操作使用说明书见本章附 2。

4.4.3　制造执行系统

实际开发完成的制造执行系统是系统分析设计书所要设计实现的目标与任务,又是操作使用说明书赖以描述的对象,是用户实际使用的应用软件。杭州富强制造有限公司的制造执行系统实际完成的案例在本章附 1 和本章附 2 中多有详细描述,在此不再赘述。

附1

杭州富强制造有限公司

富强制造执行系统

分析设计书

设计单位:供应链管理学院
设计成员:傅一杰 杜彬彬 程小源 袁聚明 等
顾　　问:郭星明 马荣飞 计美丽

2022 年 05 月

目　录

1 前言

近年来,随着装配标准件市场稳步发展,销售额逐年增加,公司原材料和产成品的生产量与吞吐量越来越大,目前的传统手工管理模式已经越来越不能适应企业发展的需求,制造执行系统的开发可以全面提高公司的管理水平。

2 企业管理与信息系统需求分析

2.1 系统建设的必要性

杭州富强制造有限公司是一家专门为机械电子行业加工标准件的企业。近年来,随着杭州富强制造有限公司销售额逐渐增加,企业原材料和产成品的生产量与吞吐量越来越大,因此需要开发富强制造执行系统来全面提高企业的生产管理水平。

借助信息系统,通过数字化的形式,让企业管理者实时了解生产进度、工人工时情况、原材料采购情况、客户的账务往来情况,帮助企业发现管理漏洞,从而让企业减少呆滞物料,提高库存周转率和客户满意度,降低生产成本;在项目投入方面,鉴于公司发展的实际情况,规避风险,分阶段进行信息化建设,首先解决生产管理问题,之后再考虑财务系统、人事系统、营销系统以及与银行、财税、客户等与外部联系的系统。

2.2 公司组织机构及职能

公司是一家专门从事标准件生产的厂家。现有部门除总经理外,包括办公室、生产部、财务科、供应科、销售科、人事科、总务科,其中生产部下设有装配车间、检验室、原材料仓库和成品仓库,如图 1 所示。公司总经理负责公司的全面工作。各个部门的职能见表 1。

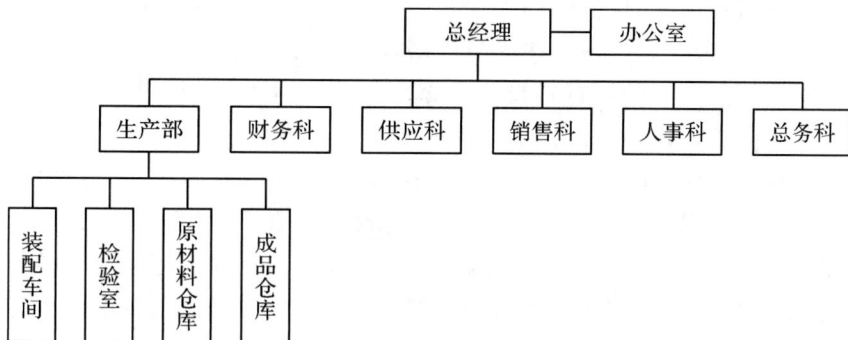

图 1　公司组织结构

表 1　公司各部门职能表

部门名称	职能
办公室	在总经理领导下,负责协调公司其他各个部门的关系,具体负责公司的文案起草、会议安排、计划落实,配合公司有关部门做好对外宣传和联络工作。公司办公室还负责公司的党委、工会、团委、妇女方面的具体工作
生产部	设有装配车间、检验室等生产部门,也设有原材料仓库和成品仓库等物流部门,需要完成原材料、用工、排产、产量的统计与分析,实行看板管理和 BOM 管理
财务科	负责资金管理、账务结算和费用核算,负责全面核算企业利润
供应科	原材料采购部门,根据公司生产部的生产需求和原材料仓库的实际库存,安排采购计划,落实人员和资金,通过比价和招标选定合适的供应商,确保在合适的时间,由合适的供应商提供合适质量和合适数量的原材料,负责原材料质量的检验和款项的对外支付
销售科	负责公司产品销售,具体职能为根据市场需求,向公司生产部提供订单,然后在产成品库存充足的情况下,开具出库单,向客户发货和提供产品与服务。销售科的业务员除负责产品的推销外,还负责应收款项的回笼,以及受理产品质量投诉
人事科	负责公司全体职员的人事档案、工资考核和劳动人事统计管理。除按国家政策规定确定每个人的基本工资、岗位工资和技术津贴等基本收入外,还根据公司绩效考核评分确定每个人的评价工资,再根据每个人的出勤等情况扣除掉应扣的工资,最后结算每人当月的实发工资,报财务科发放
总务科	负责公司固定资产和生活设施的管理,除公司固定资产外,如公司食堂膳食、环境卫生、水电气、生产工具库等设施的管理,还有公司职员的福利发放要具体操办,所发生的费用均要造表报财务入账

富强制造执行系统是该公司整个信息化建设的第一阶段工作,界定范围暂时只包括生产部及关联的供应、仓库、销售等,其他部门的信息化均在预留接口上有所考虑。

除此之外,公司还与外部存在很多联系,比如财务科需要向政府财税部门每月申报财税报表,人事科需要向政府劳动人事部门申报从业人员人数及其报酬,总务科需要向安全部门每季申报设备和人员的安全生产状况,生产部需要向统计局每月申报产值、产量等数据,等等,均预留接口待未来实施。

2.3　业务数据流程图

公司各个部门各司其职,供应科负责采购原材料,并联系原材料入库,生产部除负责生产外,还要对每个月的原材料和成品进出情况进行分析与统计,根据公司要求,生产部每月初就能把上个月的原材料收发存情况、车间领用存情况、成品收发情况和车间成本情况及时造表上报,并提供看板管理。

反映原材料收发存情况的是原材料收发存月报,一个月只做一次,报表数据反映了公司原材料采购和车间领用的状况,数据来源为收料单和领料单。

车间原材料领用存报表也是一个月做一次,报表数据反映了车间原材料的领用、耗用和盘存情况,月底留在车间的原材料与半成品一律在统计报表上拆解成原材料盘存。数据来源为领料单和装配单。

成品收发存月报表一个月做一次,报表数据反映了公司成品生产和销售的状况,数据来源为入库单和出库单,销售的成本需要单独核算。

车间成本表是生产成本核算的中心环节,数据来源包括车间原材料领用存月报和装配单。

销售科负责市场开拓,填写出库单,安排客户到成品仓库取货。

根据上述安排,富强制造执行系统业务数据流程图如图2所示。

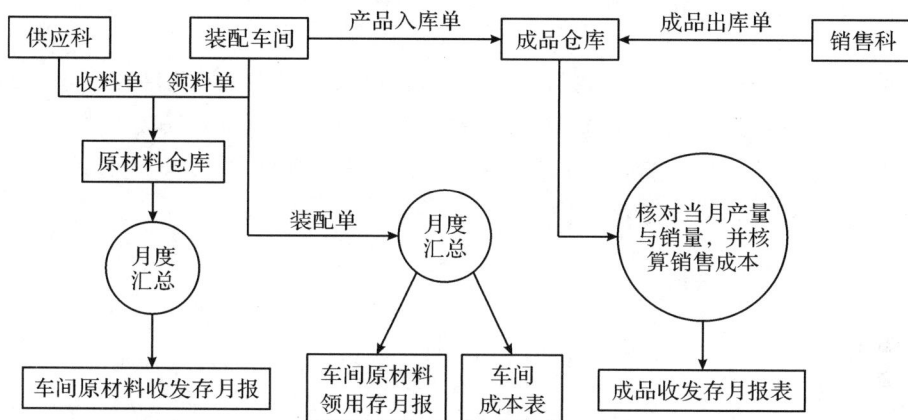

图2 富强制造执行系统业务数据流程图

2.4 硬件与网络配置

根据需求分析,制造执行系统目前界定范围为生产部,同时联系供应科的收料单和销售科的出库单,以及总经理和财务科的查询,因此,需要在各相关部门配置计算机,见表2,同时需要布置局域网,配置服务器一台,网络拓扑结构如图3所示。

表2 富强制造执行系统硬件与网络设备配置表

部门名称	配置数量	设备名称	作用
总经理	1台	笔记本	查询报表
生产部	2台	普通台式机及打印机	录入生产数据,进行统计分析
财务科	1台	普通台式机及打印机	查询和打印报表
供应科	1台	普通台式机	录入收料单
销售科	1台	普通台式机	录入出库单
办公室(信息中心)	1台	服务器	数据库存储与系统备份
	300米	网线及线架、线槽等	局域网连接
	1台	8口交换机	网络连接

图3 富强制造执行系统网络拓扑结构图

3　系统建设目标、原则与思路

3.1　系统建设目标

富强制造执行系统作为企业数字化转型的重要组成部分,建设目标要求以市场需求为导向,针对企业遇到的工期拖延、原料需求不明确、仓库原料积压、生产效率与良品率低、车间管理混乱、资金流转迟滞等问题,实现生产管理数字化、生产数据图表化、生产排产系统化、人力物料数据化、财务统计透明化。

3.2　系统建设原则

富强制造执行系统建设的原则是"总体设计,分步实施",即根据企业信息化的总体要求,设计好系统的总体构架,然后根据企业的实际情况和需求,对关键性的环节首先实施信息化,在系统开发过程中,有效解决企业在生产过程中遇到的各种问题,帮助企业实现数字化转型,有效提高生产效率,降低生产成本。同时,还要求及时掌握原材料的供应情况,避免因供应不及时导致生产受到影响。

3.3　系统建设思路

企业信息系统开发必然促进管理效能的提高,鉴于公司发展的实际状况,规避失败可能带来的风险,公司分阶段进行信息化建设,先以少量的投资、较短的时间解决当前最迫切的生产管理问题。如果此项目完成后实施效果好,再逐步延伸到财务系统、人事系统、营销系统,以及与银行、财税、客户等外部系统的联系等,因此系统应充分考虑预留接口,为今后的升级、扩充创造必要的条件。

4　系统的概要设计

4.1　系统功能设计

根据需求,富强制造执行系统将包括原材料子系统、生产子系统和成品子系统,其中原材料子系统主要实现收料单和领料单的录入,以及原材料(含工具)收发存月报,原材料报价记录可存档、可查询、可追溯;生产子系统通过 SCADA 系统连接相应的物联网传感器,将生产数据无缝融合到系统中,实现装配单的录入,制作生产清单,进行生产排产,考核工时、BOM 装配管理、生产看板管理,以及车间原材料领用存月报和车间财务成本核算;成品子系统主要实现成品入库单和出库单的录入、订单管理,以及成品收发存月报的核算。富强制造执行系统功能模块设计如图4所示。

图 4 富强制造执行系统功能模块图

富强制造执行系统支持主流数据库如 SQL Server、Oracle、MySQL 的集成,还可接入 SCADA 监控、物联 IOT 数据等,集成方式包括:

(1)DNC 网卡方式

可采集机床各类实时信息,包括:操作信息、设备运行状态、故障报告、数控设备的开机时间、机床使用效率、零件加工工时所需各类机床信息等。

(2)PLC 采集

利用 PLC 直接采集机床的 I/O 点,然后将信息传递给数据库。

(3)RFID 采集

利用射频自动识别技术采集数据、计量数据、物料批次数据等。

(4)手工方式

操作员在控制面上,输入特定的触发程序,经 DNC 服务器的自动翻译,就可获得机床设备的任意信息,从而实现机床的监控。

(5)手持终端

利用专用的手持终端,根据机床运行以及生产的状态利用终端输入信息,并通过以太网传递给数据库。

(6)条码扫描

将常用的信息(操作员、产品种类、设备启停等)打印在信息卡上,现场利用条形码扫描器可直接获取数据,输入数据库中。

4.2 系统软件设计

富强制造执行系统采用 VC 语言开发、基于管理信息本体的管理明星原型中间件平台,这一平台能够快速实现富强制造执行系统,并能够较好地运行维护,实现未来与其他子系统间的接口,数据库采用 SQL Server 数据库系统,包括管理明星原型中间件平台在内的系统软件架构,如图5所示。各表单的处理由 C/S 私有云实现,前台显示支持客户端和移动端两种模式,移动端的显示通过 WEB 网页实现,WEB 开发采用 JAVA ＋HTML。

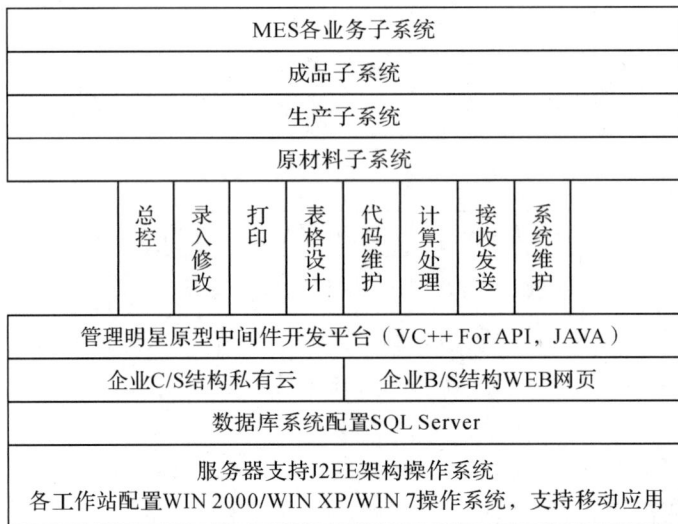

图 5　富强制造执行系统软件配置图

4.3　系统硬件设计

富强制造执行系统监测控制与数据采集（SCADA）系统基于多参数实时数据，进行智能分析、处理，进一步提高计量精度，改善数据采集劳动强度大、作业环境差、管理手段落后的现状，实时、准确、可靠、经济地采集各类信息，实现大范围的数据共享，SCA-DA 架构如图 6 所示，设备部署如图 7 所示。

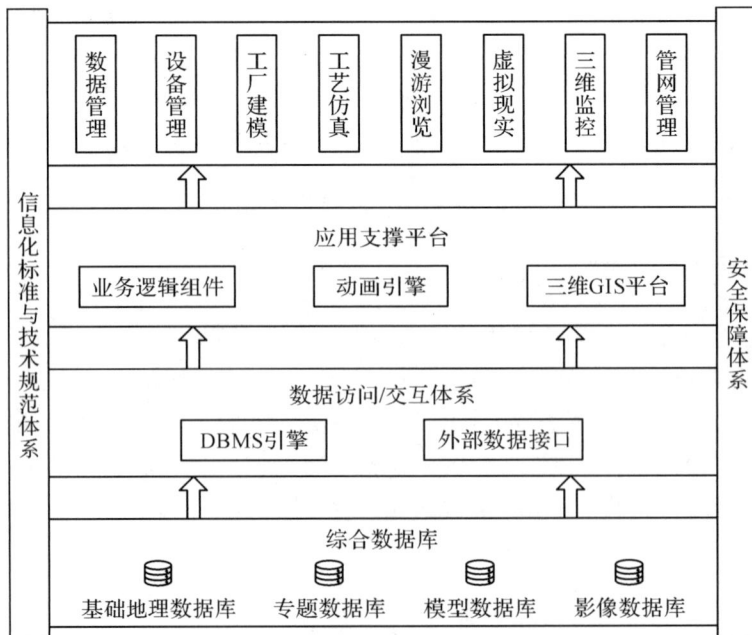

图 6　富强制造执行系统 SCADA 架构图

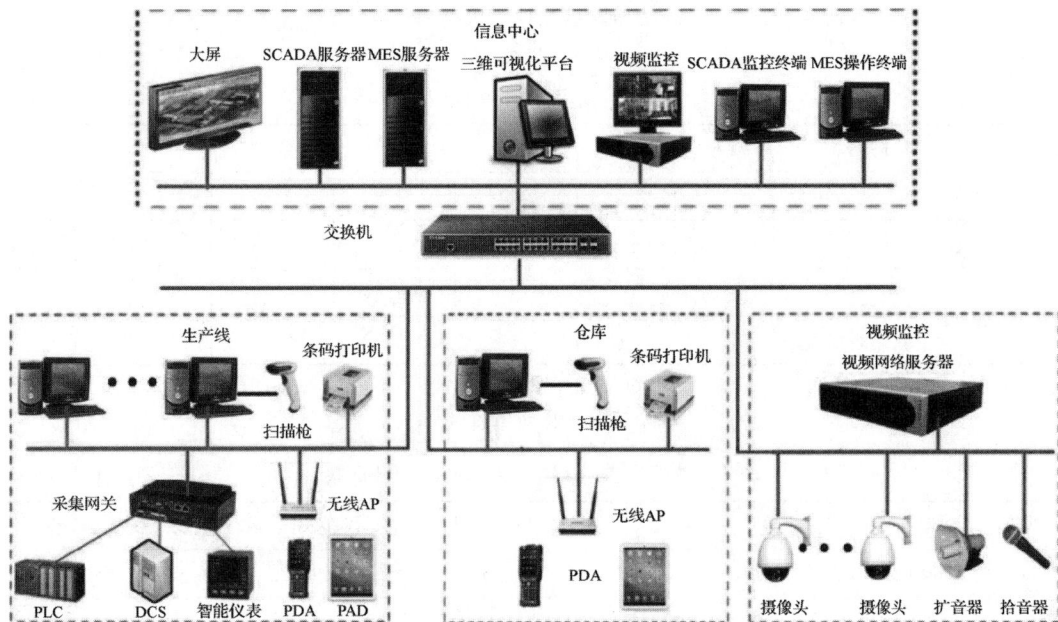

图 7   富强制造执行系统监测与采集设备部署图

SCADA 的主要功能应当包括：数据采集与管网监测功能、电子值班功能、移动办公功能、事故处理复盘功能、电动阀门控制功能、WEB 发布功能、视频监控功能、抢修预案管理功能、看板显示功能、画图操作功能、报警管理功能、打印功能、权限功能、报表功能、人员角色管理功能、组态定义功能、自诊断恢复功能、冗余容错功能、扩展接口功能、远程诊断维护功能等。

4.4   系统代码设计

富强制造执行系统代码分成原材料代码、成品代码和规格代码，详见表 3。

表 3   富强制造执行系统代码

原材料代码		成品代码		规格代码					
代码	名称	代码	名称	代码	规格	代码	规格	代码	规格
GB30	方形料	C20	大号标准件	11	M6X20	21	M6	31	Φ6
GB52	棒形料	C10	中号标准件	12	M10X30	22	M10	32	Φ10
GB97	球形料	C6	小号标准件	13	M20X45	23	M20	33	Φ20

4.5   收料单数据字典

收料单是供应科采购材料进仓时使用的单证，样式如图 8 所示，其数据字典见表 4。

其中，收料单的年、月、日在新单证初始化时，要求自动填写进入单证时所选择的年、月、日，材料名称要求根据材料代码自动转换。材料的金额和合计数量、合计金额需要自动计算。

杭州富强制造有限公司

收料单

仓库：   年   月   日   NO.

编号	材料名称	规格	单位	数量	单价	金额	备注
合计							

仓库：   记账：   制单员：

图 8   收料单样式

表 4   数据字典：SLPZ，收料单，月报（日做）

NO	字段名	类型	宽度	精度	显示宽度	显示精度	范式区域	记录数	备注
1	D000	C	10	0	10	0	DBF	1	仓库
2	D001	C	4	0	4	0	DBF	1	年
3	D002	C	2	0	2	0	DBF	1	月
4	D003	C	2	0	2	0	DBF	1	日
5	D004	C	8	0	8	0	DBF	1	NO.
6	D005	C	10	0	10	0	DB1	3	编号
7	D006	C	50	0	24	0	DB1	3	材料名称
8	D007	C	10	0	8	0	DB1	3	规格
9	D008	C	6	0	6	0	DB1	3	单位
10	D009	N	12	2	12	2	DB1	3	数量
11	D010	N	12	2	12	2	DB1	3	单价
12	D011	N	12	2	12	2	DB1	3	金额
13	D012	C	20	0	14	0	DB1	3	备注
14	D013	N	12	2	12	2	DBF	1	合计数量
15	D014	N	12	2	12	2	DBF	1	合计金额
16	D015	C	8	0	8	0	DBF	1	仓库员
17	D016	C	8	0	8	0	DBF	1	记账员
18	D017	C	8	0	8	0	DBF	1	制单员

4.6　领料单数据字典

领料单是车间从原材料仓库领料时使用的单证，样式如图 9 所示，其数据字典见表 5。

杭州富强制造有限公司

领料单

车间：　　　　　　　　　　年　月　日　　　　　　　NO.

编号	材料名称	规格	单位	数量	单价	金额	备注
合　计							

领料员：　　　　　　记账：　　　　　　仓库：

图 9　领料单样式

表 5　数据字典：LLPZ,领料单,月报(日做)

NO	字段名	类型	宽度	精度	显示宽度	显示精度	范式区域	记录数	备注
1	D000	C	10	0	10	0	DBF	1	车间
2	D001	C	4	0	4	0	DBF	1	年
3	D002	C	2	0	2	0	DBF	1	月
4	D003	C	2	0	2	0	DBF	1	日
5	D004	C	8	0	8	0	DBF	1	NO.
6	D005	C	10	0	10	0	DB1	3	编号
7	D006	C	50	0	24	0	DB1	3	材料名称
8	D007	C	10	0	8	0	DB1	3	规格
9	D008	C	6	0	6	0	DB1	3	单位
10	D009	N	12	2	12	2	DB1	3	数量
11	D010	N	12	2	12	2	DB1	3	单价
12	D011	N	12	2	12	2	DB1	3	金额
13	D012	C	20	0	14	0	DB1	3	备注
14	D013	N	12	2	12	2	DBF	1	合计数量
15	D014	N	12	2	12	2	DBF	1	合计金额
16	D015	C	8	0	8	0	DBF	1	领料员
17	D016	C	8	0	8	0	DBF	1	记账员
18	D017	C	8	0	8	0	DBF	1	仓库员

其中,领料单的年、月、日在新单证初始化时,要求自动填写进入单证时所选择的年、月、日,材料名称要求根据材料代码自动转换。材料的金额和合计数量、合计金额需要自动计算。

4.7　装配单数据字典

装配单是车间反映产品实际投料的物料清单(BOM),样式如图 10 所示,其数据字典见表 6。

杭州富强制造有限公司
车间装配单（BOM）

车间：   年　月　日   NO.

产品代码		产品名称		产量		只
编号	材料名称	规格	单位	数量	备注	
耗费工时			分钟			

装配工签字：

图 10　装配单样式

其中,装配单的年、月、日在新单证初始化时,要求自动填写进入单证时所选择的年、月、日,产品名称和材料名称要求根据各自的代码自动转换。

表 6　数据字典：ZPPZ,装配单,月报（日做）

NO	字段名	类型	宽度	精度	显示宽度	显示精度	范式区域	记录数	备注
1	D000	C	10	0	10	0	DBF	1	车间
2	D001	C	4	0	4	0	DBF	1	年
3	D002	C	2	0	2	0	DBF	1	月
4	D003	C	2	0	2	0	DBF	1	日
5	D004	C	8	0	8	0	DBF	1	NO.
6	D005	C	10	0	10	0	DBF	1	产品代码
7	D006	C	30	0	30	0	DBF	1	产品名称
8	D007	N	6	1	6	1	DBF	1	产量
9	D008	C	10	0	10	0	DB1	3	编号
10	D009	C	50	0	24	0	DB1	3	材料名称
11	D010	C	10	0	8	0	DB1	3	规格
12	D011	C	6	0	6	0	DB1	3	单位
13	D012	N	12	2	12	2	DB1	3	数量
14	D013	C	20	0	14	0	DB1	3	备注
15	D014	N	12	1	12	1	DBF	1	工时
16	D015	C	8	0	8	0	DBF	1	装配工

4.8　入库单数据字典

入库单是车间填写并由仓库确认的,反映完工产品进仓的清单,样式如图 11 所示,其数据字典见表 7。

杭州富强制造有限公司
产品入库单

车间：　　　　　　　　　年　月　日　　　　　　　NO.

产品代码	产品名称	报产产量	备注

车间制单：　　　　　　　　　　　　　　仓库签字：

图 11　入库单样式

其中,入库单的年、月、日在新单证初始化时,要求自动填写进入单证时所选择的年、月、日,产品名称要求根据各自的代码自动转换。

表 7　数据字典:JKPZ,入库单,月报(日做)

NO	字段名	类型	宽度	精度	显示宽度	显示精度	范式区域	记录数	备注
1	D000	C	10	0	10	0	DBF	1	车间
2	D001	C	4	0	4	0	DBF	1	年
3	D002	C	2	0	2	0	DBF	1	月
4	D003	C	2	0	2	0	DBF	1	日
5	D004	C	8	0	8	0	DBF	1	NO.
6	D005	C	10	0	10	0	DB1	3	产品代码
7	D006	C	30	0	16	0	DB1	3	产品名称
8	D007	N	6	1	6	1	DB1	3	报产产量
9	D008	C	20	0	14	0	DB1	3	备注

续表

NO	字段名	类型	宽度	精度	显示宽度	显示精度	范式区域	记录数	备注
10	D009	C	8	0	8	0	DBF	1	制单员
11	D010	C	8	0	8	0	DBF	1	仓库员

4.9 出库单数据字典

出库单是销售科填写并由仓库确认的,反映产品销售出仓的清单,样式如图 12 所示,其数据字典见表 8。

杭州富强制造有限公司

成品出库单

年　　月　　日　　　　　　　　　　NO.

购货单位			银行账号		
地址电话			联系人		

产品代码	产品名称	规格	单位	数量	单价	金额	税率	税额
	合计							
	价税合计							

开票员：　　　　　仓库签字：　　　　　记账：　　　　客户签字：

图 12　出库单样式

其中,出库单的年、月、日在新单证初始化时,要求自动填写进入单证时所选择的年、月、日,产品名称要求根据各自的代码自动转换。产品的金额、税率、税额、合计数量、合计金额、合计税额、价税合计要求能够自动计算,它们的计算关系如下：

金额:数量×单价

税率:恒为 13

税额:金额×0.13

合计数量:各行数量之和

合计金额:各行金额之和

合计税额:各行税额之和

价税合计:金额＋税额

表8　数据字典：FHPZ，出库单，月报(日做)

NO	字段名	类型	宽度	精度	显示宽度	显示精度	范式区域	记录数	备注
1	D000	C	4	0	4	0	DBF	1	年
2	D001	C	2	0	2	0	DBF	1	月
3	D002	C	2	0	2	0	DBF	1	日
4	D003	C	8	0	8	0	DBF	1	NO.
5	D004	C	60	0	16	0	DBF	1	购货单位
6	D005	C	80	0	16	0	DBF	1	地址电话
7	D006	C	15	0	15	0	DBF	1	银行账号
8	D007	C	8	0	8	0	DBF	1	联系人
9	D008	C	10	0	10	0	DB1	3	产品代码
10	D009	C	30	0	20	0	DB1	3	产品名称
11	D010	C	6	0	6	0	DB1	3	规格
12	D011	C	6	0	6	0	DB1	3	单位
13	D012	N	10	1	10	1	DB1	3	数量
14	D013	N	10	2	10	2	DB1	3	单价
15	D014	N	12	2	12	2	DB1	3	金额
16	D015	N	4	0	4	0	DB1	3	税率
17	D016	N	12	2	12	2	DB1	3	税额
18	D017	N	12	2	12	1	DBF	1	合计数量
19	D018	N	12	2	12	2	DBF	1	合计金额
20	D019	N	10	2	10	2	DBF	1	合计税额
21	D020	N	12	2	12	2	DBF	1	价税合计
22	D021	C	8	0	8	0	DBF	1	开票员
23	D022	C	8	0	8	0	DBF	1	仓库员
24	D023	C	8	0	8	0	DBF	1	记账员
25	D024	C	8	0	8	0	DBF	1	客户

4.10　原材料收发存月报数据字典

原材料收发存月报的数据来自收料单和领料单，月报上的材料代码、名称、规格和计量单位，以及经仓库确认的收入数量，分别来自收料单上的材料代码、名称、规格、计量单位和收入数量栏目，收料单上的单价和金额也分别列入报表上收入的单价和金额一栏。

同理，领料单上的材料代码、名称、规格和计量单位，以及经仓库确认的领料数量，分别列入报表上的材料代码、名称、规格、计量单位和领用数量栏目,领料单上的单价和金额也分别列入报表上领用的单价和金额一栏。

报表上的上月结存各栏取自上个月报表的本月结存。报表上的本月结存则通过下列公式计算:

本月结存数量＝上月结存数量＋收入数量－领用数量

本月结存金额＝上月结存金额＋收入金额－领用金额

本月结存单价＝本月结存金额/本月结存数量,保留两位小数

最后,在完成的报表上,相同的原材料要做归并,而且最后要有"合计"一行,将各行的数量、金额进行汇总统计(包括上月结存、本月收入、本月领用、本月结存)。

原材料收发存月报由生产部所属原材料仓库制作,并报有关部门的,反映当月原材料进出情况,样式如图13所示,其数据字典见表9。

杭州富强制造有限公司
原材料收发存月报
年 月

材料代码	材料名称	规格	单位	上月结存			当月收入			当月领用			本月结存		
				数量	单价	金额	数量	单价	金额	数量	单价	金额	数量	单价	金额
	合计														

制表日期:

图13 原材料收发存月报样式

表9 数据字典:CLSF,原材料收发存月报,月报

NO	字段名	类型	宽度	精度	显示宽度	显示精度	备注
1	D000	C	10	0	10	0	材料代码
2	D001	C	40	0	20	0	材料名称
3	D002	C	10	0	10	0	规格
4	D003	C	10	0	10	0	单位

续表

NO	字段名	类型	宽度	精度	显示宽度	显示精度	备注
5	D004	N	16	2	12	2	上月数量
6	D005	N	16	2	12	2	上月单价
7	D006	N	16	2	12	2	上月金额
8	D007	N	16	2	12	2	收入数量
9	D008	N	16	2	12	2	收入单价
10	D009	N	16	2	12	2	收入金额
11	D010	N	16	2	12	2	领用数量
12	D011	N	16	2	12	2	领用单价
13	D012	N	16	2	12	2	领用金额
14	D013	N	16	2	12	2	结存数量
15	D014	N	16	2	12	2	结存单价
16	D015	N	16	2	12	2	结存金额

4.11 原材料领用存月报数据字典

原材料领用存月报由车间制作,样式如图14所示,其数据字典见表10。

杭州富强制造有限公司
车间原材料领用存月报

车间: 　　　　　　　　　年　月

材料代码	材料名称	规格	单位	上月结存			当月领用			当月耗用			本月结存		
				数量	单价	金额	数量	单价	金额	数量	单价	金额	数量	单价	金额
合计															

制表日期:

图14 原材料领用存月报样式

表10 数据字典:CLLY,原材料领用存月报,月报

NO	字段名	类型	宽度	精度	显示宽度	显示精度	备注
1	D000	C	10	0	10	0	材料代码
2	D001	C	40	0	20	0	材料名称

NO	字段名	类型	宽度	精度	显示宽度	显示精度	备注
3	D002	C	10	0	10	0	规格
4	D003	C	10	0	10	0	单位
5	D004	N	16	2	12	2	上月数量
6	D005	N	16	2	12	2	上月单价
7	D006	N	16	2	12	2	上月金额
8	D007	N	16	2	12	2	领用数量
9	D008	N	16	2	12	2	领用单价
10	D009	N	16	2	12	2	领用金额
11	D010	N	16	2	12	2	耗用数量
12	D011	N	16	2	12	2	耗用单价
13	D012	N	16	2	12	2	耗用金额
14	D013	N	16	2	12	2	结存数量
15	D014	N	16	2	12	2	结存单价
16	D015	N	16	2	12	2	结存金额

原材料领用存月报数据来自领料单和装配单,一个月核算一次,反映了车间原材料的领用、耗用和盘存情况,凡月底留在车间的原材料和半成品,一律在统计报表上拆解成原材料盘存。

原材料领用存月报表上的材料代码、名称、规格和计量单位,以及仓库确认的领用数量,分别来自领料单上的材料代码、名称、规格、计量单位和领用数量栏目,领料单上的单价和金额也分别列入报表上领用的单价和金额一栏。

装配单上的材料代码(编号)、名称、规格和计量单位,分别列入报表上的材料代码、名称、规格、计量单位和耗用数量栏目,单价和金额通过先进先出加权移动平均法核算产生。

报表上的上月结存各栏是从上个月领用存报表的本月结存取过来的。

报表上的本月结存则通过下列公式计算:

本月结存数量=上月结存数量+收入数量-领用数量

本月结存金额=(上月结存金额+收入金额)/(上月结存数量+收入数量)×结存数量

本月结存单价=本月结存金额/本月结存数量,保留两位小数

最后,在完成的报表上,相同的原材料要做归并,而且最后要有"合计"一行,将各行的数量、金额进行汇总统计(包括上月结存、本月收入、本月领用、本月结存)。

4.12 车间成本表数据字典

车间成本表由车间核算完成,是反映企业生产成果的重要报表,样式如图 15 所示,其数据字典见表 11。

杭州富强制造有限公司
车间成本表

车间:　　　　　　　　　　　　　　　　年　月

产品代码	产品名称	产量	原材料成本	工时成本			总计	
				时间	系数	工费	总成本	单位成本
合计								

制表日期:

图 15　车间成本表样式

表 11　数据字典:CJCB,车间成本月报,月报

NO	字段名	类型	宽度	精度	显示宽度	显示精度	备注
1	D000	C	10	0	10	0	产品代码
2	D001	C	40	0	20	0	产品名称
3	D002	N	10	1	10	1	产量
4	D003	N	12	2	12	2	原材料成本
5	D004	N	10	1	10	1	工时
6	D005	N	8	2	8	2	工时系数
7	D006	N	16	2	12	2	工费
8	D007	N	16	2	12	2	总成本
9	D008	N	16	2	12	2	单位成本

车间成本表的原材料单位生产成本来自车间原材料领用存月报,车间生产产量和工时统计的数据来源是装配单。

装配单上的产品代码、名称和产量、工时分别列入报表的产品代码、名称、产量和工时,原材料成本需要将用量与单位成本相乘得到,工时系数规定为1,相同的产品要做归并,最后要有"合计"一行,将各行的产量、工时进行汇总统计。

4.13 成品收发存月报数据字典

成品收发存月报表是成品仓库制作完成的,一个月一次,报表数据来自入库单、车间成本表和出库单。样式如图 16 所示,其数据字典见表 12。车间成本表上的产品代码、名称、产量、总成本和单位成本,分别列入报表上的产品代码、名称和收入数量、单价和金额各栏。为了校验车间成本表(来自装配单)上的产量是否与仓库确认的入库数量一致,生成成品收发存月报需要校验两者是否一致,不一致的要有警示。

出库单上的产品代码、名称,以及经仓库确认的出库数量,分别列入报表上的产品代码、名称和发出数量栏目,报表上的发出成品单价和金额应该通过先进先出加权移动平均法核算。

报表上的上月结存各栏是从上个月报表的本月结存取过来的。

报表上的本月结存则通过下列公式计算:

本月结存数量＝上月结存数量＋收入数量－发出数量

本月结存金额＝(上月结存金额＋收入金额)/(上月结存数量＋收入数量)×结存数量

本月结存单价＝本月结存金额/本月结存数量,保留两位小数

最后完成的报表上,相同的产品要做归并,而且最后要有"合计"一行,将各行的数量、金额进行汇总统计(包括上月结存、本月收入、本月发出、本月结存)。

杭州富强制造有限公司

成品收发存月报

年　　月

产品代码	产品名称	上月结存			当月收入			当月发出			本月结存		
		数量	单价	金额	数量	单价	金额	数量	单价	金额	数量	单价	金额
合计													

制表日期:

图 16　成品收发存月报样式

表 12　数据字典:CJCB,成品收发存月报,月报

NO.	字段名	类型	宽度	精度	显示宽度	显示精度	备注
1	D000	C	20	4	20	0	产品代码
2	D001	C	80	4	40	0	产品名称
3	D004	N	16	2	16	2	上月结存数量
4	D005	N	16	2	16	2	上月结存单价
5	D006	N	16	2	16	2	上月结存金额
6	D007	N	16	2	16	2	当月收入数量

232

续表

NO.	字段名	类型	宽度	精度	显示宽度	显示精度	备注
7	D008	N	16	2	16	2	当月收入单价
8	D009	N	16	2	16	2	当月收入金额
9	D010	N	16	2	16	2	当月发出数量
10	D011	N	16	2	16	2	当月发出单价
11	D012	N	16	2	16	2	当月发出金额
12	D013	N	16	2	16	2	本月结存数量
13	D014	N	16	2	16	2	本月结存单价
14	D015	N	16	2	16	2	本月结存金额

5 系统实施

5.1 实施进度安排

富强制造执行系统的项目总体进度为 4 个月，见表 13，交付后试运行 6 个月。

表 13 本项目进度安排

项目内容	第1个月	第2个月	第3个月	第4个月	第5~10个月
需求调查,立项,设备采购	——				
网络施工,布线、调试		——			
系统建模、开发		——			
基础数据采集,代码编制		——			
现场测试与调试			——		
根据用户意见完善,投入试运行				——	
项目试运行					——

5.2 系统估价

本项目总报价为人民币 99650 元，见表 14，其中设备估价（以采购时的市场价为准）78650 元，软件报价 21000 元。

表 14 项目报价明细

费用或设备名称	数量	单价	金额（元）	备注
一、设备估价：78650 元				
服务器	1 台	15000	15000	CPU：2.8G/内存：16G/硬盘：300G/操作系统：WINDOWS2003SERVER
WEB 服务器	1 台	6000	6000	CPU：2.1G/内存：16G/硬盘：100G/操作系统：WINDOWS2003SERVER
台式机工作站	5 台	5000	25000	CPU：2.4G/内存：8G/硬盘：60G/液晶显示屏幕/操作系统：WINDOWS2000P
笔记本电脑	1 台	10000	10000	CPU：2.4G/内存：8G/硬盘：160G/液晶显示屏幕/操作系统：WINDOWS2000P
SCADA 监控系统（含三采集点）	1 套	20000		
带屏蔽双绞线	300 米	1.5	450	
8 口交换器	1 台	200	200	
UPS 电源	3 台	500	1500	
网络耗配材料	若干		500	
二、富强制造执行系统软件报价（不含 SQL Server 数据库使用许可证费用，并承诺系统试运行后六个月保证期内的系统维护）：21000 元				
原材料子系统			7000	
生产子系统			7000	
产成品子系统			7000	
总计报价：99650 元				

附 2

杭州富强制造有限公司

富强制造执行系统

操作使用说明书

设计单位:供应链管理学院

设计成员:傅一杰　杜彬彬　程小源　袁聚明 等

顾　　问:郭星明　马荣飞　计美丽

2022 年 05 月

目　录

1　运行环境与安装

1.1　运行环境

富强制造执行系统是杭州富强制造有限公司立项开发的企业生产管理信息系统软件,系统工作站运行环境为 WINDOWS XP/WINDOW 200P/WIN 7 系统,也支持移动终端应用,采用基于信息本体理论的管理明星原型中间件平台开发,采用的程序语言为 VC++ For API 和 JAVA,数据库采用 SQL Server。

1.2　安装说明

连接 ftp:\\10.40.202.202,单击并复制下载管理明星系统文件夹到本地 D 盘或其他硬盘,系统自动建立管理明星工作目录。下载完成后,本地硬盘管理明星工作目录存放一系列工作文件,其中 SMART.EXE 为管理信息本体中间件平台运行文件,同时还开辟 COLOR 和 LSKML 两个二级子目录,分别存放图库资源和临时文件,COLOR 目录中的 GEBACK.BMP 和 GEBEGIN.BMP 分别是系统登录界面图案和系统菜单界面图案,可供客户调整修改。

安装本体中间件完成后,还应安装或连接数据库,如果在本地安装数据库,需在硬盘上开辟子目录 DATA,用于存放系统的 MS-SQL Server 数据库系统文件,并附加安装包中提供的数据库初始化文件。

2　系统登录

2.1　连接设置

富强制造执行系统首次在工作站使用需要进行数据库连接设置,打开计算机,点击管理明星工作目录下的 smart 软件后,先进行数据库连接设置,如图 1 和图 2 所示。

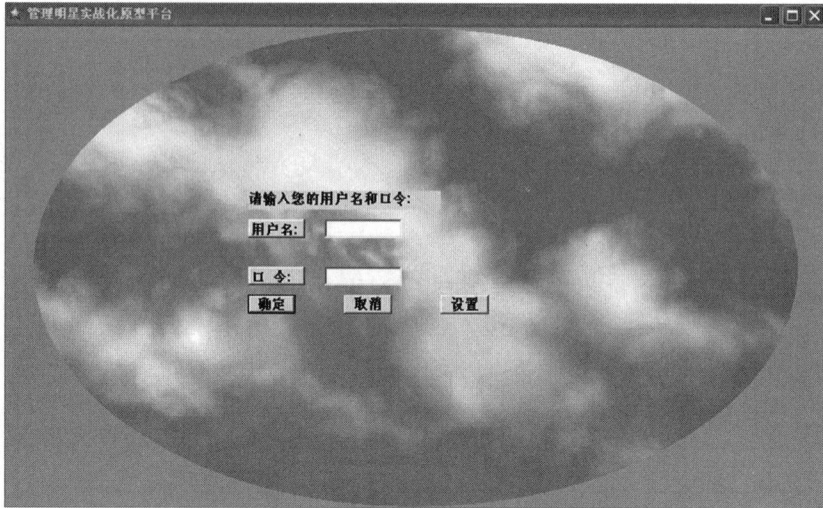

图 1 首次使用时需要进行数据库连接设置

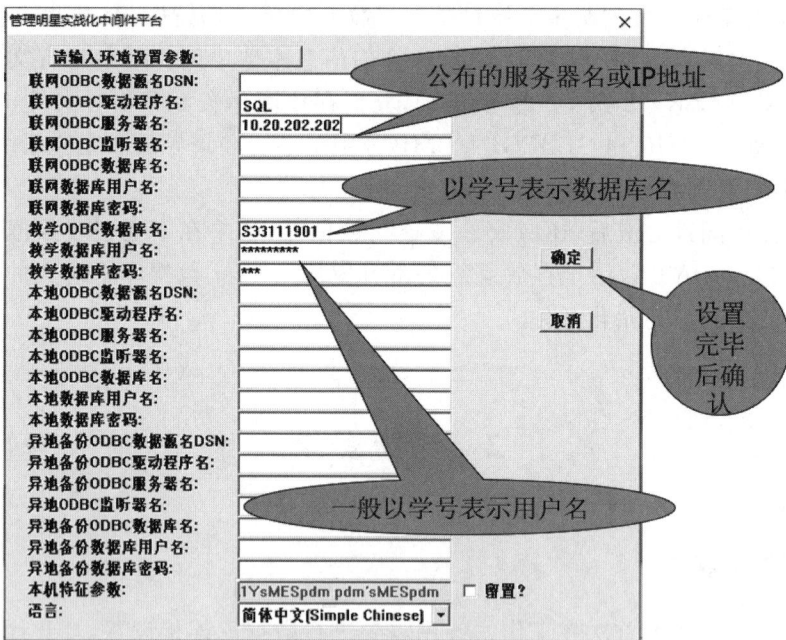

图 2 数据库连接设置界面

2.2 用户登录

系统连接成功后再次进入系统,输入当时设计的用户名与口令即可进入系统主菜单界面进行操作,如图 3 所示。

用户登录是整个系统所有操作的开始,贯穿于整个系统的业务流程;也是一种身份验证,是开始使用本系统之前所必须做的重要工作之一。

图 3 登录主菜单界面

3 原材料子系统

原材料子系统由供应科和原材料仓库使用,主要包括收料单、领料单和原材料收发存月报。

3.1 收料单

收料单由供应科填写、原材料仓库确认,是企业对供应商送料或送检时提供的货品所进行描述(名称、数量、来源)的单据,以便于购货方后期对货物分拣、入库、上架管理。收料单主要项目有供应商名称、单据编号、材料类别、材料编号、材料名称、规格、单位、数量、单价、总价等,企业根据实际收到的原材料进行记录,最后由原材料仓库相关人员进行签字或盖章。

点击主菜单中的收料单选项,并回答操作日期和报告期,如图 4 所示,便可进入收料单录入修改界面,如图 5 所示。

在收料单的录入修改界面中,请按 F10 键,或点击"浏览"按钮,调整至"录入"状态,便可进行单证

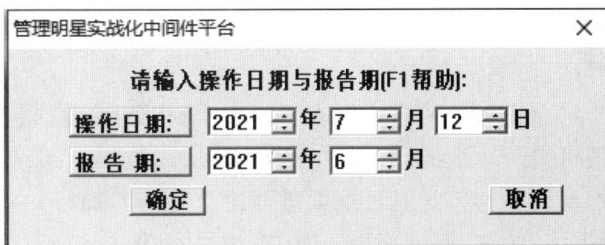

图 4 进入收料单时回答操作日期和报告期

的录入。一行数据录入完成后,系统会弹出一个小窗口询问"是否要增加新的一行",此时可根据需要决定是否添加行;一页数据录入完毕后,按 F2 键,或点击"追加"按钮,便可新增一页,继续进行录入。录入材料代码(编号)后,在材料名称处回车即可自动转换名称。

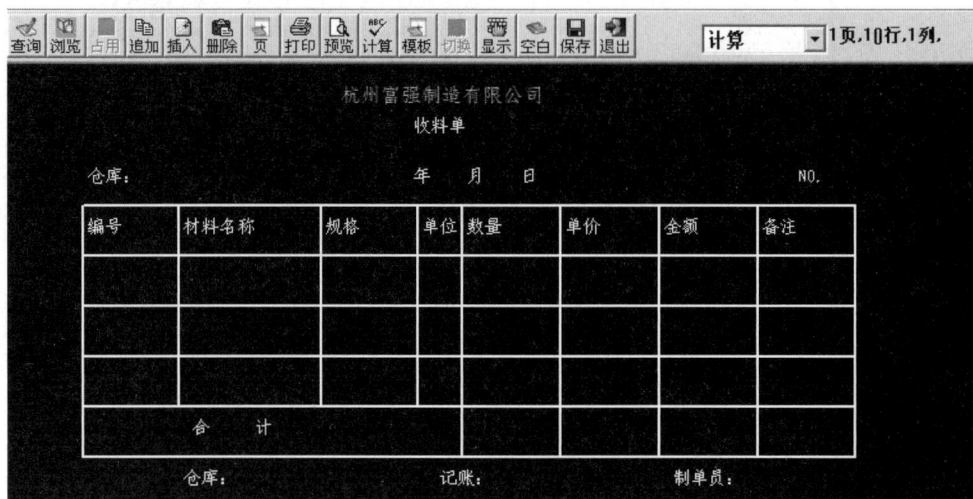

图 5　收料单录入修改界面

选择需要删除某页时,点击工具条"删除"按钮即可完成删除。全部收料单录入完成后,便可按 ESC 键,或点击"退出"按钮,屏幕出现如图 6 所示对话框,此时选择"是(Y)"表示保存内容并退出;选择"否(N)"表示不保存内容退出;选择"取消"表示不退出。其中选择"Y"和"N",系统可返回到主菜单界面。

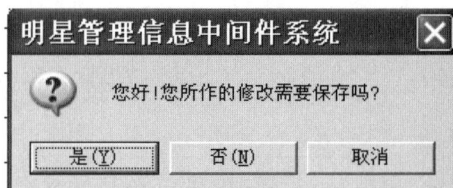

图 6　退出收料单界面时的对话框

3.2　领料单

领料单是由领用材料的部门或者人员(简称领料人)根据所需领用材料的数量填写的单据。其内容有领用日期、材料名称、单位、数量、金额等。为明确材料领用的责任,领料单除了要有领用人的签名外,还需要主管人员的签名、仓库保管员的签名等。领料人凭借领料单到仓库中领取所需材料,由仓库保管员确认领取材料。

点击主菜单中的领料单选项,并回答操作日期和报告期,便可进入领料单录入修改界面,如图 7 所示。

在领料单的录入修改界面中,请按 F10 键,或点击"浏览"按钮,调整至"录入"状态,便可进行单证的录入。一行数据录入完成后,系统会弹出一个小窗口询问"是否需要增加新的一行",此时可根据需要决定是否添加行;一页数据录入完毕后,按 F2 键,或点击"追加"按钮,便可新增一页,继续进行录入。录入材料代码(编号)后,在材料名称处回车即可自动转换名称。

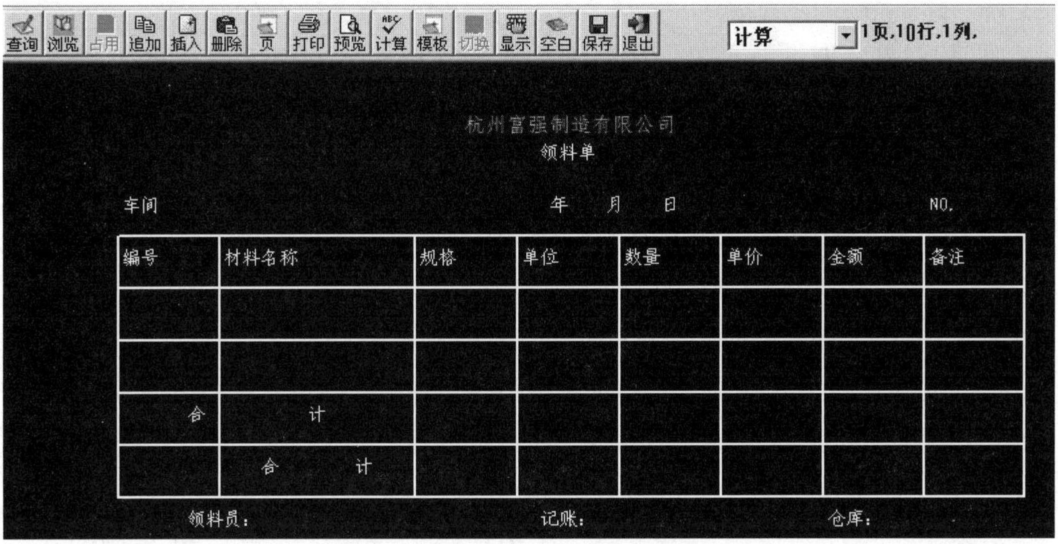

图 7 领料单录入修改界面

选择需要删除某页时,点击工具条"删除"按钮即可完成删除。全部领料单录入完成后,便可按 ESC 键,或点击"退出"按钮,可选择存盘退出或不存盘退出,系统便返回到主菜单界面。

3.3 原材料收发存月报的计算与打印

原材料收发存月报由仓库保管员制作。在系统主菜单界面中点击打开原材料收发存月报,并回答操作日期和报告期,便可进入原材料收发存月报录入修改界面,如图 8 所示。

点击工具栏中的计算下拉菜单,选择计算本表,即可完成计算。

打印原材料收发存月报可先点击工具栏中的"预览",出现图 9 界面,点击"刷新",即可观察打印效果。如需打印,则直接点击"打印",出现图 10,选择"输向打印机"即可。

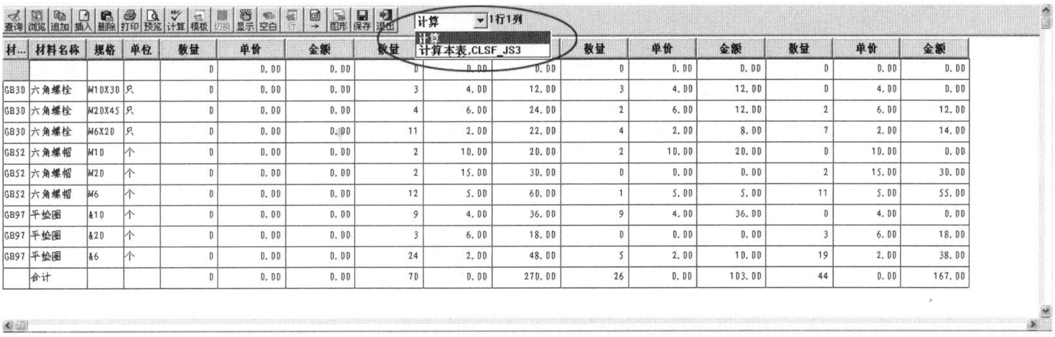

材…	材料名称	规格	单位	数量	单价	金额	数量			数量	单价	金额	数量	单价	金额
				0	0.00	0.00	0	0.00	0.00	0	0.00	0.00	0	0.00	0.00
GB30	六角螺栓	M10X30	只	0	0.00	0.00	3	4.00	12.00	3	4.00	12.00	0	4.00	0.00
GB30	六角螺栓	M20X45	只	0	0.00	0.00	4	6.00	24.00	2	6.00	12.00	2	6.00	12.00
GB30	六角螺栓	M6X20	只	0	0.00	0.00	11	2.00	22.00	4	2.00	8.00	7	2.00	14.00
GB52	六角螺帽	M10	个	0	0.00	0.00	2	10.00	20.00	2	10.00	20.00	0	10.00	0.00
GB52	六角螺帽	M20	个	0	0.00	0.00	2	15.00	30.00	0	0.00	0.00	2	15.00	30.00
GB52	六角螺帽	M6	个	0	0.00	0.00	12	5.00	60.00	1	5.00	5.00	11	5.00	55.00
GB97	平垫圈	&10	个	0	0.00	0.00	9	4.00	36.00	9	4.00	36.00	0	4.00	0.00
GB97	平垫圈	&20	个	0	0.00	0.00	3	6.00	18.00	0	0.00	0.00	3	6.00	18.00
GB97	平垫圈	&6	个	0	0.00	0.00	24	2.00	48.00	5	2.00	10.00	19	2.00	38.00
	合计			0	0.00	0.00	70	0.00	270.00	26	0.00	103.00	44	0.00	167.00

图 8 原材料收发存月报录入修改界面

图 9　原材料收发存月报预览图

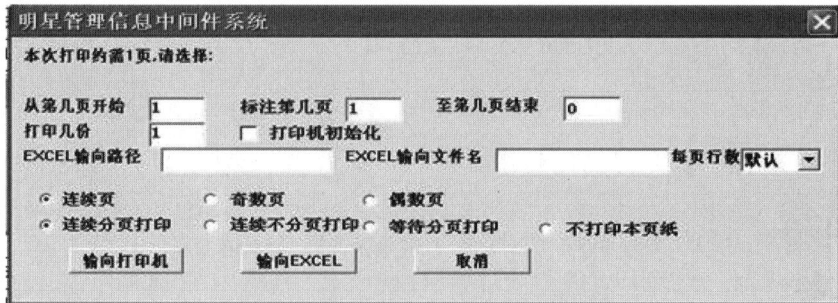

图 10　原材料收发存月报打印菜单

4　生产子系统

生产子系统由车间使用,主要包括装配单和原材料领用存月报。

4.1　装配单及接入大数据

装配单是车间将原材料装配成成品的凭证。装配单的录入与收料单的录入类似,点击主菜单中的装配单选项,并回答操作日期和报告期,如图 11 所示,便可进入装配单录入修改界面,如图 12 所示。

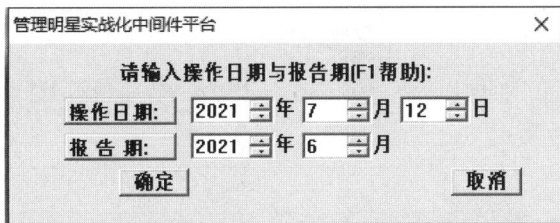

图 11 进入装配单时回答操作日期和报告期

在装配单的录入修改界面中,请按 F10 键,或点击"浏览"按钮,调整至"录入"状态,便可进行单证的录入。一行数据录入完成后,系统会弹出一个小窗口询问"是否需要增加新的一行",此时可根据需要决定是否添加行;一页数据录入完毕后,按 F2 键,或点击"追加"按钮,便可新增一页,继续进行录入。录入产品代码和材料代码(编号)后,在产品名称、材料名称处回车即可自动转换名称。

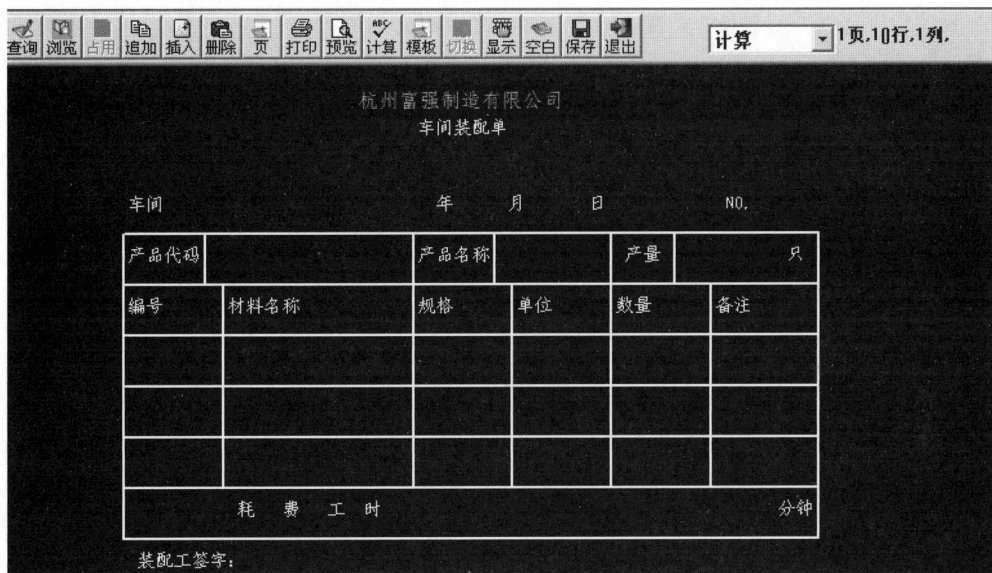

图 12 装配单录入修改界面

选择需要删除某页时,点击工具条"删除"按钮即可完成删除。全部装配单录入完成后,便可按 ESC 键,或点击"退出"按钮,屏幕出现如图 13 所示的对话框,此时选择"是(Y)"表示保存内容并退出;选择"否(N)"表示不保存内容退出;选择"取消"表示不退出。其中选择"Y"和"N",系统可返回到系统主菜单界面。

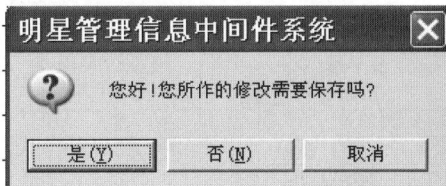

图 13 退出装配单界面时的对话框

装配单也可以从生产 SCADA 系统无缝接入,如图 14 所示,点击"生成装配单"即可自动生成。

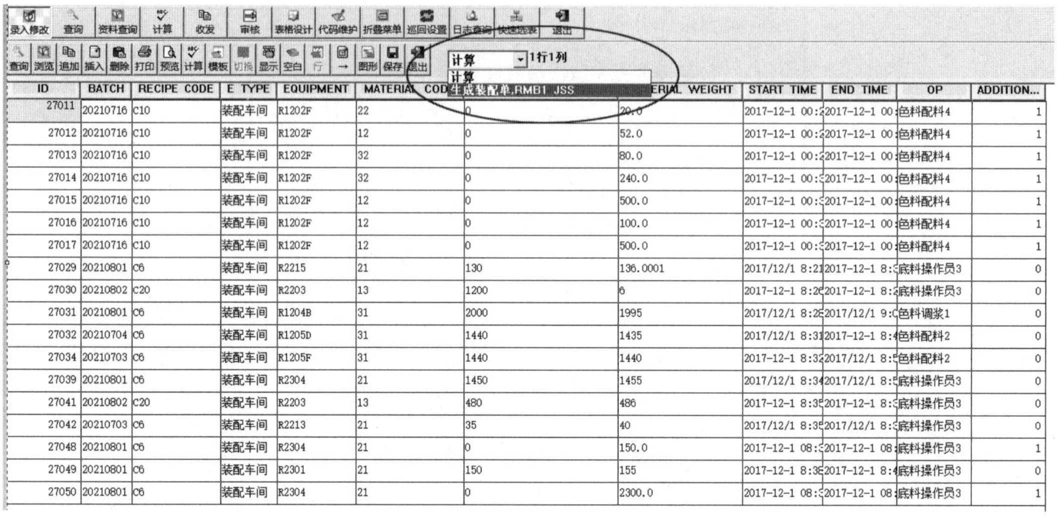

图 14　无缝接入的装配大数据

4.2　原材料领用存月报的计算与打印

原材料领用存月报由车间制作。在系统主菜单界面中点击打开原材料领用存月报,并回答操作日期和报告期,便可进入原材料领用存月报录入修改界面,如图 15所示。

点击工具栏中的计算下拉菜单,选择计算本表,即可完成计算。

打印原材料领用存月报可先点击工具栏中的"预览",出现图 16 界面,点击"刷新",即可观察打印效果。如需打印,则直接单击"打印",出现图 17,选择"输向打印机"即可。

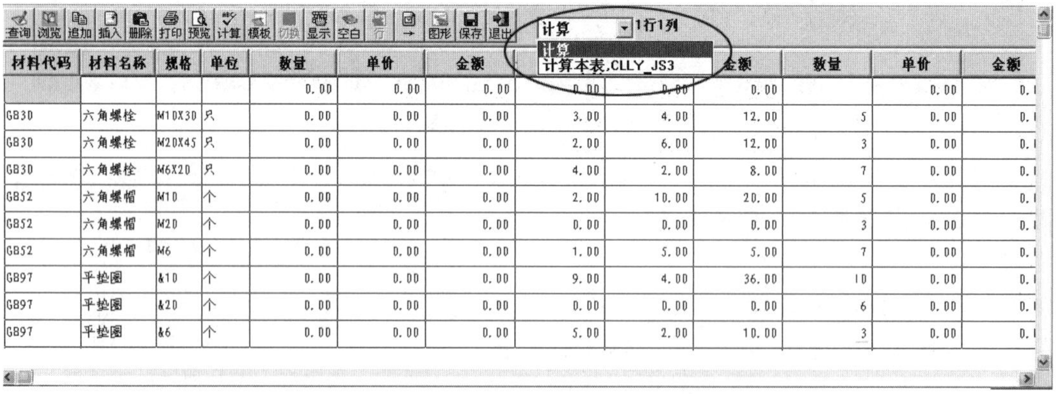

图 15　原材料领用存月报录入修改界面

车间原材料领用存月报

车间　　　　　　　年　月

材料代码	材料名称	规格	单位	上月结存			当月领用			当月耗用			本月结存		
				数量	单价	金额	数量	单价	金额	数量	单价	金额	数量	单价	金额
				0.00	0.00	0.00	0.00	0.00	0.00	0.00	0.00	0.00	0.00	0.00	0.00
GB30	六角螺栓	M10X30	只	0.00	0.00	0.00	3.00	4.00	12.00	5	0.00	0.00	-2.00	3.00	0.00
GB30	六角螺栓	M20X45	只	0.00	0.00	0.00	2.00	6.00	12.00	3	0.00	0.00	-1.00	2.00	0.00
GB30	六角螺栓	M8X20	只	0.00	0.00	0.00	4.00	2.00	8.00	7	0.00	0.00	-3.00	4.00	0.00
GB52	六角螺帽	M10		0.00	0.00	0.00	2.00	10.00	20.00	5	0.00	0.00	-3.00	2.00	0.00
GB52	六角螺帽	M20	个	0.00	0.00	0.00				3	0.00	0.00	-3.00	0.00	0.00
GB52	六角螺帽	M8		0.00	0.00	0.00	1.00	5.00	5.00	7	0.00	0.00	-6.00	1.00	0.00
GB97	平垫圈	&10	个	0.00	0.00	0.00	9.00	4.00	36.00	10	0.00	0.00	-1.00	9.00	0.00
GB97	平垫圈	&20	个	0.00	0.00	0.00				6	0.00	0.00	-6.00	0.00	0.00
GB97	平垫圈	&8	个	0.00	0.00	0.00	5.00	2.00	10.00	3	0.00	0.00	2.00	5.00	0.00

制表日期：

共2页，第1页，表代码：CLLY

图 16 原材料领用存月报预览图

图 17 原材料领用存月报打印菜单

4.3 车间成本表的计算与打印

车间成本表由车间制作。在系统主菜单界面中点击打开车间成本表，并回答操作日期和报告期，便可进入车间成本表录入修改界面，如图 18 所示。

点击工具栏中的计算下拉菜单，选择计算本表，即可完成计算。

图 18 车间成本表录入修改菜单界面

打印车间成本表可先点击工具栏中的"预览"，出现图 19 界面，单击"刷新"，即可观察打印效果。如需打印，则直接点击"打印"，如图 20 所示，而后选择"输向打印机"即可。

图 19　车间成本表预览图

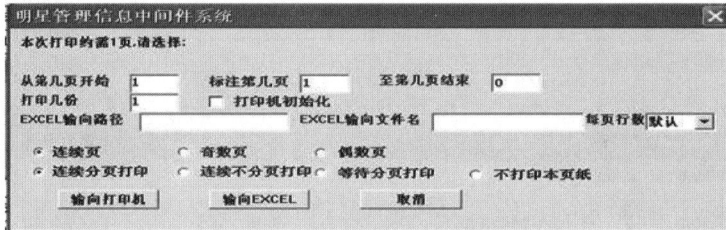

图 20　车间成本表打印菜单

5　成品子系统

成品子系统由车间和销售科使用,主要包括产品入库单、成品出库单和成品收发存月报。

5.1　入库单

入库单是车间向成品仓库交入完工产品时填写的凭证,点击主菜单中的入库单选项,并回答操作日期和报告期,如图 21 所示,便可进入入库单录入修改界面,如图 22所示。

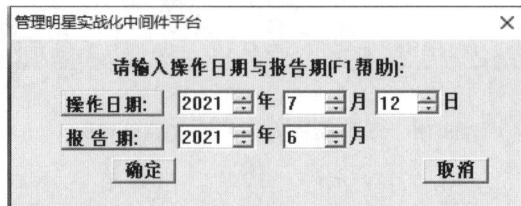

图 21　进入入库单时回答操作日期和报告期

在入库单的录入修改界面中,请按 F10 键,或点击"浏览"按钮,调整至"录入"状态,便可进行单证的录入。一行数据录入完成后,系统会弹出一个小窗口询问"是否需要增加新的一行",此时可根据需要决定是否添加行;一页数据录入完毕后,按 F2 键,或点击"追加"按钮,便可新增一页,继续进行录入。录入产品代码后,在产品名称处回车即可自动转换名称。

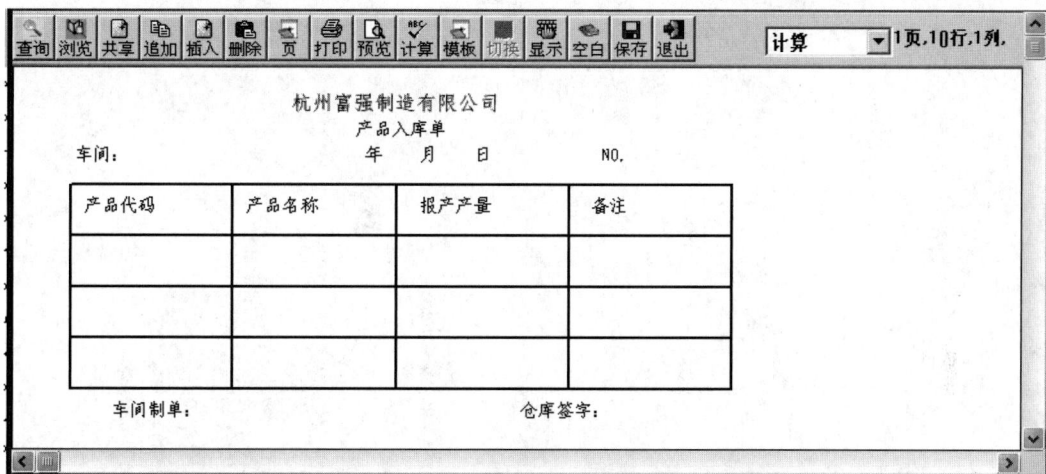

图22   入库单录入修改界面

选择需要删除某页时,点击工具条"删除"按钮即可完成删除。全部入库单录入完成后,便可按 ESC 键,或点击"退出"按钮,屏幕出现如图 23 所示的对话框,此时选择"是(Y)"表示保存内容并退出;选择"否(N)"表示不保存内容退出;选择"取消"表示不退出。其中选择"Y"和"N",系统可返回到系统主菜单界面。

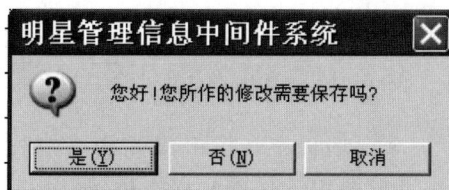

图23   退出入库单时的对话框

5.2   出库单

在出库单的录入修改界面中,如图 24 所示,请按 F10 键,或点击"浏览"按钮,调整至"录入"状态,便可进行单证的录入。一行数据录入完成后,系统会弹出一个小窗口询问"是否需要增加新的一行",此时可根据需要决定是否添加行;一页数据录入完毕后,按 F2 键,或点击"追加"按钮,便可新增一页,继续进行录入。录入成品代码后,在产品名称处回车即可自动转换名称,产品的金额、税率、税额、合计数量等,均可回车自动生成。

选择需要删除某页时,点击工具条"删除"按钮即可完成删除。全部出库单录入完成后,便可按 ESC 键,或点击"退出"按钮,可选择存盘退出或不存盘退出,系统便返回到系统主菜单界面。

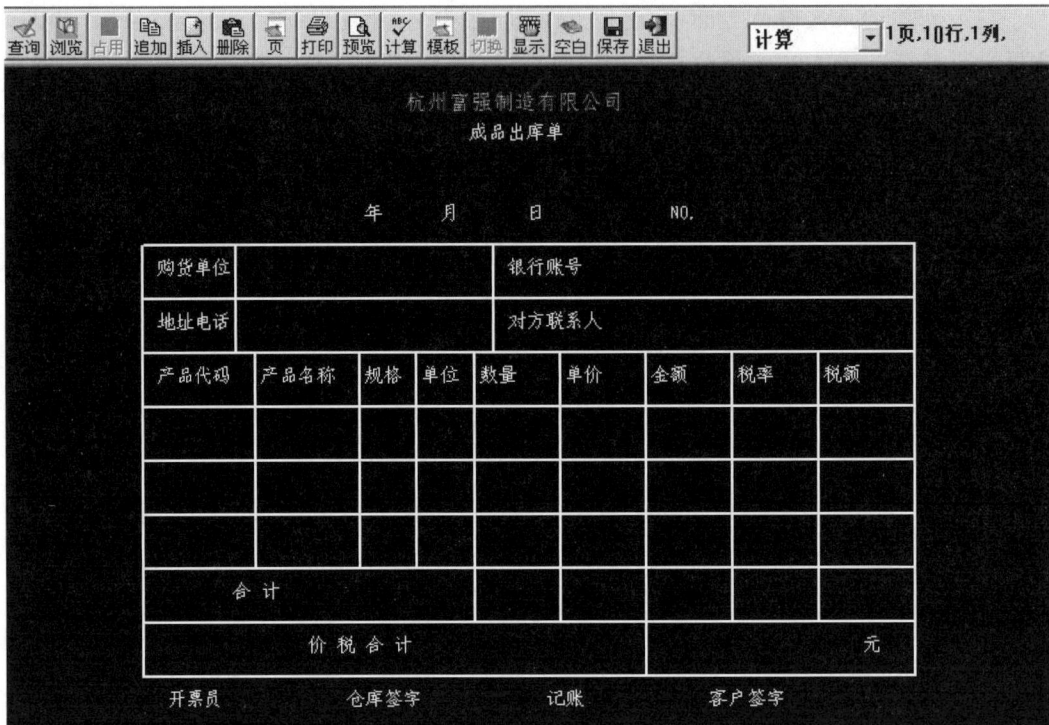

图 24　出库单

5.3　成品收发存月报的计算与打印

成品收发存月报由成品仓库制作。在系统主菜单界面中点击打开成品收发存月报，并回答操作日期和报告期，便可进入成品收发存月报录入修改界面，如图 25 所示。

点击工具栏中的计算下拉菜单，选择计算本表，即可完成计算。

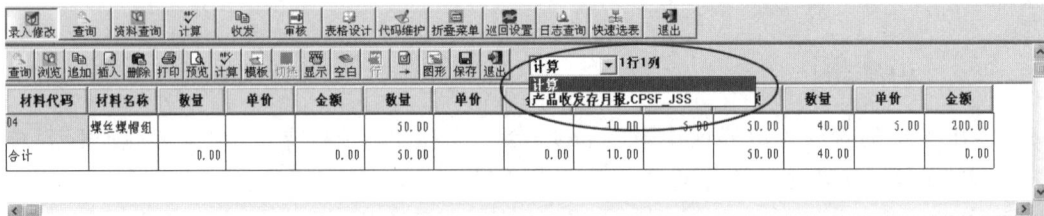

图 25　成品收发存月报计算菜单界面

打印成品收发存月报可先点击工具栏中的"预览"，出现图 26 界面，点击"刷新"，即可观察打印效果。如需打印，则直接点击"打印"，如图 27 所示，而后选择"输向打印机"即可。

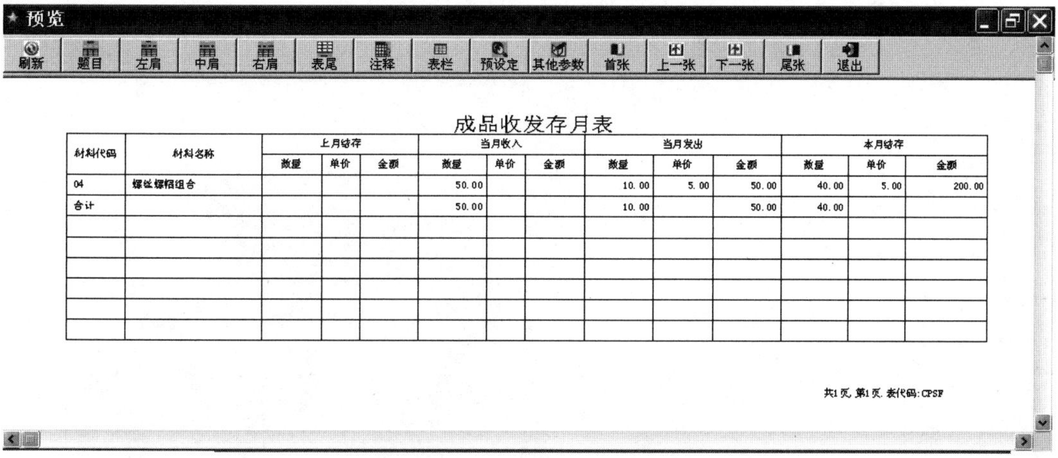

图 26　成品收发存月报预览图

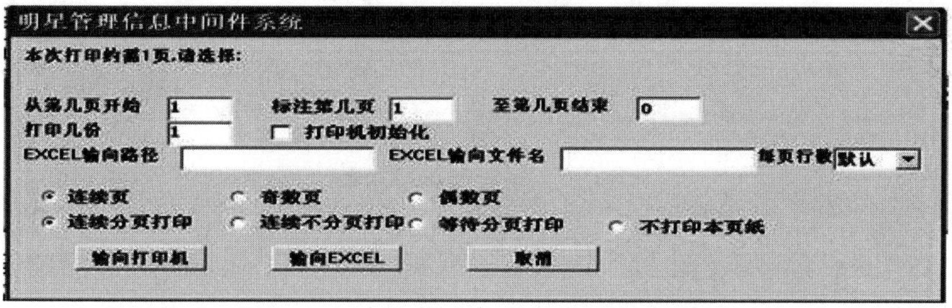

图 27　成品收发存月报打印菜单

6　可视化操作

可视化操作分为统计分析视图和设备监控视图。

6.1　报表的可视化

对于需要进行统计分析可视化的表,可选择"图形输出"并选择相应的表格,即可查看相应示意图,以库存结构为例,如图 28 所示。

利润	费用	库存	应收帐款	营业收入	现金流量	比率分析	细阅报表	打印

杭州富强制造有限公司2021年8月库存品种结构图(单位:只,%)

图例:

1:GB30方形料M6X2018只占8.00%

2:GB30方形料M10X3015只占6.67%

3:GB30方形料M20X4530只占13.33%

4:GB52棒形料M625只占11.11%

5:GB52棒形料M1050只占22.22%

6:GB52棒形料M2040只占17.78%

7:GB97环形料Φ630只占13.33%

8:GB97环形料Φ1012只占5.33%

9:GB97环形料Φ205只占2.22%

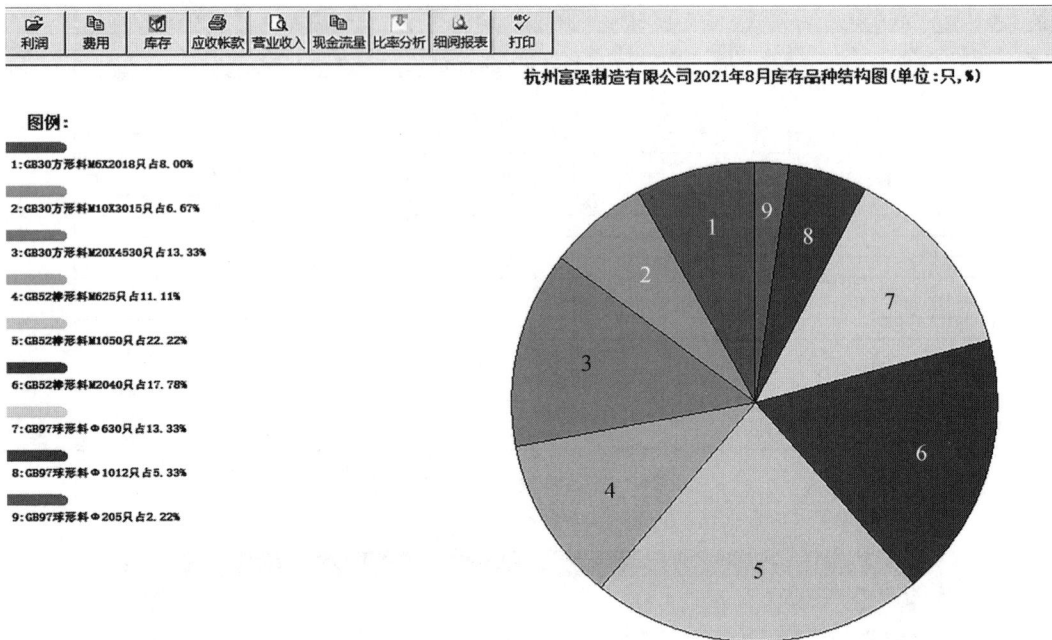

图 28　库存图形分析图

6.2　生产装置的可视化

对于生产装置的状态监测,可选择"物联传感"并选择相应的表格,即可查看相应示意图,如图 29 所示。

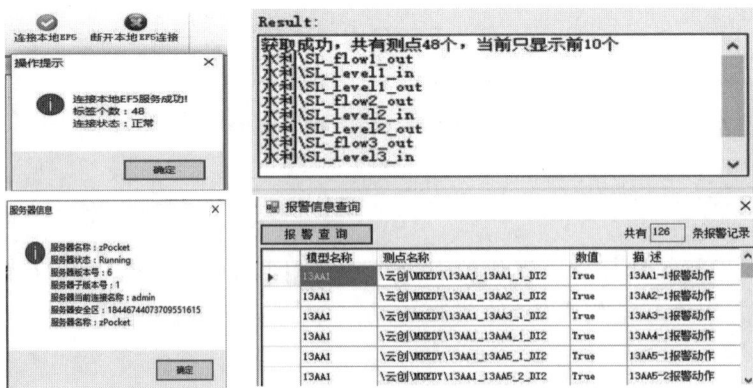

图 29　SCADA 状态监测例图

6.3　移动终端的可视化

各分析数据、图表和实况监控,可通过移动终端远程访问,访问地址是 HTTP://10.40.202.202/YCJC.HTML,如图 30 所示。

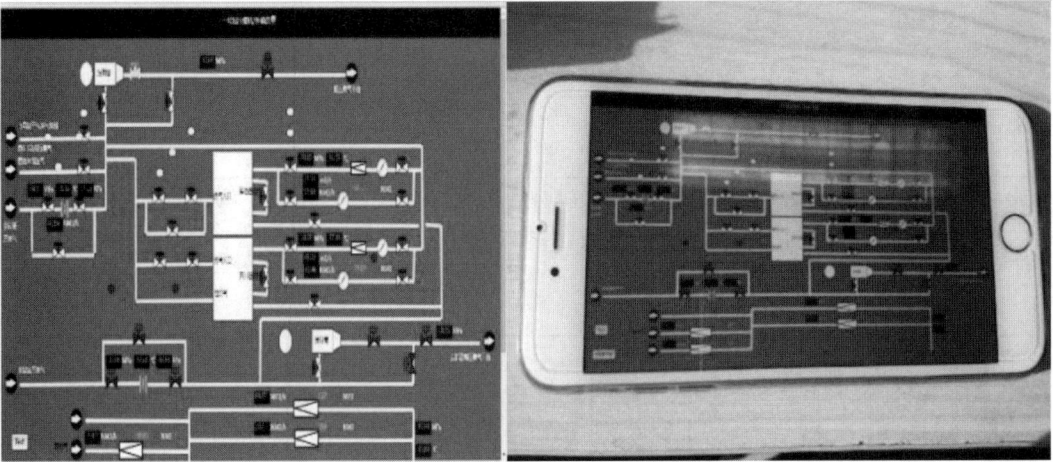

图 30　移动端的监测应用示例图

4.5　运作(Operate)

4.5.1　实验一:制造执行系统的单证设计

(1)实验目的与要求

①了解原型化开发方法在供应链中的应用。

②掌握生产管理原始单证特征,了解信息流特征。

③掌握管理信息系统中单证需求的初步归纳方法。

④掌握富强制造执行系统的原型建立。

(2)实验环境

①原型开发工具。

②了解富强制造执行系统中所涉及的供应链基础单证(收料单、领料单、装配单、入库单、出库单、原材料及产品代码表),并准备好相应表格的数据字典。

③制造执行系统单证需求。

④企业生产相关的供应链业务流程。

⑤进一步熟悉管理明星的开发过程。

(3)实验课时

2~4 课时。

(4)实验内容

使用管理信息本体中间件"管理明星"(或其他开发工具)实现下列供应链基础单证的设计与开发。

①收料单。

杭州富强制造有限公司
收料单

仓库：   年　月　日   NO.

编号	材料名称	规格	单位	数量	单价	金额	备注
合计							

仓库：   记账：   制单员：

②领料单。

杭州富强制造有限公司
领料单

车间：   年　月　日   NO.

编号	材料名称	规格	单位	数量	单价	金额	备注
合计							

领料员：   记账：   仓库：

③装配单。

杭州富强制造有限公司
车间装配单

车间：　　　　　　　　　　年　月　日　　　　　　　　NO.

产品代码		产品名称		产量	只
编号	材料名称	规格	单位	数量	备注
耗费工时			分钟		

装配工签字：

④入库单。

杭州富强制造有限公司
产品入库单

车间：　　　　　　　　　　年　月　日　　　　　　　　NO.

产品代码	产品名称	报产产量	备注

车间制单：　　　　　　　　　　仓库签字：

⑤出库单。

杭州富强制造有限公司
成品出库单

年　月　日　　　　　　　　　　　NO.

购货单位					银行账号			
地址电话					联系人			
产品代码	产品名称	规格	单位	数量	单价	金额	税率	税额
合计								
价税合计								

开票员：　　　　仓库签字：　　　　记账：　　　　客户签字：

（5）实验思考题

完成收料单（SLPZ）、领料单（LLPZ）、装配单（ZPPZ）、入库单（JKPZ）、出库单（FH-PZ）、原材料及产品代码表（DMBB）的设计，其中原材料及产品代码表自行设计样张，保存好所设计的数据库及文档资料，以便做进一步的系统优化，并将这些表的数据字典提交到实验报告上。

4.5.2 实验二：制造执行系统的报表设计

（1）实验目的与要求

①了解原型化开发方法在供应链中的应用。

②掌握生产管理分析报表特征，了解信息流特征。

③掌握信息系统中报表需求的初步归纳方法。

④掌握富强制造执行系统的原型建立。

（2）实验环境

①原型开发工具。

②了解富强制造执行系统中所涉及的供应链报表（原材料收发存月报、车间原材料领用存月报、车间成本利润表、成品收发存月报），并准备好相应表格的数据字典。

③制造执行系统报表需求。

④供应链业务流程。

⑤进一步熟悉管理明星的开发过程。

（3）实验课时

2～4 课时。

（4）实验内容

使用管理信息本体中间件"管理明星"（或其他开发工具）实现下列供应链报表的设计与开发。

①原材料收发存月报。

杭州富强制造有限公司
原材料收发存月报
年　　月

材料代码	材料名称	规格	单位	上月结存			当月收入			当月领用			本月结存		
				数量	单价	金额	数量	单价	金额	数量	单价	金额	数量	单价	金额
合计															

制表日期：

②车间原材料领用存月报。

杭州富强制造有限公司
车间原材料领用存月报

车间：　　　　　　　　　　　　年　　月

材料代码	材料名称	规格	单位	上月结存			当月领用			当月耗用			本月结存		
				数量	单价	金额	数量	单价	金额	数量	单价	金额	数量	单价	金额
合计															

制表日期：

③车间成本利润表。

杭州富强制造有限公司
车间成本表

车间：　　　　　　　　　　　　年　月

产品代码	产品名称	产量	原材料成本	工时成本			总计	
				时间	系数	工费	总成本	单位成本
合计								

制表日期：

④成品收发存月报。

杭州富强制造有限公司
成品收发存月报

年　月

产品代码	产品名称	上月结存			当月收入			当月发出			本月结存		
		数量	单价	金额	数量	单价	金额	数量	单价	金额	数量	单价	金额
合计													

制表日期：

（5）实验思考题

完成原材料收发存月报（CLSF）、车间原材料领用存月报（CLLY）、车间成本利润表（CBLR）、成品收发存月报（CPSF）的设计，保存好所设计的数据库及文档资料，以便做进一步的系统优化，并将这些表的数据字典提交到实验报告上。

256

4.5.3   实验三:富强制造执行系统分析设计书

(1)实验目的与要求

①掌握需求调查方法。

②掌握系统分析方法。

(2)实验环境

①结合网络检索了解富强制造执行系统的实际使用背景。

②了解系统需实现的主要功能。

③了解业务流程。

④对表格进行分析。

(3)实验课时

6课时(含系统开发2课时)。

(4)实验内容

①制造执行系统是制造业企业生产管理的重要信息系统,对原材料仓库的收发存、车间的领用存和成品仓库的收发存进行必要的管理。

②富强制造执行系统涉及采购、原材料仓库、生产、成品仓库等各个部门,也涉及财务部等部门。

③富强制造执行系统的相关表样参见本章需求调查日记(4.2.3附:调查结果)。

④富强制造执行系统的业务流程由采购、原材料仓库、生产、成品仓库等部门,按照指定格式要求,使用统一的材料代码和成品代码,详细填写有关单证,然后由相关部门审核和调整,而后形成相关的数据库(表)。

(5)实验思考题

①写出"富强制造执行系统"的系统分析设计书。

a.要求内容有项目的概况介绍、数据流程图、各个表的用途描述、各个表的数据字典、代码设计、系统的功能模块划分等。(参见课件和模板)

b.每次上机后自行保留电子稿(WORD文档),最后统一交打印稿。

c.实验报告中写明本次论文写作的提纲。

②以四人为一组,自由分组,共同合作完成,四人组分工为项目经理、需求分析、程序编制和系统测试。

③每组可自选开发工具及后台数据库,供选择的开发工具有管理明星本体中间件开发工具,VB,ASP,JAVA,C(或VC,管理明星即采用VC++开发),PB,Delphi.,JSP,也可选择其他开发工具,供选择的后台数据库有SQL,ACCESS,ORACLE,SYBASE,VFP等。

④班长或课代表上报分组名单,要求注明分工、拟用开发工具和数据库。

⑤本实验是大型实战项目"富强制造执行系统"之第一部分,整个项目计划用24～28课时完成,最终需要提交的文档有系统分析设计书、系统操作使用说明书和所开发的可运行系统,独立完成,教师根据这些大作业内容考核本课程实训成绩,希望同学们在

选择工具时充分估计开发的时间和难度,防止因难度太大而无法按期完成。

⑥写出本人通过本次实训想达到的目的,以及对专业学习的认识、感想和建议等。（另行提交）

4.5.4　实验四：富强制造执行系统操作使用说明书

（1）实验目的和要求

①掌握系统操作使用说明书的写作方法。

②综合前一阶段的设计与开发,进行安装与调试的练习。

（2）实验环境

①应用文写作。

②全面了解本系统所实现的功能。

③了解本系统的操作步骤。

④了解本系统的使用环境。

（3）实验课时

4 课时（含系统测试 2 课时）。

（4）实验内容

系统操作使用说明书的写作应当让用户明了系统的使用要求和操作步骤,实际达到的功能,图文并茂,切忌空话连篇。

（5）实验思考题

要求写出所开发完成的系统操作使用说明书。（3000 字以上）

4.6　总结（Summary）

4.6.1　信息系统技术文档

信息系统分析设计书、操作使用说明书等技术文档是管理信息系统开发中的重要技术文档,它既属于应用文写作的范畴,又有软件工程的格式要求和流程要求。

管理本体中间件的一个重要特色便是提供了一个信息系统业务需求的描述平台,使得用户的需求可以在线完成,并当即呈现在用户的面前,这样就大大提高了需求沟通的效率。而且当即实现的这种"原型"是可以演进的,不必抛弃的,学生所掌握的技能也是可以迁移的,不必担心将来企业不用这种工具。

当然,本章所给出的系统分析设计书、操作使用说明书写作提纲是仅供参考的,实际写作时,根据用户的需求有所取舍,这并不否定写作提纲的重要性,通过示例可以为实施者提供了一个借鉴。

4.6.2　信息系统维护

信息系统分析设计书和操作使用说明书不仅是开发的重要文档,也是实施用户培训和运行维护的重要文档。我们已经知道,在整个信息系统生命周期中,系统维护是占据主要位置的任务。从示例中我们看到,信息系统的实施不仅涵盖了计算机软件与数据库这两方面的核心能力,还广泛涵盖了网络、硬件等计算机相关学科的能力,甚至对于领域应用来说,还涵盖了经营管理方面的知识与能力,如会计、供应链等。所以,了解和掌握经营管理类的知识与能力,把自己培养成具有跨学科能力的复合型人才,对于信息系统的开发实施是十分有益的。

参考文献

[1] 计算机软件工程规范国家标准汇编[M].北京:中国标准出版社,1992.

[2] 罗晓沛,侯炳辉.系统分析师教程[M].北京:清华大学出版社,2003.

[3] 郭星明.化工连续型企业网络成本核算的 ERP 研究[J].计算机工程与设计,2005,26(1):156-158,236.

[4] 马荣飞.基于 ASP 的数据库连接研究[J].现代情报,2005(10):131-133.

[5] 郭星明.全通用管理信息处理系统设计理论[M].北京:中国水利水电出版社,2008.

[6] 郭星明.全通用管理信息处理系统实战指南[M].北京:中国水利水电出版社,2008.

[7] 郭星明,郭天晨,张三元.管理信息本体需求中间件平台模型[J].中国学术期刊文摘,2009,15(3).

[8] 郭星明,郭天晨,张三元.基于管理信息本体和需求功能构件的中间件平台[J].浙江大学学报(工学版),2009(5):844-848,915.

[9] 郭星明,郭天晨,刘观生,等.管理信息本体需求的谓词演算有限集构造[J].浙江大学学报(理学版),2009(4):401.

[10] 马荣飞.移动虚拟专用网的研究与实现[J].计算机工程,2009(1):135-137,161.

[11] 马荣飞.统一身份认证系统的研究与实现[J].计算机工程与科学,2009(2):145-149.

[12] 马荣飞.电子商务环境中分布式数据挖掘系统[J].计算机系统应用,2009,18(8):107-111.

[13] 马荣飞.基于面向对象程序的类动态更新研究[J].计算机工程,2009(19):39-42.

[14] 陈开军,胡玲敏,郭星明.全凭证双归集直接法现金流量表编制探讨[J].财会通讯,2011(16):83-84.

[15] 马荣飞.基于物联网技术网络自适应移动节点资源监测研究[J].计算机工程与设计,2012(5):1725-1728,1810.

[16] 郭星明,陈开军,胡玲敏,等.基于本体归集的全凭证域现金流量表制作模型设计[J].上海理工大学学报,2012(6):565-570.

[17] 郭星明,霍晓钢,何勇.基于管理信息本体需求的云数据库设计[J].数学的实践与认识,2014(4):117-122.

[18] 郭星明.管理信息系统快速开发[M].大连:大连东软电子出版社,2015.

[19] 郭星明,陈敏锋,陈开军.管理信息系统项目集锦[M].大连:大连东软电子出版社,2015.

[20] 郭星明,何勇.供应链实时库存与沙漏分播配货本体模型[J].浙江大学学报(工学版),2015(1):54-62.